新时代教育丛书
家庭教育系列

家庭教育的力量与魅力

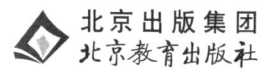

石梦媛 主编

北京出版集团
北京教育出版社

图书在版编目(CIP)数据

家庭教育的力量与魅力 / 石梦媛主编. -- 北京：北京教育出版社，2022.12
(新时代教育丛书. 家庭教育系列)
ISBN 978-7-5704-5134-0

Ⅰ. ①家… Ⅱ. ①石… Ⅲ. ①家庭教育 Ⅳ. ①G78

中国国家版本馆 CIP 数据核字(2023)第 003165 号

新时代教育丛书·家庭教育系列
家庭教育的力量与魅力
石梦媛　主编

*

北京出版集团
北京教育出版社　出版

(北京北三环中路6号)
邮政编码：100120
网址：www.bph.com.cn

京版北教文化传媒股份有限公司总发行
全国各地书店经销
河北宝昌佳彩印刷有限公司印刷

*

720 mm×1 000 mm　16 开本　22.5 印张　343 千字
2022 年 12 月第 1 版　2022 年 12 月第 1 次印刷
ISBN 978-7-5704-5134-0
定价：68.00 元

版权所有　翻印必究
质量监督电话：(010)58572498　58572393
购书电话：13381217910　(010)58572911
北京教育出版社天猫旗舰店：https://bjjycbs.tmall.com

编委会

主　编：石梦媛
副主编：吴慎华　范正丽　胡馨予
编　委：（排名不分先后）
　　　　张卿慧　刘　丽　吴　婕　王　丽
　　　　王熙凤　邢晓芹　胡　芮　吴　芳
　　　　吴海燕　王　婧　段　坤

昆明理工大学附属小学
习惯"三字歌"

1=C 2/4

石梦媛 词
张薇 李剑敏 曲

(3 5 5 5 5 6 | 5 1 3 0 | 6 i i i i 2 | i 4 6 0 | 5 1 1 3 | 3 1 2 0 | 2 2 2 3 |
2 1 1 0）| 5 1 1 0 | 3 2 1 0 | 2 2 2 3 |

1 穿 校 服　　戴 领 巾　　背 书 包
2 专心听　　勤思考　　要发言
3 讲卫生　　爱劳动　　乐助人
4 爱 花 草　　护 财 物　　捡 东 西

2 1 1 0 | 6 i i 0 | i 4 6 0 | 6 5 5 3 |

去 学 校　　讲 礼 貌　　互 问 好　　铃 声 响
请举手　　胆子大　　音洪亮　　记笔记
不打骂　　不撒谎　　不任性　　排队时
要 上 交　　病 事 假　　打 招 呼　　常 读 书

5 1 3 0 | 5 1 1 3 | 3 1 2 0 | 2 2 2 3 | 2 1 1 ‖

进 课 堂　　不 推 挤　　互 谦 让　　书 备 好　　坐 端 正
守纪律　　做作业　　要认真　　求质量　　争最棒
快静齐　　上下楼　　靠右走　　尊师长　　懂感恩
勤 观 察　　多 动 笔　　善 积 累　　今 日 事　　今 日 毕

结束句

5 1 1 3 | 3 1 2 0 | 2 2 2 3 | 5 6 | i 0 5 6 5 6 | i 0 0 ‖

多 动 笔　　善 积 累　　今 日 事　　今 日　　毕！

| 总 序 |

办好新时代教育

随着社会现代发展进程的推进,尤其是改革开放以来,中国教育事业加速发展,中国已建成世界最大规模的教育体系,教育总体发展水平进入世界中上行列,中国教育发展进入新时代,中国基础教育改革进入实质性的根本转型时期,处在一个走自主创新道路的关键转折点。

新时代呼唤新的教育。习近平总书记在全国教育大会上强调:"立足基本国情,遵循教育规律,坚持改革创新。"面向未来的教育才有未来,新时代的教育,重在破解传统、旧有范式。基于此,面对新时代教育,与教育工作相关的所有主体都需要从思想和行动上做出努力和改变,并围绕主体价值、文化情境、智慧情怀、系统生态等关键词全面开展教育活动。

首先,新时代教育强调主体价值。

"教育同国家命运紧密相连",点明了教育在国家建设和民族复兴中的地位和作用,强调了教育改革发展的价值取向,为我们今天准确把握办学的总体方向和人才培养的根本目标提供了思想遵循。

教育现代化的终极价值判断标准是人的发展,是人的解放和主体性的跃升。自古以来,中国的教育传统既强调教育的人文性,也强调教育的社会性,相应地,在人才培养目标上既强调完善自我,也强调服务社会和国家,更强调在服务社会和国家中达到自我的充分实现。新时代更要坚守教育本质，重视教育的价值观建设，坚持以社会主义核心价值观为引领，回答好"培养什么人、怎样培养人、为谁培养人"这些根本问题，从而培养有历史责任感、志存高远的时代新人。

其次，新时代教育强调文化情境。

学校不仅是传播知识、文化、智慧的地方，更是生产知识、文化、智慧的场所。学校无文化，则办学无活力。学校是文化传承的主阵地，学生文化、教师文化、课程文化、网络文化和制度文化等现代学校文化建设，引领了学校的发展，呈现了学校办学气质。

更重要的是，文化创设情境。"为学生一生发展奠基"，统整科学与人文，优化学生生存环境，借由"境中思""境中做""境中学"，实现学生主动学习与发展、个性化成长及德育渗透。

增进文化认同，是学校管理者的重要使命。政策制定者、执行者和教育管理者，一定要从为国家和民族培养优秀人才的角度关爱引导师生，让每位教育工作者深刻认识到"教育"二字蕴含的国家使命，真正将为国家和民族培养人才、培养爱国奉献的人才这一价值追求切实贯穿于办学育人全过程，一代一代坚持下去。

再次，新时代教育强调智慧情怀。

国之兴衰，系于教育。教育兴衰，系于教师。教育同国家的前途命运紧密相连。这当中，智慧型教师和教育家尤其为新时代教育所期待。他们目光远，不局限于学校和学生眼前的发展，而是着眼于未来；他们站位高，回归教育的本体，努力把握并尊重敬畏教育的共识、规律；他们姿态低，默默耕耘，淡泊明志，宁静致远；他们步伐实，总能紧紧围绕学生、教学、课程、教师发展等思考自己的职责和使命。

总而言之，教育家顺应时代潮流，立足现实，展望未来。在把握办学方向、把握时代脉搏的基础上，他们勇立潮头，担当时代先锋，他们对历史和未来负责，超越现实、超越时空、超越功利，用教育的力量塑造未来，解放学生的个性、想象力和创造力，共同推动和引领中国基础教育改革和创新，愿意为共同探索中国未来教育之道而做出巨大的努力。

最后，新时代教育强调系统生态。

观古今，知兴替，明得失。关于未来的认识是选择性的，未来"未"来，新时代的教育人需要根据某种线索去把握超出现在的想象并做出价值选择。这种价值选择的关键还在于，教育人真切明晰，未来学校是面向未来的学校，是为未来做准备的。教育中的新与旧、过去与未来，不是对立的，而是连续的，从而能够让教育者基于教育的本质和规律守正创新，坚守立德树人的初心。

各级各类学校之间是相互依赖的，单一的学校不能构建成一个完整教育系统，唯有每个学校都致力于体现自身的教育特性，努力实现自己所承担的教育任务，发挥出自己的教育作用，才能共同构成一个完整的教育系统。加强基础教育改革设计的整体性、系统性和长期性，把"办好每一所学校"作为基础教育改革发展的主要目标，是共同构建良性的教育生态，发挥整个教育系统功能的最优选择。

在这种情境下，"新时代教育丛书"的策划出版具备极强的现实意义。丛书通过考察和认识各地名校教育实践，寻找新时代教育的实践样本，清晰梳理了新时代教育中名校、名校长、名师、名班主任等的发展脉络，记录了新时代教育正在逐渐从被动依附性转向自主引导性，并在与现代技术的融合中彰显出其对于经济和社会生活的主导价值。

丛书提供了不同类型、不同地区的中小学名校、名校长及名师、名班主任在探索、构建新时代教育过程中鲜活的实践案例及创新理念。从中，可以看到有深厚历史积淀的传统名校，也可看到新时代教育发展浪潮中的新兴学校，其中有对外开放探索中国本土化教育的小学，也有站在教育改革潮头的中学；还可以看到开拓创新引领时代风气之先的名校校长、专注各自领域的优秀教师，以及新时代教育变革下的全国各地不同的班主任的德育之思。

更难能可贵的是，丛书不仅包括一般情境下的"案例"，也包括了特殊情境下的思考，不同系列注重了从"现象"到"本质"的过程，进而升华到方法论。丛书的每一本著作既是独立完整、自成体系的，也是相互呼应的，剖析问题深入透彻，对策和建议切实可行，弥补了教育理论和学校实践之间的差距，搭起了一座供全国教育研究者、学校管理者了解新时代教育及未来学校落地实践的桥梁。

未来学校不是对今天学校的推倒重来，而是对今天学校的逐步变革。这不仅仅是对学生提出的挑战，更是对学校发展建设提出的挑战。我们始终强调，理论不能彼此代替、相互移植，中国基础教育的改革与发展，必须靠中国的教育学家和广大教育工作者来研究和解释，从而构建立于世界之林的新时代中国基础教育的改革和发展的当代形态，实现理论创新和方法创新。

期待丛书能给更多的中小学校以启发，给教育工作者以有益的思考，供他们参考借鉴，帮助他们寻找到新时代教育的钥匙，进而在新时代教育的理论指导和教育改革实践带动下，因地制宜、因校制宜地落实到新时代教育工作中，引领学校新样态发展，助力更多学校在新时代背景、新教育形势下落地生花，实现特色、优质与转型发展，快速提升基础教育水平，推动教育改革发展，实现立德树人的根本任务，办好人民满意的教育。

新时代教育丛书编委会

2021 年 1 月

| 序言一 |

为了我们的孩子

我和昆明理工大学附属小学的石梦媛校长是多年好友,她的勤奋务实和开拓创新,一直是我学习的品质。这么多年来,石梦媛校长始终倾情关注、仔细观察、深入分析中小学教育改革发展中的热点、难点、焦点问题。最可贵的是,她不止步旁观,更不评头论足,而是投身其中,去探索、去推动、去解决一线教育发展中的"技术"问题。即使在和疫情的"拉锯"中,她和她的同事们也没有停下探索的脚步,这本厚厚的《家庭教育的力量与魅力》就是最好的证明。

无论家庭教育还是学校教育,教师和家长都是为孩子服务的,而非帮他们做主。为孩子服务,帮助他们健康成长,是学校和家庭共同的责任,也是共同的目标,这也正是家校共育的结合点,学校和家庭因为这个共同的目标走到一起。通过家校合作,我们发现孩子们的成长规律,让孩子们真正成为主角,让孩子们在快乐、创造中长大。只有通过家校合作,家长和教师才能始终以发现儿童的眼光和襟怀来助力孩子们成长,教育才会呈现出新气象。教育的过程,就是帮助学生不断超越自己的过程,也只有家校合作才能让学生有充实而强大的心灵、美丽而高洁的灵魂。作为家庭教育促进法实施后的重要实践,昆明理工大学附属小学因为这本《家庭教育的力量与魅力》,事实上走在了全国家校共育的前列,为全国其他中小学校提供了有益的借鉴和参考。

我们都知道，家庭教育是学校教育的基础、补充和延伸。家庭教育对孩子性格的形成、健康成长和职业发展有着不可替代的作用。因此，中华民族自古以来就重视家庭教育。我国家庭教育发展历史悠久，早在西周时期就处于世界前列。其后的几千年里，帝王家教、官宦家教、世家家教、女子家教、胎教等实践与家教思想，都集中体现了我国家庭教育的智慧。历代传承下来的家庭教育著作可谓汗牛充栋，详细总结了我国大量家教实践经验，完整阐述了中华民族勤劳俭朴、正直勇敢、爱国爱民、廉洁清白、见利思义等家教传统，以及爱子以德、以身垂范、宽严有度、因材施教、不违天资、随才成就、激励诱导等家教原则和方法。我们祖先创立的特有的运用家训家书、诗文词曲等教子育人的家教实践，以及近代中国提倡的竞争意识与高尚道德相结合、德智体全面发展、平等民主及教子报国等新型家教，都全面地反映了我国数千年家庭教育的经验教训，为现代家庭教育特别是今天国家倡导的家校合作提供了宝贵的历史借鉴。

在重视家庭教育的同时，中华民族的先人们很早就意识到了家庭教育的局限性，因而更注重学校教育，更尊重老师，愿意督促孩子听从老师的教诲。以前，许多家庭的家祠中都要供奉"天地君亲师"的牌位，这就说明学校和教师在家庭中的重要地位，这样的传统也为今天的家校共育提供了良好的基础。

小学阶段是课堂学习的开始。学校生活的适应、学习习惯的培养、学习态度的形成等，都是一个人发展的关键。近年来，许多学校都开始重视家校共育，也在积极探索家校共育的模式和方法。但这种探索大多较为浅层，缺乏科学规划，致使家校合作的作用没有得到最大限度的发挥。但事实上，作为一所学校，形成一套科学有效的家校共育的体系又是非常必要的，这会使教师有精力、学生有活力、家长有动力。科学的家校共育体系是每个学校所期待的，也必将成为学校发展的不竭动力，还能助力学生健康成长，有利于学校长足发展。

这本《家庭教育的力量与魅力》是家校共育中家长和学校合作的成果，

其中，鲜活真实的案例、条理清晰的经验总结，形成了内容丰富、充满智慧和拥有正向价值的家校共育资源库。

这本《家庭教育的力量与魅力》，我有幸先睹为快，感到其体系较为完整、内容充实、观点明确、文字流畅、可读性强、指导作用大，在同类著述中又增加一家之言。希望广大家长朋友和教师朋友，对这本《家庭教育的力量与魅力》能够多看一看、想一想、悟一悟，如果其中的哪些观点、哪些内容对您有启发、有激励、有引领，这对帮助我们的孩子成长是大有帮助的。而这，既是作者的初衷，也是我的期盼。因为，我们所做的一切，都是为了孩子。

北京开放大学家庭教育学院首任院长
天津开放大学家庭教育学院首席专家
国家开放大学培训中心家庭教育研究所所长
北京城市学院学科阅读研究所所长
刘正荣
2022 年 7 月于北京雅庭

序言二

夯实家庭之根　结出幸福之果

家长是孩子的"镜子",孩子是家长的"影子",有"镜子"就会投射出"影子"。与其给孩子财富,不如把孩子培养成财富。让我们来了解家庭教育在孩子成长过程中的占比:

家庭教育(终身教育　个体性)50%;

学校教育(阶段教育　群体性)30%;

社会教育(终身教育　混合型)20%。

家庭教育就是引导孩子生命成长的教育,就是让孩子们萌生"会学习,善于学习;会生活,善于生活;会相处,善于相处"的意识,并乐于去实践和探究。爱默生有句名言:"家庭是父亲的土地,母亲的世界,儿童的乐园。"家庭教育,就是对"根"的教育、心灵的教育,只有"根壮"心灵好,状态好,才能"枝粗叶肥",这恰是"庄稼养根,育人养心"。分数是花、是果实,品德是树根,根深才能叶茂,根壮才能花香果甜。

在孩子的生命历程中,离他最近的三个人,决定了孩子的人生:父亲、母亲、老师。这三者之间默契配合,"做更好的父母、更好的老师""以好家风育好孩子,以好学风熏陶好学生",做好孩子"生育—养育—教育—培育"各个阶段的引领就显得更加重要。家庭教育、学校教育,以立德树人为首,目标同向、共同育人,发挥各自优势,各显优能。架起家校协同育人的桥梁,发挥精神示范的榜样作用。用科学的思想和方法武装自己，家校携手，为学生的明天和未来助力！

父亲是山，坚实伟岸，奠定了孩子一生的格局，决定一个家的高度。在一个家庭中，父亲是孩子最好的榜样，通常孩子会以父亲身上的优秀品质为骄傲，并以此来要求自己。得到父亲充分陪伴的孩子，更勇敢、更自信，待人接物落落大方，不怯懦、不自卑，像一个小太阳，就算不借助他人的光芒，自己也足够明亮。美国前总统奥巴马说过："我不会做一辈子的总统，但我一辈子都要做好一位父亲。"可见，父亲是多么重要。

母亲是水，润物无声，决定了孩子的人性温度。母亲调节家庭气氛，给孩子柔软的一面，决定了孩子的温度。莫言，中国首位诺贝尔文学奖获得者，当年在诺贝尔文学奖的领奖台上，向全世界讲述影响他一生的母亲的故事。他的母亲让他懂得了什么是大爱和亲情，什么是宽容和理解，什么是怜悯和同情，什么是诚实和耻辱，什么是坚强和不屈，什么是人生和处世，什么是学习和生活，什么是梦想和志向。可见，母亲影响孩子的一生。

老师决定了孩子的学习态度。古语有云："养不教，父之过，教不严，师之惰。"教育不是管，也不是不管。在管与不管之间，有一个词语叫"守望"。老师凝心聚力，守望助力孩子们的成长，以期放飞美好的希望，成就孩子们幸福的人生。

昆明理工大学附属小学自2017年建校以来，一直努力实施"学校—家庭—社会"三位一体的教育体系，开展了"八个家"（家长抗疫先锋、家长会议、家访校访、三级家委、家长学校、家长课堂、家长开放日、家长论坛）系列活动。每学期通过线上和线下的方式邀请专家为家长们开展培训，在家长群推送家庭教育好文章和专家讲座，内容涉及幼小衔接、习惯培养、情商教育、如何跨过三年级这道坎、小学关键期的好爸妈、家庭教育促进法解读等，为家长提供了行之有效的家庭教育方法。

我校家长学历为硕士及以上的占67%，所以学校充分发挥家长的优势，每月邀请来自各行各业的家长朋友利用自己的专业知识为孩子们开展丰富多彩的家长进课堂活动，这已经成为附小一道亮丽的风景线。

2020年9月，我校刘丽老师主持的五华区十三五规划小课题"'互联网＋'环境下家长学校开展方式研究"已顺利结题；2021年学校获得"全国家庭教育创新实验校"荣誉称号。一系列的家校共育活动畅通了家校沟通的渠道，加强了家校合作的力度，促进了学生健康成长。

2022年1月1日，国家颁布实施家庭教育促进法。它是国家为了发扬中华民族重视家庭教育的优良传统，引导全社会注重家庭、家教和家风，增进家庭幸福与社会和谐，培养德智体美劳全面发展的社会主义建设者和接班人而制定的第一部法律。家庭教育促进法指出：父母或者其他监护人应当树立家庭是第一个课堂、家长是第一任老师的责任意识，承担对未成年人实施家庭教育的主体责任，用正确思想、方法和行为教育未成年人养成良好思想、品行和习惯。基于此，我校今年4月和5月分别组织了"力量爸爸""魅力妈妈"家长线上沙龙活动。

本书中的爸爸和妈妈从不同的家庭教育角度提炼出不同的关键词，并进行了有效的家庭教育经验分享。从家长的分享中，我们深深感悟到父爱如山的力量和母爱如水的温柔，家长在分享良好的家庭教育方法的同时，也带动了更多的父母参与到家庭教育中来，让更多的家长和孩子受益。家长分享的家庭教育的策略给人启发，令人深思，基于此，我们在提炼总结深挖的基础上，共同编写了《家庭教育的力量与魅力》，以期为无数家庭提供引领。

孩子是父母的影子，父母永远不会下岗，父母是永不退休的班主任。做智慧父母，"育"见更好的孩子。

耕好责任田，种好自留地。不管是父母，还是老师，想让孩子更优秀，首先应该做好自己，把自己活成一束光，才有可能去照亮孩子。夯实家庭之根，结出幸福之果。让我们共同把握育人的时机和节奏，家校共同努力，尊重孩子，关爱孩子，帮助孩子们成长成才。家校共育，为孩子幸福成长赋能。

石梦媛

昆明理工大学附属小学

2022年12月

目 录

第一章　家庭教育　奠基人生 ⋯⋯⋯⋯⋯⋯⋯⋯⋯⋯⋯⋯⋯ 001

　　第一节　重要意义 ⋯⋯⋯⋯⋯⋯⋯⋯⋯⋯⋯⋯⋯⋯⋯ 003

　　第二节　五项原则 ⋯⋯⋯⋯⋯⋯⋯⋯⋯⋯⋯⋯⋯⋯⋯ 005

　　第三节　四个维度 ⋯⋯⋯⋯⋯⋯⋯⋯⋯⋯⋯⋯⋯⋯⋯ 007

　　第四节　九条措施 ⋯⋯⋯⋯⋯⋯⋯⋯⋯⋯⋯⋯⋯⋯⋯ 011

第二章　家校携手　共育英才 ⋯⋯⋯⋯⋯⋯⋯⋯⋯⋯⋯⋯⋯ 015

　　第一节　家庭教育　第一课堂 ⋯⋯⋯⋯⋯⋯⋯⋯⋯⋯ 016

　　第二节　学校教育　开创未来 ⋯⋯⋯⋯⋯⋯⋯⋯⋯⋯ 023

　　第三节　家校沟通　教育合力 ⋯⋯⋯⋯⋯⋯⋯⋯⋯⋯ 029

第三章　父爱如山　言传身教 ⋯⋯⋯⋯⋯⋯⋯⋯⋯⋯⋯⋯⋯ 035

　　第一节　以父之名　陪伴成长 ⋯⋯⋯⋯⋯⋯⋯⋯⋯⋯ 036

　　第二节　力量爸爸　育儿案例 ⋯⋯⋯⋯⋯⋯⋯⋯⋯⋯ 041

第四章　母爱似水　如影随形 ⋯⋯⋯⋯⋯⋯⋯⋯⋯⋯⋯⋯⋯ 167

　　第一节　母爱有度　温暖人生 ⋯⋯⋯⋯⋯⋯⋯⋯⋯⋯ 168

　　第二节　魅力妈妈　育儿案例 ⋯⋯⋯⋯⋯⋯⋯⋯⋯⋯ 169

第一章

家庭教育
奠基人生

人们常说："父母是孩子的第一任教师，家庭是人生成长的摇篮。"儿童时期是人许多良好个性品质、行为习惯的养成时期，个人在家庭中接受人生的第一段教育。家庭教育在人一生的成长中至关重要。

如果把教育比作一条河流的话，家庭教育是上游，学校教育是下游，只有上游的水清澈甘甜，下游的水才有可能清澈见底。

自从家庭出现之后，在人类漫长的历史中，家庭一直是教育的"主场"。最好的学校，其实就在家里。在子女的教育上，父母和家庭中的其他成员，包括哥哥姐姐，扮演着最重要的角色。但现实情况是，很多家庭把自己的教育权"让渡"给学校，把教育这条河流的上下游完全搞反了。究其原因，有以下两个方面：一是父母工作繁忙，没有时间和精力教育孩子；二是学校教育相对专业，教师基本都受过专业的训练，在教育上有着比家庭教育更大的优势。

中国有句话叫作"三岁看大，七岁看老"，也就是说，孩子在进入学校接受系统化的教育前的这段时期，是一个人身心发展的关键时期。脑科学的研究结果也证明，在人的成长过程之中，大脑发育成长最快、建立突触联系最密集的时期就是0~7岁这个阶段。也就是说，在孩子正式成为一名小学生之前，他们的认知风格、个性特征、行为习惯等已经初步建立。

2021年10月23日，中华人民共和国主席习近平签署中华人民共和国主席令第九十八号《中华人民共和国家庭教育促进法》（以下简称《家庭教育促进法》），该法自2022年1月1日起施行。家庭教育促进法把家庭教育界定为"父母或者其他监护人为促进未成年人全面健康成长，对其实施的道德品质、身体素质、生活技能、文化修养、行为习惯等方面的培育、引导和影响"，并且规定父母或者其他监护人是家庭教育的主体和责任人。

《家庭教育促进法》第十四条明确提出：父母或者其他监护人应当树立家庭是第一个课堂、家长是第一任老师的责任意识，承担对未成年人实施家庭教育的主体责任，用正确思想、方法和行为教育未成年人养成良好思想、品行和习惯。共同生活的具有完全民事行为能力的其他家庭成员应当协助和配合未成年人的父母或者其他监护人实施家庭教育。

第一节　重要意义

德国幼儿教育实践家福禄贝尔说过,"从婴幼儿阶段起,真正的人的教育就开始了"。

在人类社会专门的教育机构——学校出现以前,人类的教育活动与人类社会的生产生活不可分割。儿童首先接受的,就是父母或者其他监护人的抚养和教育。但自学校教育体系诞生以来,人类教育下一代的责任更多转向了学校这个专门的教育机构。然而,不可忽视的是,在儿童的道德、习惯、品性养成方面,家庭发挥着无法替代的作用。

家庭既是每个人人生中的第一所学校,也是每个人的终身学习之地。随着信息社会的到来,特别是 AI 时代的到来,人类社会的知识教育成本逐渐变低,甚至无成本——处处可学、时时可学、人人可学。在学习型社会中,教育开始回归家庭,家庭越来越成为具有重要教育职能的社会化教育组织,家庭教育在人类教育中的地位和作用越来越重要。

儿童是天生的模仿者,而家庭教育具有潜移默化、言传身教、润物无声的特点,所以,父母要成为孩子的第一榜样,要用优秀的思想、品行和习惯去潜移默化地促进孩子健康成长。正如陈鹤琴在《家庭教育》一书中写的,做父母的不得不事事谨慎,务使己身堪有作则之价值。

习近平总书记也曾强调,家庭教育"最重要的是品德教育,是如何做人的教育"。《家庭教育促进法》第三条规定:家庭教育以立德树人为根本任务,培育和践行社会主义核心价值观,弘扬中华民族优秀传统文化、革命文化、社会主义先进文化,促进未成年人健康成长。第十四条规定,父母要"用正确思想、方法和行为教育未成年人养成良好思想、品行和习惯"。

家庭教育是生活教育,具有互动性和共时性。亲子之间高品质、高境界的家庭生活、陪伴和相处,可以让父母与孩子建立亲密的情感、交流和互动,让孩子习得相应的社会能力和道德价值。正因为如此,《家庭教育促进法》第十五条规定:未成年人的父母或者其他监护人及其他家庭成员应当注重家庭建设,培育积极健康的家庭文化,树立和传承优良家风,弘扬中华民族家庭美德,共同构建文明、和睦的家庭关系,为未成年人健康成长营造良好的家庭环境。

父母是孩子最好的"范本"。良好的家庭阅读氛围、学习氛围、道德氛围,本身就是最伟大的教育力量。好父母就是一所好学校,父母改变,家庭改变,孩子就改变。

家庭作为儿童成长的重要场域,具有独特的文化特征和教育特征,影响个体出生、成长、衰老的整个过程。可以说,家庭教育对个人教育与社会化的影响最早也最深远。一个个体从上幼儿园到独立建立家庭之前,大部分时间在原生家庭里生活,父母对孩子的影响深远而长久。即使成家立业,子女的言行和处世方式也深受父母教育的影响。从这个意义上讲,父母的教育责任是伴随其终身的。

第二节　五项原则

《家庭教育促进法》中对于家庭教育的任务、原则、内容和方法等都有充分的论述。该法律明确指出，家庭教育"以立德树人为根本任务，培育和践行社会主义核心价值观，弘扬中华民族优秀传统文化、革命文化、社会主义先进文化，促进未成年人健康成长"。这与学校教育、社会教育的根本任务是一致的，都是全面落实党的教育方针，促进未成年人的健康发展。目标的一致性，是家庭教育的基本要求。

《家庭教育促进法》提出的家庭教育的五项要求，可以视为家庭教育的基本原则。

一、尊重未成年人身心发展规律和个体差异

孩子的成长是有阶段性、规律性和个体差异性的。我们只有尊重孩子身心发展的内在规律，尊重每个孩子独特的个性，才能取得良好的教育效果。许多父母要么揠苗助长，要么一直把孩子当作长不大的儿童哄着教养，这些都是违背孩子身心发展规律和个体差异性的表现。

二、尊重未成年人人格尊严，保护未成年人隐私权和个人信息，保障未成年人合法权益

按照马斯洛需求层次理论（Maslow's Hierarchy of Needs），被尊重是人最重要的心理需求。儿童的内心深处，是渴望平等和尊重的。父母不能把自己凌驾于孩子之上，不能简单地把孩子当作小孩子。陶行知先生曾经写过一首《小孩

不小歌》:"人人都说小孩小,谁知人小心不小。您若小看小孩小,便比小孩还要小!"在家庭教育中,父母要学会听取孩子的意见,家庭事务尽可能多地与孩子协商,共同决策,共同遵守家庭规则,保护孩子的隐私权,保障他们的合法权益。被尊重的孩子,才会尊重别人,才会有更健康的人格。

三、遵循家庭教育特点,贯彻科学的家庭教育理念和方法

家庭教育是生活教育,是人格教育,是通过父母自身的影响,通过父母与孩子的共同成长,通过吃饭、聚会、旅游等各种各样的日常生活来进行的潜移默化的教育。有什么样的家庭生活,就有什么样的家庭教育。所以,父母要精心设计家庭教育的内容与方法,让孩子通过"润物细无声"的生活教育悄然成长。

四、家庭教育、学校教育、社会教育紧密结合、协调一致

家庭教育想要取得好的成效,一定离不开与学校教育、社会教育的通力合作、协调配合。《家庭教育促进法》第十九条也明确指出:未成年人的父母或者其他监护人应当与中小学校、幼儿园、婴幼儿照护服务机构、社区密切配合,积极参加其提供的公益性家庭教育指导和实践活动,共同促进未成年人健康成长。也就是说,父母要积极主动参与学校教育生活,了解孩子在学校的情况,同时,也要积极主动地告知教师孩子在家的情况,尤其是那些在智力发育或心理健康方面比较特殊的儿童,更需要加强家校沟通,及时反馈各种信息。家长除了参与学校教育以外,还可以利用社区资源,带孩子到附近的博物馆、美术馆、科技馆、少年宫参观,让孩子在社会环境中得到教育。

五、结合实际情况采取灵活多样的措施

家庭教育中始终充满着各种不确定的因素和无法预料的变数。孩子与孩子不尽相同,家庭与家庭也是不尽相同的,不同的孩子在不同的成长阶段、不同的生长环境中,会有不一样的表现,因此,对于家庭教育而言,并没有任何一种放之四海而皆准的模式或方法。因此,家庭教育的智慧就是尽可能通过"不教之教"去影响和改变孩子。父母应该成为孩子的朋友,站在孩子的立场进行换位思考,帮助他们应对成长的烦恼。

第三节　四个维度

家庭教育是一个极其复杂的系统,至少包含了四个维度,如果家长看不到这个系统的全貌,仅仅是从某一个维度、某一个切面去努力,就类似于"盲人摸象",往往不能取得理想的结果。

四个维度之间相互影响,第四维度的影响力最大,往下依次递减。父母对孩子的教育,要自上而下,四个维度依次完成。尤其要关注到不同维度之间的映射通道是否畅通,如果通道不畅通,上下维度之间目标不一致,孩子捕捉到的信息就会嘈杂,甚至相互矛盾,家长所谓的"教育",也不过是一种无意识行为。

四个维度中,最容易被感知到的是第一、第二维度。第三、第四维度有很多信息都隐藏在潜意识中,有很多父母终其一生也不曾挖掘过。

第一维度:知识行为系统

这是大多数家长最容易观察,也是最容易对孩子施加控制的维度。

在这一维度,家长可以看到孩子学习了多少知识,培养了什么样的好习惯,或者出现了不遵守纪律等偏差行为。很多家长会急着向孩子灌输知识,急着纠正孩子的偏差行为,急着培养孩子所谓的"好习惯"。

可是,如果你对后面三个维度,没有任何意识,只是一味地在第一维度努力忙活,你所有的努力也许只起了相反作用。

第二维度：思维系统与感受系统

思维是人脑对客观事物本质属性和内在联系规律的概括和间接反映过程，它是认识的高级阶段。思维力包括理解力、比较力、概括力、抽象力、推理力、论证力等，它与智商高低密切相关。

英国研究思维教育的专家爱德华·德·波诺认为，思维是可以作为技巧来训练的。我们通过有目的、有计划、有系统的训练，就可达到提高思维能力的目的。家长对孩子的思维训练，可以在日常生活中的方方面面进行。例如，三四岁的孩子喜欢问"为什么"，这就是训练推理意识的良机。比如"因为没有水，所以不能做饭"，这样的回答实际就是推理思维的训练。为孩子读书，每一个故事都能体现多种思维力。描述"两车相撞"的情形，关系到概括力，把话题上升为"交通事故"的影响，则关系到抽象力。和孩子做"找不同"的小游戏，就是分类思维的训练。

感受系统里有两个要素至关重要——感受与情绪。理性思维会告诉我们"应该做"和"不应该做"，但是你当下产生的感受，却永远会忠实于你内在的真实需求，它不受思维的控制。

"感受"是我们与潜意识沟通的有力工具，也是我们时刻回归当下的快速通道。潜意识有多重要？有人说，所谓天才，不过是追随了自己潜意识给出的暗示。《非暴力沟通》的作者马歇尔博士发现，大多数成年人都丧失了表达感受的能力。

其实，孩子天生就是通过感受去跟这个世界沟通的。但是很多家长却一点点扼杀了孩子的感受力。比如，孩子跌倒，哭了，妈妈赶紧抱起来说："不疼啊，乖，好孩子不哭。"孩子和朋友闹别扭，觉得受了委屈，爸爸说："这也算是个事？男子汉要大度。"

不断被否定感受的孩子，会逐渐丧失与自我的链接，变得不再相信自己的感受，甚至会失去自我，一生都被别人的评判左右。

俞敏洪说，父母对孩子传递情商，比传递任何东西都重要。

按照萨洛维的观点，情商内涵包括五个部分：了解自身情绪、管理情绪、自我激励、识别他人情绪、调控自己与他人的情绪反应。

最高境界的情商一定是由家庭传递的,父母的情绪对孩子会有重要影响。

实际上,无论是感受还是情绪,父母都可以按照"觉察—承认—接受"三个步骤,来对孩子进行培养。

第三维度:内在关系模式系统

新精神分析流派、现代客体关系心理学认为,每个人都有一个内在关系模式,这个关系模式决定了我们与其他人、与社会、与世界,乃至与自己的相处方式。这个内在关系模式可以简单而形象地解释为"内在的父母"和"内在的小孩"的关系。

所谓"内在的父母"实际是父母一方角色的内化,"内在的小孩"是孩子自己一方角色的内化。

内在关系模式基本是在6岁前建立的。可以说童年亲子关系内化成孩子的内在关系模式,从而决定孩子一生的性格命运。我们的一生,便是将这些内在的关系投射到外部的人际关系上,在关系中体验喜怒哀乐。

第四维度:信念系统

信念系统里包含着显意识信念和潜意识信念,潜意识信念通常都很难被察觉,需要借助一些重大冲击性事件才会浮现出来,我们思维认同的观点还有可能和潜意识认同的观点相矛盾,这时候,我们的行为会选择执行潜意识意志。

孩子出生时,信念为"空",他会感觉世界就是"我","我"就是世界。慢慢地,与养育者互动,形成他的人生实践,再通过全面对接养育者的"信念系统",逐步创造出自己的"信念"源程序代码。

举个简单例子,出生在重男轻女思想严重的家庭的女孩,长大后往往很自卑。父母把"男孩才是重要的"写入了孩子的"信念系统",拥有这样源程序代码的孩子自我价值感偏低,容易表现出胆小、自卑等性格行为。

有一种教育理念叫作"提前赏识"。就是在我们的孩子还没有出现某些行为或者我们期望的某些结果的时候,我们就认为孩子绝对没问题,绝对可以,甚至我们可以认为他已经准备行动了或者已经做到了。

提前赏识实际上就是信任,从骨子里相信我们的孩子,全身心地相信他一定行。这样的"信任"就是一种信念的传递,会产生一种看不见的巨大力量,孩子会感受到这种力量,会越走越好。所以,曾经有人这样总结,如果你想你的孩子成为科学家,那你每天回家的时候,就以看科学家的眼光看你的孩子,你感觉到你的孩子已经是一位科学家了,你用这样的眼光看他 10 年、20 年、30 年,就有可能把他"看"成一位科学家。

很多家长会到处诉说自己孩子没有学习数学的天赋,自己很担心孩子的数学成绩,通常孩子也会非常"配合",数学成绩变得越来越差,孩子认同了家长的"信念",为了维护这个"真相",行为会自发地往学不好数学的方向上调整。

从以上四个维度中不难看出,父母向自己的孩子传递了什么样的信念,这才是最重要的!父母和孩子之间构建了什么样的亲子关系,内在父母和内在小孩的关系是否平衡,这才至关重要!父母是否刻意训练孩子的思维力,是否保护了孩子的感受力,这才是智商与情商的关键所在!

最重要的一点是你认为教育的目的是什么,这是信念系统的核心!人本主义心理学和存在主义哲学的最核心概念——我们活着的终极目的,是成为自己,这是一个人的生命的终极诉求。

第四节　九条措施

家庭教育促进法对于家庭教育的措施提出了明确而详细的要求。

第一,亲自养育。

家庭教育的第一要义是亲自养育,加强亲子陪伴。父母一生最伟大的事业,其实就是对孩子的教育,"父亲"是男人最重要的工作,"母亲"是女人最神圣的天职。

中国教育学会家庭教育专业委员会曾经调查过中国城市家庭教养中的祖辈参与问题,结果显示,有近八成的家庭祖辈是参与教养的。其中幼儿园前为77.7%,幼儿园期间是72.9%,到小学阶段仍占60.1%,农村祖辈教养参与度更是高达90%以上。应该承认,隔代养育有经验丰富、时间充裕、情感亲近等优势,但也有观念相对落后、方法相对陈旧、边界难以把握等缺点。《家庭教育促进法》提醒父母,父母才是儿童成长的首要责任人,陪伴孩子度过短暂的童年应该是父母的重要使命。即使有隔代抚养,祖辈也不应该替代父母承担责任,而应该发挥辅助、协助作用。

第二,共同参与。

教育孩子是父母双方的共同责任,父亲和母亲都不能缺位。在现代很多家庭里,教育的责任主要由母亲承担,父亲教育缺位,成为所谓的"丧偶式育儿",这对于孩子的成长是十分不利的。

《家庭教育促进法》明确提出要发挥父母双方的共同作用。其中第二十条规定:未成年人的父母分居或者离异的,应当相互配合履行家庭教育责任,任何一方不得拒绝或者怠于履行;除法律另有规定外,不得阻碍另一方实施家庭教育。也就是说,即使是分居和离异家庭,父母双方也应该履行教育子女的义务。

第三,相机而教。

陶行知先生说过:是好生活就是好教育,是坏生活就是坏教育;是认真的生活就是认真的教育,是马虎的生活就是马虎的教育;是合理的生活就是合理的教育,是不合理的生活就是不合理的教育;是健康的生活就是健康的教育,是不健康的生活就是不健康的教育……

生活是最好的老师、最好的教育。家庭教育的最本质特点就是寓教于日常生活。在家庭中,到处是教育的资源,是教育的契机。父母应该抓住各种机会,用生活本身来教育和影响孩子。

《家庭教育促进法》第二十二条对健康合理的家庭生活提出了建议:未成年人的父母或者其他监护人应当合理安排未成年人学习、休息、娱乐和体育锻炼的时间,避免加重未成年人学习负担,预防未成年人沉迷网络。

第四,潜移默化。

最好的教育是在潜移默化中实现的,是"润物细无声"的。父母的教育方式即使是正确的、合理的,也尽可能不要用强制的、灌输的方法,不要居高临下,更不能使用家庭暴力。在家庭教育中,教育孩子的过程,其实也是孩子模仿父母行为的过程。孩子不仅仅遗传了父母的基因,也复制了父母的行为特征。要让孩子成为一个更好的"复制品",首先父母自己要成为更好的"原型"。在家庭中,父母既要说得对,更要做得好,言行一致才能成为孩子的好榜样。

第五,严慈相济。

在家庭教育中,父母容易产生溺爱和严厉两种极端行为,有的家庭则分别由母亲和父亲担任"白脸"和"红脸"两种不同的角色。爱是教育的底色,也是教育的前提,这是毋庸置疑的。但是,爱是有原则、有智慧、有底线的。过度宠爱会让孩子"消化不良",过度严苛也会让孩子不堪忍受。

在家庭教育中,把严格要求与关心爱护结合起来,关键是父母要掌握教育的度,智慧地平衡两者的关系。

第六,尊重差异。

每个孩子都具有许多可能,但只有少部分人把可能变成了现实。教育的目标,不是用同一个标准把本来具有无限可能性的孩子变成相同的人、单向度的人,而是让每个孩子成为真正的自己。

孩子就是种子,每一粒种子都蕴藏着巨大的可能性,教育的作用不是增加种子的可能性,而是尽最大的努力把可能性变成现实性,让树拥有树的挺拔,让花散发花的芬芳。所以,尊重孩子的差异,挖掘孩子的潜能,根据孩子的年龄特点、性别特征和个性差异进行有针对性的教育,是家庭教育应该特别注意的问题。

第七,平等交流。

"成人以盛气凌人的态度对待儿童,这在家庭中十分普遍,即使是备受宠爱的儿童,也有可能被成人的权威压制住自己的个性。"作为具有独立人格的儿童,或者是处于叛逆期的青少年,对此具有天然的抵触情绪。以这样的方式进行家庭教育,自然不可能取得好的效果。为此,《家庭教育促进法》第二十三条特别规定:未成年人的父母或者其他监护人不得因性别、身体状况、智力等歧视未成年人,不得实施家庭暴力,不得胁迫、引诱、教唆、纵容、利用未成年人从事违反法律法规和社会公德的活动。

第八,共同成长。

许多优秀的案例告诉我们,教育孩子的过程也是向孩子学习的过程。孩子是一个个未经雕琢、未受污染的个体,他们身上保存着人类最珍贵的品质,如好奇好问、纯洁天真、无忧无虑、活泼好动、不惧权威等,怀着敬畏心教育孩子,也就是在教育自己,与孩子一起成长是家庭教育最好的风景。

第九,其他措施。

教育有方,教无定法。父母要真正意识到家庭教育的意义与价值,而不是把家庭教育当作沉重的负担,别被"不让孩子输在起跑线上"等各种家庭教育的广告裹挟。《家庭教育促进法》第十八条提出:未成年人的父母或者其他监护人应当树立正确的家庭教育理念,自觉学习家庭教育知识,在孕期和未成年人进入婴幼儿照护服务机构、幼儿园、中小学校等重要时段进行有针对性的学习,掌握科学的家庭教育方法,提高家庭教育的能力。

只有父母好好学习,孩子才能天天向上,有智慧的父母自然能够找到和创造科学的养育方法,享受与孩子一起成长的快乐,享受人生难得的天伦之乐。

参考文献:

[1]朱永新. 一本微言大义的家庭教育指导书:解读《中华人民共和国家庭教育促进法》[J]. 人民教育,2021(22):21-25.

[2]张志勇,刘利民. 确立父母家庭教育的职业角色:家庭教育促进法立法的重大意义[J]. 人民教育,2021(22):35-38.

第二章
家校携手
共育英才

第一节　家庭教育　第一课堂

一、家庭教育是孩子人生的第一课堂

家庭教育是指在生活中家长以自己的主观思维和见解，经过言传和实践生活体验，教育和影响儿童的社会活动，是一个人接受最早、时间最长、影响最深的教育。

家庭作为孩子出生后接受教育的第一场所，最先给予孩子教育熏陶和启迪。从出生开始，父母就成为孩子模仿的对象，父母每一个不经意的行为都会对孩子造成影响。古语有云，"上梁不正下梁歪""有其父必有其子"。《论语·子路》中也说："其身正，不令而行；其身不正，虽令不从。"这些都说明家庭教育对孩子的健康成长有着举足轻重的作用。

父母是孩子道德品行、行为习惯的风向标。如果父母严格要求自己，诚实守信，自觉地遵守法律法规和道德准则，积极维护家庭和谐，能做到长幼有序，那么孩子也能够形成约束自我、诚实守信、遵纪守法、文明礼貌的良好习惯和性格。正所谓言传身教，为人父母者，应该自觉做好家长的角色，无论做人做事还是学习生活，都应时刻注意，用高标准要求自己，用自身的优良品行感染孩子，为孩子创造良好的家庭教育环境。

家庭教育是教育中最基础、最关键、最重要的一环，在孩子成长中具有举足轻重的地位，不仅影响孩子的前途和家庭的幸福，还关系到国家的繁荣昌盛和民族的伟大复兴。

二、家庭教育影响孩子的性格

每个家长都希望自己的孩子快乐活泼、勇敢自信、勤奋刻苦、善良专注,但如果平时不注意对孩子的言传身教,这些美好的愿望则很难实现。

(一)家长自身素质对孩子性格形成的影响

家庭对孩子性格形成的重要作用,是学校教育、社会教育远远比不上的。苏联教育学家马卡连柯曾经说过:"不要以为只有你们和儿童谈话的时候,或教导儿童、吩咐儿童的时候,才执行教育儿童的工作。在你们的每一瞬间,都教育着儿童,甚至在你们不在家里的时候,你们怎样穿衣服,怎样跟别人谈话,怎样谈论其他的人,你们怎样表示欢欣和不快,怎样对待朋友和仇敌,怎样笑,怎样读报……所有这些,对儿童都有很大的意义。"

一个举止文雅、言谈大方的家长,教育出的子女也会如此;假如家长举止粗俗,满口污言秽语,那么孩子必然有样学样;家长能自觉地遵守社会公德,维护公共卫生,吃完瓜果将果皮放进卫生箱中,孩子也会养成自觉维护公共卫生的习惯。

有些家长在孩子面前不注意自己的言行举止,总觉得孩子还小无所谓,或者对孩子是一个要求,对自己则是另一个要求,这些都十分不利于孩子良好性格的养成。

(二)家庭教育方式对孩子性格形成的影响

有的家庭以孩子为"核心",对孩子过分溺爱,孩子的什么事情都由家长替代,舍不得孩子吃一点儿苦,受一点儿累,这样的孩子长大后就会过于脆弱,而且依赖性会特别强。有些家长对孩子的要求很高,或者是不切实际地一味夸赞孩子,这样的孩子长大后会自视甚高,甚至比较偏激,很难承受生活中的一点点不如意。

家长持温和、民主、开放的教育态度,孩子会形成活泼大方、聪明可爱、善于与人合作、具有独立性、有坚强的毅力等优良的性格品质;而粗暴、溺爱的、专制的、不正确的教育态度,孩子们则形成孤独、任性、依赖、以自我为中心的不良性格品质。因此,我们每位家长需要根据性格可塑性的特征,结合孩子们成长的不同阶段生理和心理发展特点,对儿童性格形成和行为发展循循善诱,因势利导,以正确的教育方式去影响孩子逐步形成良好的性格。

(三)家长性格、情绪对儿童性格形成的影响

父母及家庭成员的各种性格和情绪对孩子会产生巨大影响。家庭中的父母及成员的喜怒哀乐,对各种事物和行为的看法和态度,将深刻影响孩子性格的形成。父母及家庭成员轻松愉快的情绪对孩子可以产生巨大的感染力,其可使孩子形成热爱生活、乐观的、积极向上的、互助的性格品质。反之,情绪不稳定的父母对孩子的影响是非常大的。孩子会在潜移默化中慢慢改变自己的性格:喜欢为所有的事情道歉(哪怕这件事不是自己的错);时刻担心让别人失望;不愿意表露自己真实的感受;孩子永远活得小心翼翼,取悦别人;孩子永远喜欢躲在人群中的角落,不愿意成为那个主角;心理特别脆弱,非常在意别人的眼光;孩子不喜欢与人过分亲近,设置自我屏障……这都是因为父母情绪不稳定,很容易生气发怒,孩子心理上缺乏安全感。为了让父母保持稳定的情绪,孩子会变得善于察言观色,喜欢按照父母的喜好来做事。即使孩子内心的想法与父母的意见有出入,孩子也一定会隐藏自己真正的想法,顺从父母的心意,因为顺从父母就意味着自己能够过得更加太平,不会被父母负面的情绪所困扰。可以说孩子放弃了所有的自我成全了父母的心意。这是一种不平等的交易,而可怕的负面效应却像甲醛一样能够持续散发很多年,不断地刺痛着孩子的内心。

因此,父母及家庭成员应恰当处理好来自各方面的烦恼、伤感、忧郁,自觉克制产生的消极情绪,"情绪垃圾"不要带回家。家庭中要多给孩子正面影响,使他们感到家庭的温暖,感到生活的多姿多彩。

(四)良好的家庭氛围对孩子性格形成的影响

良好的家庭氛围包括整洁、卫生、宁静的家庭生活环境及温馨、愉悦的家庭情感氛围。家庭生活环境会通过视觉对孩子心理产生不同程度的影响。家庭环境的整洁和宁静容易让孩子形成稳定的、和谐的、有计划、有组织、轻松的性格特征,因此,父母应尽可能使房间陈设协调,布局合理,摆设简单、大方。反之,家庭生活环境嘈杂、凌乱、阴暗和潮湿,不仅会影响孩子的身心健康,还会分散孩子注意力,使孩子形成不良的个人习惯和性格。

家庭中的情感氛围主要由家庭中的夫妻关系所决定,也受家庭全体成员的影响。家庭中的夫妻关系影响孩子的心理、性格、习惯等的形成和发展。如果家庭气氛动荡不稳定,父母及家庭成员经常吵架、打架,把孩子当出气筒、替罪羊,以此来发泄情绪,孩子的心理会受到极大的伤害,会对父母产生畏惧心理,久而久之,必然导致孩子自卑、冷漠、孤僻、暴怒和厌世。

而在科学、民主、充满爱的家庭氛围中长大的孩子,往往热情自信,充满爱心,对自己、对社会都会抱有积极向上的态度,在遇到挫折的时候也会努力调整自己的心态,不轻易放弃。

总而言之,良好的家庭氛围更易培养出阳光自信、自强自立的孩子。相反,生长在家庭氛围不恰当或教育氛围淡薄的家庭中的孩子,往往在性格上存在缺陷。

三、家庭教育影响孩子的兴趣

孩子的兴趣并不完全取决于家庭教育,但家庭教育对孩子兴趣的影响是很大的,而且是根深蒂固的。

生活中我们看到很多子承父业的人,一方面是因为有父辈这个平台,另一方面其实也是从小受家庭环境的熏陶,进而产生浓厚兴趣的缘故。鲁迅先生曾经说过:"读书人家的孩子熟悉笔墨,木匠的孩子会玩斧凿,兵家儿早识刀枪。"鲁迅先生自己小时候生活的家庭环境,就有一种很好的文学氛围,他从小熟读李白、白居易、陆游等人的诗歌以及中国古典名著《西游记》等,这为他后来走上文学之路奠定了坚实的基础。

如果想培养孩子读书的兴趣,那么父母就应该常带孩子逛书店、买书,并经常在家里读书看报,向孩子讲述书中有意思的故事、娱乐性的内容或科普知识等。经过长期的耳濡目染,孩子自然就会对报刊、书籍产生兴趣,家长的愿望就会变成孩子自觉的行动。

而在现实生活中,家长干涉孩子的兴趣是非常普遍的现象,这会给孩子的发展带来很多负面影响:

(1)家长过分干涉孩子的兴趣,会使孩子认为自己没有眼光、没有本事,从而否定自己对事物的判断能力,变得盲从、不自信。

(2)有的家长喜欢把自己的意愿强加给孩子,名义上是培养孩子的兴趣,实际上是把自己"未实现的梦想"寄托到孩子身上。这类家长不会从孩子的爱好出发去了解孩子真正喜欢和感兴趣的事情,也不听孩子的解释。这种一厢情愿的做法往往事倍功半,孩子难以坚持,还会觉得家长不能理解、尊重他,从而产生逆反心理。

兴趣是最好的老师,在兴趣的引导下,孩子会学得更轻松、更快乐。孩子做自己喜欢的事的时候,会表现得非常专注、不知疲倦,进步也很快。而如果家长不去考虑孩子的兴趣爱好,而是强迫孩子学家长认为应该学的东西,就会使孩子失去发挥自己才能的机会,不仅浪费时间、金钱,还容易使孩子产生厌烦心理。

四、家庭教育影响孩子的承受力

心理承受力其实算是性格的一部分,把它单列出来是因为承受力对一个人来说太过重要,而承受力受家庭教育影响最深远。

在很多家庭中,孩子是唯一中心,全家上上下下,想孩子之所想、帮孩子之所需,忙忙碌碌为的是满足孩子的需求,对于孩子的一些不正当的要求,权当孩子小不懂事,都以不能难为孩子为由而被通融。孩子长期生活在安逸、如意的环境中,一向以自我为中心的感觉使孩子的是非观念变得模糊,自私自利的思想在不经意间滋生;进取向上、个人责任等被享受所取代,意志、能力在纵容、溺爱中被侵蚀,逐渐养成了懒惰、任性等不良习惯。

当孩子到了上学的年龄,走进学校时,随着集体生活的约束与学习任务的不断加大,孩子显得有些力不从心,感到有压力。尤其是当孩子读到初中以后,家长开始更加重视孩子的学习,这时对于原本任性、懒惰又缺乏心理承受能力的孩子来说,繁重的学习任务与家长较高的要求实在是难以承受,就会表现出对家长不满,甚至会用放弃学习与家长对峙。这种先松后紧式的家庭教育不仅使家长错过教育孩子的最佳时期,也耽误了孩子的成长。

望子成龙、望女成凤的家长无不希望自己的孩子在人生的道路上一帆风顺,然而所有成年人都知道人生的道路并不是平坦的,总会经历或大或小的挫折,是逃避现实还是勇敢地跨越,考验的是孩子的承受能力。所以,每位家长都应该在孩子小的时候适当地给他制造一点儿困难和挫折,让他感受到挫折、困难,并指导他解决问题,尝试战胜困难。这样,当孩子慢慢长大以后,遇到生活中的风风雨雨才不会恐慌,更不会怨天尤人,并有信心、有能力去战胜所有困难。

另一种情况是,一些家长对孩子要求特别严格,不允许孩子有一点儿失败或错误。这部分孩子可能在一段时期内表现得非常优秀,自信满满。但当他走向更大的群体、遇到更多更优秀的人后,他会发现自己不再出众,变得很普通,那种挫败感、失落感会让他难以承受。因此,家长应在孩子很小的时候就教会孩子正确认识自己,摆正自己的位置。

五、家庭教育影响孩子的心理健康

我国著名的教育家谢觉哉先生,曾经引用过古人的一句话,"与善人居,如入芝兰之室,久而不闻其香,即与之化矣。与不善人居,如入鲍鱼之肆,久而不闻其臭,亦与之化矣。"这句话本意虽然是表达择友的方法,但借用来比喻家庭环境对孩子的心理健康教育的影响,也是形象。

家庭教育对孩子心理健康水平,人格发展有着极其重要的影响和作用,这已成为心理健康教育领域的共识。目前,青少年的心理健康问题凸显,究其实质,相当一部分与家庭教育有关。例如,过高的期望,盲目的攀比,加重了孩子的心理负担,引发了学习焦虑、考试焦虑,还容易让孩子产生强烈的自卑和抑郁情绪。而一些家长对孩子一味地溺爱,会使孩子感到自己是世界的中心,认为他们所得到的一切都是理所当然的,形成"自我中心"的观念,而等孩子进入社会后,遇到一丁点儿问题就心理受挫,产生抑郁、人际关系敏感、适应不良等心理障碍。

很多家长都能最大限度满足孩子的物质需求,却往往忽略了孩子的心理需求,不能及时关注孩子的情绪变化,缺乏与孩子的有效沟通。青少年时期正是敏感和叛逆的时期,家长的忽视容易造成孩子自我封闭,不能很好地表达自我需求,影响孩子与人交流和沟通的能力,影响孩子的个性发展,久而久之,孩子的心理问题不知不觉就产生了。

作为一名合格的家长,一定要将孩子的心理健康教育问题放在一切教育的首位,应该自觉主动地加强心理健康知识学习,充分了解孩子的心理特点,孩子出现心理问题能第一时间发现,并且采取合适的方法对孩子进行正面教育引导,促进孩子的心理健康发展。

第二节 学校教育 开创未来

一、学校教育的重要性

教育程度是衡量社会发展程度、稳定、有序、协调的重要指标。随着知识时代的到来,学校教育越来越受到重视。人们在学校里不仅学习文化知识,还学习做人做事的道理,而且还可以不断提升自身的能力,影响是深远持久的,如果没有学校教育,人们就学不到系统的知识,社会的发展会受到严重阻碍,因此学校教育的重要性不言而喻,主要体现在以下四点:

(1)父母的知识有限,不可能在各个方面都给予孩子很好的教育与引导,必须要有更多专业的人来共同教育孩子,学校是最好的选择。

(2)人是具有社会性的,一个人要想很好地生存在这个社会上,就必须要与外界接触,学习与人相处、交往。然而家庭并不能很好地提供这样的场景,但学校却有这样的场景提供,孩子们年龄都相差无几,相处起来容易。

(3)学校有严格的规章制度,对于培养孩子的法制观念,犯错就得接受惩罚的意识,都是很有用的。然而家庭却不能很好地解决这个问题,很多家庭都没有严格的家庭规则。

(4)学校是一个评级系统,在学校接受教育的孩子,都能够很好地发现自己的长处和短处,优势与劣势,从而更好地给自己定位。

二、学校教育对孩子思想品德形成的重要作用

学校教育是学生思想品德养成的重要渠道,因此,学校教育对学生的思想品德养成具有重要影响。为了培育出能够推动社会发展的人才,体现教育的本质,学校需要加大对思想品德教育的重视程度,从增加课时、创新模式、丰富形式、加强教学等方面进行教育改革,帮助学生树立正确的思想意识,引导学生形成正确的人生观、价值观与世界观。教师在进行思想品德教育的时候,需要在不断提升自身专业能力的基础上重视学生的思想品德学习的效率,推动学生思想品德的养成。

从人生的发展角度来看,小学初级阶段是孩子长身体并学习基本技能的最佳时期。小学生刚步入校园,思想纯真,求知欲比较强,对事物有较强的好奇心,而且喜欢效仿他人。在儿童时期养成的好习惯可能会保持一辈子,如有礼貌的待人接物之道、拾金不昧的精神、有爱心等;相反,小学时期的不良习惯到了中学之后会很难纠正,如衣来伸手、饭来张口的习惯,以自我为中心的交往方式,长大后融入社会,这无疑会产生很严重的后果。所以,在小学期间帮助学生养成良好的学习和生活习惯,对小学生的未来发展起着至关重要的作用。

从社会发展的角度来看,小学教育是教育事业的基础,是最重要的组成部分。培养孩子的学习兴趣、道德标准、远大志向,必须从小学教育抓起。小学时期对于塑造一个人健全优秀的人格至关重要。

从小学生自身发展影响的角度来看,第一,小学生初入校园,年龄较小,在接受各方面知识引导的时候处于一种懵懂的状态。有的学生自觉性差,对品德课兴趣不大,觉得品德课很枯燥,在课堂上感受不到学习的快乐,严重缺乏积极、主动的学习态度。如此一来,学生不能有效地掌握品德知识,没有养成良好的行为习惯,做事情随心所欲。第二,小学阶段的儿童身体发育极快,但心智却尚未发育成熟,阅历浅,知识和经验不足,各种行为能力也落后于成年人,但是他们总希望自己和成年人一样,不喜欢别人把他们当成小孩子,这强烈的反差致使他们心理承受能力差,容易诱发诸多心理问题。

三、在小学教育中提高思想品德教育实效性的建议

（一）整体优化学校教育

1. 完善教育实施机制

校园环境、硬件设施、教育理念、师资力量等都是评价一个学校的重要标志。同时，必须加强培养小学教师的思想道德素养。因为个别学校不重视思想道德教育，尤其是在小学，存在着管理德育的教师缺乏专业知识以及自身能力偏低等现象。因此要不断加强教师的综合素质，提高教师教学积极性，提升教师教学水平，从而提高整个学校的教学质量。要加大力度培养优秀的思想品德老师，有效发挥思想道德教育的整体水平。对于非专业的思想品德教师，更是需要他们加大力度对思想品德教育进行学习，只有将这门课掌握得炉火纯青，才能真正有效地对学生起到教育作用。

学校思想道德教育只有有健全合理的评价体系，才能更好地衡量或评估学生行为是否符合标准。因此，我们首要的工作就是改变传统上将考试成绩作为评价学生好坏的标准的现状，通过分析学生的成绩为老师提供合理教学方式。其次，对学生思想道德素质的评价要考虑到书面考试、学校实践活动和动手动脑能力等综合性内容。

2. 提高学生主体地位，实施符合学生特点的教育方式

教育与实践相互联系、相互结合。教学不仅要在课堂上简单地讲授，还要让学生在各个方面学习遵守纪律、合作和沟通、帮助别人，使知识和乐趣形成统一。教师应积极引导学生参加社会实践、社区服务等活动，让学生通过帮助别人，发现问题并解决问题，克服重重困难，逐渐培养学生道德评价能力，使之增强社会责任感和使命感。

3. 重视创建学校文化特色，营造学校文明氛围

学校是人增长智慧的地方，是人净化心灵的地方，是让人获得在未来社会生存所需要的各种能力的地方。它可以直接或间接地将学校文化的理念和行为传递给学生。因此，学校应积极营造整洁、美观、和谐、有序、人性化、健康、进步的校园环境，充分发挥校园文化的价值和作用。丰富的校园文化

可以丰富学生思想精神,增强学生热爱学校、热爱生活、积极主动的精神文明风貌。

4. 加强校内外互联

在新时代,大多数学生生活在多元化的环境中,受学校、家庭和社会的影响很大。因此,我们需要在道德环境之外建立与学校相关联的环境,形成相互合作、互相补充的一个网,以免相互冲突,削弱道德教育效果。在社会教育中,要积极引导学生形成良好的社会公德;在家庭教育中,要努力营造和谐的家庭氛围,促进学生形成良好的品质;在学校教育中,要培养"德智体美劳"全面发展的学生,促进学生身心健康发展。

(二)教师调整教学内容和方法

1. 创新课堂的思想品德教学内容

(1)以集体教育为主导。教师应以学校思想道德教学为根本,通过加强小学生的培训,指导、组织、参与班级活动(班级内文艺表演、班会活动、体育比赛等)、学校活动(运动会、文艺演出等)、校外活动(义务劳动、社区活动等),来进一步培养小学生自主、积极的参与意识以及集体意识,从而增强他们的集体精神、组织性、纪律性以及对集体荣誉感的体验与感受,从而发挥集体的育人功能。

(2)实现思想品德教学方式的多元化。积极发挥老师的模范作用,思想品德教育要真正发挥作用,在根本上离不开老师的榜样示范。小学生刚进入学校,对老师有着敬畏的心理,老师的言行举止被他们奉为"圣旨",他们喜欢模仿老师。所以,老师必须要做到言行一致。教师的良好言行将对学生的思想政治教育起到事半功倍的作用。教师要努力提高小学生们参与活动的积极性与自主性,给予他们更多的学习与体验机会,促进他们品德的进一步提高与发展,让他们真正地从内心理解道德教育,并且坚持不懈地走下去。

教师在教学过程中向学生解释课外知识的时候,要让这种知识信息不断扩展,在教材知识的基础上,拓展课外知识,从而丰富学习内容,使学生对学习更加有兴趣。例如,在农村教学改革中,教师可以利用现有的设施,让农村的学生感受到农村的生活环境、生活气息,让他们了解自己的生活环境,发现与之前的生活有所不同,这样的教学活动,可以对学生更好地进行思想道德教育。

2. 提升教师自身综合素质

教师作为传授知识的主体,应热爱教育事业、热爱学生、重视教学科研等工作,全面提升自身素质,增强专业技能。在日常教学中应根据不同年级、不同学生的心理特点,精心组织设计一些内容生动、丰富、合作能力强的教学内容,以促进学生积极学习并自主参与学习活动,在道德教育中缓慢渗透好的行为,从而提高思想道德教育的实效性,全面促进小学生健康发展。

在日常生活中,老师更应该尊重每一位学生,理解每一位学生,不体罚学生,理智公正地对待学生,采取积极可行的措施去引导学生,做好榜样示范。

3. 开创课外活动形式

将课程之外的活动与探索道德实践结合起来,在进行探索道德实践的过程中让学生自主地对自身的道德行为进行审视,提高自身的思想道德水平。与此同时,教师应结合学生的判断能力和认知能力,不断创新课外活动的形式,逐步提高学生的思想道德素质。在逐步促进学生进行课外活动实践的同时,也要提高学生的认知水平和道德教育素质。

提高学生参与社会实践的能力。学校的思想道德教育不能只限制在校内及课本之内,而应让学生走出校园,进入社会,参与社会,在适当的时候组织活动,并教给学生参加社会活动的基本技能。如组织参与社会活动、社区宣传,让他们体验社会的道德品质,养成热爱人生的道德品格,在实践活动中体会自己在社会中的行为是充满乐趣的,老师也应对小学生进行锻炼、培训,引导他们做好各种活动的总结,从而促进并提高实践能力的实际效果。

(三)学生增强自主意识

对目前小学生的一些不良学习习惯进行针对式教育教学、个性化辅导。另外,学生要积极参与学校和班级组织的品德教学活动,适应学校教育教学工作,充分挖掘自己自主学习、参与、探究的能力,将在课堂上所学的品德理论实践在日常活动中。学生要关注自我身心健康,合理利用学校提供的资源,多读课外书,拓宽自己的眼界,丰富自己的知识,提升自己的能力,使自己内心变得强大,成为一个品德高尚的新时代学生。

总而言之，学校教育对于小学生思想品德养成具有十分重要的影响。为了完善小学教育体制，提升学生的整体素质，学校需要加大对思想品德学科的重视程度。教师在思想品德教学的过程中，需要具有足够的耐心，充分了解学生的问题，针对学生存在的问题及时调整教学策略，以提高学生的思想品德水平。

第三节　家校沟通　教育合力

家校共育是指学校和家庭之间建立起紧密的联系,通过学校和家庭之间的沟通、合作形成合力,从而提高学生的整体受教育水平。家庭和学校对学生的成长和发展来说都有着非常重要的作用,只有两者加强合作,在社会支持下互相配合,形成教育合力,才能培养出高素质的、适应祖国发展的人才。

著名教育家苏霍姆林斯基曾经说过:"两个教育者——学校和家庭,不仅要一致行动,要向孩子提出同样的要求,还要志同道合,抱着一致的信念,始终从同一原则出发,无论在教育的目的上、过程上,还是手段上,都不要发生分歧。"这段话充分说明了家校共育的重要性。

2021年通过的《中华人民共和国家庭教育促进法》(以下简称《家庭教育促进法》)将"促进家庭与学校共同教育"列为条款,从法律的高度提倡家庭教育与学校教育协调一致,落实立德树人根本任务。

家校共育,关键在"共"。家校之间的配合程度,直接影响孩子的成长和发展。学校教育是主体,无论是学习知识、培养素质,还是陶冶情操、完善人格,学校教育都至关重要;老师应当尽职尽责,担负起教书育人的本职责任。学校教育不应该由家庭代劳,家庭教育是对学校教育的必要补充。

2018年,习近平总书记在全国教育大会上指出,家庭是人生的第一所学校,家长是孩子的第一任老师,要给孩子讲好"人生第一课",帮助孩子扣好人生第一粒扣子。可见,孩子的健康成长离不开家庭、学校、社会各方力量的配合和沟通,家庭教育与学校教育的紧密配合已成为广泛共识。家长和老师要成为合作伙伴,相互尊重、相互包容,协同育人,不是一加一等于二,而是一横一竖结合在一起,给孩子十倍的力量,帮助他成长。

家校共育,目标在"育"。归根结底,家校双方的目标是一致的,一切为了孩子健康成长、全面发展。真正的家校合作,需要学校尽可能调动学生家长参与学校教育的热情,获得家长对学校管理和发展的认同,也需要家长了解学校的教育教学目标,使家庭教育配合学校教育。在此基础上,划好家校共育的"经纬线",厘清学校教育和家庭教育的任务分工、职责边界,只有这样,才能各负其责、同向而行。

落实家校共育主要从以下几个方面来开展:

一、提升合作认识,强化合作意识

(一)提升学校对家校合作的认识

学校作为教育制度的重要组成部分,同样也作为学生受教育基地,承担着为社会输送人才的职能。在家校共育方面,学校首先要明确家校合作的重要性,提升对家校合作的认识,要主动与家庭建立联系,保障家长的权利,让家长更了解学校。学校与家庭在学生教育上应该互为表里,双方合力整合并将教育资源最大化利用起来,从而为学生创造和谐的教育环境。

(二)加强家长家校合作的意识

提升家长对家校合作的认知能够促使家校共育有效开展。对于忙于工作、无暇顾及学生学习情况的家长,要积极灌输家校合作的必要性和有效性,让学生家长转变认知。同时,在疫情常态背景下,我们更应该重视家校合作。教师应该对家长的重要性给予高度重视,应该主动与家长进行合作,使家长在家校合作中充分发挥自己的作用。教师要将学生在学校的表现告知家长,从而使家长改善对学生行为习惯的培养方式。家长的效能感直接影响家长在家校合作中的参与效果。帮助家长提升家校合作的自信和效能感,能够强有力地推动家校合作的进一步融合。要让家长同教师成为合作者,要让家长明白以往的"唯成绩论"的错误观念,使其学习了解当前学段学生的身心发展特点,倾听学生的想法,并结合当前学生的表现有的放矢地进行有针对性的教育。更新家长的教育观念,帮助家长有效地参与学生在家的学习活动,管理学生的家庭作业、语言、音乐和艺术活动等。学校和家庭要及时沟通,以便家庭能够帮助开展教学活动,并与教师建立良好的工作关系。

(三)强化家校合作教育宣传力度

从学校层面来看,学校的相关部门和学校领导要把家校合作宣传早日加入工作日程,尽快建立一个宣传体系,将家校合作的内涵及学校的具体运作模式向教师进行宣传讲解,并且让教师把家校合作深入到班级的日常管理中,增加与家长的互动与联系,这样有利于教师了解家校合作的积极意义,并通过家校合作达到有效育才的目的。同时,学校在学生入学时向家长分发学校手册,这样可以增加宣传效果。低年级学生家长缺乏家校合作的认知,学校可以通过宣传活动的方式邀请家长参加学校活动,然后明确向家长表明他们在家校合作方面的权利和义务,从而提升学生家长对于家校合作的认知。

二、加强家校共育的制度建设,成立家校共育的相关工作部门

达成正当、一致的家校共育目标后,还需要提供坚实的制度支撑。在政策法规的框架下,完善家校共育实践的相关规章制度,在此基础上进一步成立相关的工作部门。如成立家长学校,基于学校教育的功能优势,组织专业人员向家长传授家庭教育的科学知识和方法,促进家庭教育观念的更新,营造有利于家校合作的家庭教育环境。又如:成立家长委员会,向学校及时反馈学生的身心发展情况,对学校的规章制度和各方面工作提出有益的建议和意见。再如,成立家长教师联合会,通过召开专题研讨会、举办讲座等方式分享优质家庭教育资源与成功家庭教育经验,促进家校共育的实践联合。

就班级而言,各班推选3~4位热心教育、有一定教育经验的家长组成家长委员会。家长委员会要积极参与班级的管理和活动,推动班级教学计划和活动更好地完成,为班级发展积极建言献策,共同创设适宜孩子发展的教育环境。同时,家委会也要对学校的管理、教学提出一些建设性意见,督促学校、老师不断改进和提高工作质量。

三、拓宽内容形式,创新合作方式

(一)利用网络资源拓宽合作渠道

随着信息时代的到来,家校合作的方式也由传统单方面交流转变为双方互动,大大拓宽了家校合作的渠道,有效提升了双方交流的便捷性和及时性。家长可以通过网络平台了解学生在校的动态,还可以欣赏学生的学习成果。特别是一部分留守儿童家长,虽然他们不能及时参加学校家长会,但可通过微信视频与老师交流沟通,了解自家孩子在校表现。通过家长群,一些家长还可以向别的家长学习好的教育理念和教育方法,家长们还可以互相探讨。科学技术的发展,为家校双方创造了一个好的平台,丰富了家校双方的互动形式。

(二)改进家校平台的内容和形式

首先,正确选择内容,学校应选择家长较为关注的内容。父母通常比较关注学生的在校表现,以及与同学之间的相处情况。在学生学习成长方面,教师可以通过在线平台来发布学生的具体情况,以便家长了解学生在学校的成长过程。在家庭教育领域,需要教师定期转发或者发布一些家长可以学习的良好家庭教育经验和方法。适当的内容可以确保家庭与学校沟通的一致性,并使家校共育更加有效。其次,建立一个多维家校协作的交互式平台,让家庭与学校的合作平台成为小学生学习、生活和成长的管理平台,成为父母和老师之间交换信息和相互交流的教育平台,并成为父母监督学生学习的开放平台,同时父母还可以通过平台参与学校管理,学校也可以通过平台展示自身教学成果。

四、家校携手,共育英才

(一)为家长提供全方位指导

尽管随着时代的变迁,大多数家长的素质和道德文化水平较高,但还有部分家长需要提升。因此,为了提高家庭教育的质量,学校应提供有关家校共育的咨询和指导服务。根据学生年龄段特点,对相应的教育计划进行合理调整,校方可以依照家长和教师自身需求调整合作目标并量身定做家校合作方案。家长家校合作的参与程度较低,主要是因为他们参与家校合作的能力有所缺失,因此建议学校采用一些具体的措施来提升家长家校合作的能力。在帮助家长参与家校合作的过程中,学校可以采取弹性参与的方式,定期设置多个家校互动日;教师尤其是班主任要采用家长更易于接受的交流方式,主动增加与家长的沟通频率,让家长尝试与学生沟通,家庭教育过程中出现的问题则通过教师和家长之间的沟通确定解决方法。通过与教师的相互学习,家长可以提升自身的家庭教育能力,进一步提升其家校合作的能力。

(二)加强对家长的培训

要想促进家校共育,促使家庭和学校之间形成教育合力,就一定要让家长深刻认识到家庭教育的重要性和家校共育的重要性,让家长积极参与到孩子的教育过程中,并掌握正确的教育观念和方式。学校可以通过家长会、家庭教育讲座和发放宣传册等方式来进行培训,提升家长对家校共育的认同感和配合度,从而形成家校共育合力。

在培训的过程中,学校可以宣讲法律知识,让家长认识到自己肩上的教育责任,提升家长对教育的认知水平,让家长不仅重视孩子的文化教育,还重视孩子的心理健康教育和德育。同时针对家长教育形式不当、家庭教育中的困惑等问题,学校可以聘请专业人员来定期给家长进行免费的教育培训,让家长提升教育认知水平,掌握一些正确的教育方法和教育观念,从而在家庭教育中采用恰当的方法来教育孩子。

(三)做足沟通准备,形成教育合力

有效的家校沟通,是家、校、学生多方的兼顾,在内容的设定上,要根据学生的心理年龄特点,融合家长和学校教育的实际需求,做足前期准备工作,争取交流具备针对性,取得良好效果。同时,要给家校各方更多时间准备,做充分交流。家校沟通的核心是在交流的方向以及内容上,确保学校和家庭都在各自的能力范围内同向而动,默契协调,从而达到完美的家校沟通效果,形成教育合力。双方应该通过信息的交叉交互,悉心梳理学生的表现,并根据现象,探究根源,因为学生的很多行为都隐藏着很深的成长问题,可能来自于家庭,也可能来自于对学校生活的不适应。争取在沟通的过程中,我们能还原学生的真实家庭学校生活原貌,并通过交互的过程,给予学生更多的亲情温暖和心灵依靠,从而让学生修正坐标,向好转变。学校和家长通过积极沟通,共同制订计划。教师和家长根据小学生年龄特点制订小学生习惯教育计划,培养学生的良好习惯。从家校合作方面来说,家长及教师都是从学生成长出发,以为学生提供更好的学习生活环境为目标来积极形成教育合力的。

(四)整合家长资源,促进家校共育

家长来自各行各业,有着不同的社会背景、兴趣特长和职业技能,是学校丰厚和宝贵的教育资源。让家长成为教育的参与者、支持者和资源提供者,是家校合作的有效途径,不仅能极大地调动学生的学习兴趣,开阔视野,还可以优化学校课程体系,促进家校共育。一所学校,教师资源是有限的,而家长资源,从数量上讲,往往是教师资源的数倍甚至数十倍,这种资源相对于教师资源而言,具有极大的互补性,对优化学校教育不可或缺。

因此,我们可以利用家长智力资源开发校本课程,搭建教师、学生和家长交流、共享的平台,丰富学校课程,让课堂多姿多彩。实践证明,让家长从教育的幕后走到台前,不仅可以在学校、学生和家长之间构建更为和谐的关系,而且会提升学校课程建设水平,是一个共赢之举。此外,也要建立家长资源库,认真收集家长资料,及时了解他们的职业、文化背景、个人爱好和特长等信息,有目的地加以归类,建立"家长资源库",提高教育质量。

家长与老师有效配合,形成了家校共育的整合优势,有利于为学生营造一个和谐的家庭环境和校园环境。各方不缺位、不错位,坚持问题导向、目标导向、效果导向一致,疏通家校共育不同步、不合拍的堵点,才能促进孩子健康成长,取得教育高质量发展的新突破。

第三章

父爱如山
言传身教

第一节　以父之名　陪伴成长

有的爸爸认为,带孩子都是妈妈的事情,爸爸要挣钱养家,根本不用操心这些小事。首先这种想法就是错误的。美国心理学家发现,一个人能否取得成就,20%取决于后天努力,80%取决于父亲教导。作为孩子生命中"重要的人",同样一句肯定的话,如果由爸爸说出来,对孩子的影响力会是妈妈的50倍。父亲对孩子成长的影响,常常会超过妈妈对孩子的影响。对孩子来说,爸爸是朋友、是玩伴、是师长,是孩子成长的力量,父亲深刻影响孩子的一生。

正所谓"父爱如山,深沉悠远"。"人之初,性本善",家庭环境是一个人身心健康发展的根本保障。子女的身心能否得到充分发展,从一定意义上说,是由家庭教育环境决定的。父爱如山,父亲在家庭教育中是不可或缺的一部分。父亲的影响,以不同的方式,贯穿着每个人人生的始终。

请爸爸们对照题目进行自测,看看你是不是隐形爸爸。

【基础版】

1. 你家小孩的身高、体重是多少? 请精确到小数点后两位。
2. 孩子衣服、裤子的尺码,脚内长是多少?
3. 孩子最喜欢吃的蔬菜是什么?
4. 孩子最喜欢的动画片人物是谁?

5. 孩子的口头禅是什么？

【进阶版】

1. 孩子班主任的全名是什么？

2. 请说出他的好朋友的大名和小名。

3. 孩子用的面霜、洗浴产品有哪些？

4. 最近一次家长会是什么时候？

5. 最近看过的一本书是什么？

如果你能够准确回答出上面10个问题，说明你是一个称职爸爸，如果不能，那么你就是一个隐形爸爸。在国内，爸爸淡出家庭教育的现象较为普遍，《2017中国家庭亲子陪伴白皮书》的数据显示，在55.8%的家庭中，妈妈是陪伴孩子的主力，爸爸陪伴较多的家庭仅占12.6%。

一、爸爸对孩子的正面影响

（一）培养孩子的"理性思维"

孩子到了小学阶段，由于性别差异，母亲比较感性化，父亲的"理性思维"能够在孩子的智能、逻辑判断、分析能力等方面给予一定的帮助。

（二）影响孩子人际交往能力

在国外一项对25名父亲离开超过8个月的4～5岁幼儿的测验研究发现，父亲缺失的孩子的人际交往得分要显著低于父亲存在的家庭的孩子。这说明，父亲缺失的儿童在现实生活中人际交往能力会欠缺。即使参与测验的儿童在生活中经常和成年男性接触，仍无法改变孩子人际交往能力低的状况。

（三）有利于孩子心理发展

研究发现，父亲缺失家庭的男孩比父亲参与家庭的男孩在内部道德判断、愧疚、接受批评、道德价值和规则一致性上得分更低，出现反社会症状的概率更高。在儿童出现不良行为时，父亲也比母亲更容易终止它。

(四)影响孩子的智商和情商

世卫组织研究发现,平均每天与父亲共处 2 小时以上的孩子,智商和情商更高。陈明兴教授指出,爸爸在孩子 12 岁之前与其建立起亲密的依恋关系,会极大地影响到孩子的安全感和幸福感。父爱如山,母爱似海,爸爸与妈妈学会彼此互补、平衡,会对孩子的成长更加有利。

(五)可以提高孩子的抗挫折能力

对于孩子来说,母亲相对偏"柔",而父亲的"刚",能够使孩子学会坚持和勇敢,能够让他们面对挫折逆流而上,这就是"父亲的力量"。

(六)会使孩子养成爱运动的习惯

跟父亲关系良好的孩子,运动和协调能力比较好。爸爸是孩子的第一任体育老师,很多孩子运动的理念、习惯都是从爸爸那里传承来的。

二、"隐形爸爸"对孩子的负面影响

(一)性格容易有缺陷

缺乏父爱的孩子容易软弱、胆小,意志力薄弱,缺乏信心和毅力等。

(二)面对困难时逆商低下

缺乏父爱的孩子容易抑郁、焦虑,自尊心不强,缺乏热情,自制力弱,有依赖性。

(三)容易出现性别认知障碍

心理学家赫塞林顿研究表明:"女孩如果缺少父亲陪伴,可能会造成性别认知混乱,缺乏性别认同感。"这种现象还可能造成女孩在青春期时过早地谈恋爱,寻求自己要的"父亲角色的安全感"。而对于男孩来说,一个完全由母亲带大的男孩,在性格中往往会表现出"恋母情结"、优柔寡断、"娘娘腔"等。

三、如何成为一个优秀的父亲

世界上最好的家庭教育,就是爸爸爱妈妈!父母恩爱、夫妻关系和谐的家庭,能给孩子良好的家庭环境,这类家庭的孩子性格也会更加平和、开朗,孩子也会更加优秀。那么,对于孩子,爸爸应该怎么做呢?

(一)学会收敛"坏情绪"

爸爸首先要学会把"命令"式的教育收敛起来,如果没办法控制自我情绪,会深刻地影响到孩子,将来孩子也会用你的模式来处理事情。

(二)制订计划

爸爸可能总对孩子说自己很忙,但有句话说得好:"心在哪里,时间就在哪里",只要爸爸有心,就一定有时间。陈教授提议,爸爸可以为自己规划一个时间表,即使工作再忙,一个星期左右也要有计划地和孩子、妻子进行互动、交流,可以是家庭共同阅读,也可以是家庭短途游。

(三)多关注孩子的感受

尽可能地避免在跟孩子的接触中,大量关注孩子的学习,因为爸爸陪伴孩子的时间已经很少了,如果在孩子的学习方面过分地关注,孩子会觉得爸爸的陪伴让他不快乐。所以陈教授觉得,爸爸应该尽量多去了解孩子的感受,比如他在生活和学习中是否遇到了一些困惑,适时地为孩子答疑解惑。

(四)放下手机,高效陪伴

爸爸总是玩手机,对孩子来说是最大的伤害。明明花了时间和孩子在一起,孩子却没有体会到高质量的陪伴,反而会产生更重的逆反心理。放下手机,给孩子高质量的陪伴,你会发现孩子的笑脸远比手机上的内容更加精彩。

(五)做个"不缺席"的父亲

家庭聚餐、孩子的生日、学校的运动会、家长会,爸爸们尽量都别缺席,即使默默地当一个观众,孩子也会觉得自己备受关注和重视,这对孩子来说是件非常幸福的事情,因为爸爸的出席让孩子有很多的安全感。

(六)言而有信

爸爸说话不算数,不仅失去了自己在孩子心目中的威信,还严重影响了亲子关系。而且,爸爸这种失信的形象也不利于培养孩子的责任意识。所以,请当一个信守承诺的爸爸吧,答应孩子的事就一定要做到。

德国哲学家 E. 弗洛姆曾说过:"父亲是孩子的导师之一,他指给孩子通向世界之路。"爸爸对孩子的重要性不言而喻。本章节我们选取了部分力量爸爸的育儿案例,从案例中感受浓浓的父爱。发挥父亲在家庭教育中的作用,传授良好的教育方法,带动更多的父亲参与到家庭教育中来。

第二节　力量爸爸　育儿案例

习惯篇

健康成长方可行稳致远

昆明理工大学附属小学　杨韵晖爸爸　杨文斌

饮食有节，起居有序，运动有方，精神内守，豁达乐观。健康是一切的根源和基础，随着时代的进步，现代孩子的家长对于孩子的期待不仅仅是读书写字，而是既有知识又有健康的身心，能力与见识并进。然而，身体健康和心理健康往往是一体的，比如，经常生病的孩子往往容易产生情绪不稳定，睡眠差，注意力不集中等问题，从而会影响学习效率，如果不能够及时改善健康状况，容易对孩子的性格，甚至对心理产生不可逆的副作用。在此过程中，不论孩子是某一个集体中的佼佼者，还是属于厚积薄发者，身心健康问题始终贯穿整个生命旅程，家长刻不容缓，学校义不容辞，社会责无旁贷，需要持续地守护。在少年儿童阶段，孩子的生理和心理都处于极度活跃和敏感时期，既要关注基础知识的学习教育，也不可忽视身体健康的管理和心理健康的引导。

一、饮食要合理

择言无祸，节食无疾。充分了解孩子的体质并选择适合的饮食是一种莫大的智慧。除了一日三餐正常饮食以外,要控制孩子的各种零食,如反季节的蔬菜、水果,或者境外的果蔬零食。需要根据孩子的体质(容易过敏、容易感冒等)及时调整饮食,切勿因爽口之味而过分贪之。用餐须认真,期间不看书,不看手机、电视,不来回走动等。临睡前不饮食,保护肠胃。一日三餐定时摄入,按体质定量准备,避免暴饮暴食。合理搭配,饮食要具有多样性,不挑食不偏食。久而久之便会养成良好的饮食习惯。

二、体能要锻炼

利用课余时间,根据孩子的体质和兴趣爱好选择适量、适度的运动项目,并且持之以恒地培养孩子的体能锻炼习惯,增强孩子体质和免疫力,这是预防疾病的重要方法,也是健康的生活方式之一。

三、作息要规律

不论是正常上学时间还是节假日,尽量保证孩子的正常作息时间,这也是需要我们长期督促和培养的习惯,睡眠质量直接关系到孩子内分泌系统的发育,长期处于作息不规律状态也容易导致孩子的免疫力下降。

四、预防疾病和处理要科学

四季变化,饮食作息,生病在所难免。在健康意识比较强烈的时代,如何让疾病好得快,是我们最在意的事情。首先,一旦发生疾病,应当及时就医,明确病因,不可盲目吃药。其次,切忌大补饮食,应该清淡饮食,如稀饭、粥、面食、蔬菜等。后期康复也应当适量增加肉食。日常生活中谨慎选用营养品、保健品,盲目调补而导致的疾病在医院里随处可见。

五、乐观积极要引导

身心健康互为一体,因此,关注孩子的心理状态,及时发现孩子的不良情绪以及根源所在,并积极进行疏导,也是这个成长关键时期不可忽视的问题,切不可敷衍了事。把孩子当成大人来沟通,充分了解和尊重孩子的需求。不急于否定,不以大人的角度去评判孩子的对错。不过分施压,也不过度溺爱,适当让孩子承担自己的言行举止所带来的结果。不追求完美,尊重孩子的个性,让其拥有积极向上,乐观豁达的心态。

身心健康伴随每个孩子一生的成长过程,也是孩子未来一切成长与发展的基础,任何方式太过与不及都有可能导致无法弥补的遗憾。健康无小事,健康无过时,孩子的健康教育,我始终认为任重而道远,也希望和优秀的老师、家长一起关注孩子的身心健康,为孩子的成长求学之路保驾护航。身心健康方可行稳致远。

点睛之笔:人无泰然之习惯,必无健康之体魄。肉体与灵魂的安康源自于持久良好的生活习惯。善待生命,健康无价。

坚持不懈培养富有责任感的孩子

昆明理工大学附属小学 高语希爸爸　高　升

清代思想家顾炎武在《日知录正始》中提出:"天下兴亡,匹夫有责。"那什么是责任? 责任就是具有责任感的心态,就是个人对自己和他人、对家庭和集体、对国家和社会所负责任的认识、情感和信念。培养孩子的责任意识至关重要,我们的家庭一直以"家长的言行是孩子成长的教科书"要求自己,以"坚持不懈培养富有责任感的孩子"为目标的方式教育孩子。

作为家长,我们可以从哪些方面来培养孩子的责任感呢?

一、言传身教,养成良好习惯,培养责任感

著名教育家陶行知先生说:我要儿子自立立人,我自己就得自立立人,我要儿子自助助人,我自己就要自助助人。

对于我家来说,言传身教体现在我的工作中。节假日我经常接到单位电话,需要马上出差或者参加会议,遇到这种情况,不管是我陪着家人在外游玩,还是在忙其他事情,我都会第一时间响应,这是我对工作的责任和担当。记得

一年级元旦文艺表演的时候,孩子前一天凌晨 3 点发烧,第二天早上我说:"宝贝,你才刚退烧,要不就不去表演了,爸爸担心你的身体撑不住。"但是孩子回答说:"爸爸,舞蹈都是排练好的,如果我不去,这个集体舞就没办法完整表演出来,还会影响其他小朋友。"我当时听了很是感动,也很欣慰。通过这件事情,她懂得了个人在团队中的重要性,为团队付出就是责任。

二、尊重孩子,提升自信,培养责任感

尊重孩子首先要支持她的想法。二年级开学的时候,班主任老师宣布班长要竞选上岗,她表达了想竞选班长的想法。我说:"爸爸支持你的想法,不管你竞选成功与否,希望你重视竞选的过程,不要在乎结果。"随后我和她一起准备竞选材料,总结她的优点,查找她的不足,表达她想当好班长的决心。她说:"爸爸,我的特长是跳舞、古筝,我遵守纪律,还有爱心。我做得不好的地方是不够团结同学,组织能力还不够强。"听了孩子对自己的评价,我想这应该是日常沟通交流起了作用。因为我们的支持和她细致的准备,孩子竞选成功了。通过这件事,她更加认识到责任的重要性。

培养正确的自信观,重点是做好引导。刚上小学时孩子经常说某某同学学习不好,某某同学调皮捣蛋不听话,某某同学画画很厉害……孩子在做对比,她对调皮、学习落后的同学有偏见,又在某些方面突出的同学面前有一些自卑感。我告诉她:"每个孩子都有自己的优缺点,取长补短,你要学习他们的优点,帮助他们改掉缺点。三人行必有我师,取长补短才能进步。你有舞蹈功底,也经常会领舞,这就是你的长处。在班级里你在舞蹈方面发挥你的作用;有同学美术比较好,她在美术方面为班集体做自己的贡献,这样你们班级在各个方面才会是最好的。你应该主动团结和帮助调皮、学习落后的同学,这样你们班级才能变得更好。"通过日常点点滴滴的沟通交流,孩子更新了对人对事的认知。

三、参与家务,提升生存能力,培养责任感

在做家务方面,首先,我是以奖励的方式来鼓励孩子参与。如洗一双袜子奖励 1 元,拖地奖励 2 元。我的初衷是希望她能参与家务劳动。奖励激发了她

做家务的积极性。其次,就是给她看身边做得比较好的例子。比如,当她在朋友圈看到同学整理的衣物非常整齐,看起来很舒服时,她自己也很有感触,决定每天睡前整理好衣物,方便第二天早上起床找衣服,现在一直在坚持做。

责任感是一个人日后能够立足于社会、获得事业成功、家庭幸福的至关重要的人格品质。让我们从现在做起,从自身做起,一起培养富有责任感的孩子。

点睛之笔:教育中缺少了责任意识培养,国家就缺少了一个有责任感的少年。但是责任感的培养并不是说教,而是在日常生活和学习时,通过言传身教,并充分尊重孩子的意愿,使其参与其中,让孩子在实践中树自信、明责任、敢担当。

学会自律 从守时开始

昆明理工大学附属小学 张丁月爸爸 张毅航

《家庭教育促进法》对家庭教育专门从家国情怀、品德塑造、三观教育、习惯养成、心理健康、劳动能力培养等方面对家长做出一系列要求,其中习惯养成教育是孩子其他方面素质培养的基础。

家庭教育是一个影响的过程,父母通过自己的言行影响孩子,让孩子通过模仿、学习,内化于心、外化于行,并且在这一过程中,由他律逐步向自律转化并最终形成孩子的性格、习惯。

而不守时是孩子自律培养过程中最常见,也是最麻烦的问题。有一段时间,我也受到这个问题的困扰,甚至对自己的教育方式产生怀疑。但在同其他家长交流的过程中,我发现缺乏时间观念,好像是现在很多孩子的通病。于是在反思中,我先将自己代入孩子的角度探寻,发现我在上小学时,父母从未刻意强调过要守时,但在二年级就已经独自乘坐公共汽车上学,而且从来没有迟到,守时似乎理所应当。这时,我就发现问题可能并不在孩子身上,而是在我们的家庭教育中。

一、溺爱是习惯养成的天敌

溺爱源于对孩子的过度关注,总认为孩子还小,一切都需要父母来把控,于是这种溺爱在不经意间流露。如孩子吃饭时拖拖拉拉,虽然催促,但又担心孩子吃不饱或者吃太快不利于消化,于是要么上手喂,要么就等她慢慢吃完。早晨担心孩子睡眠不足,总想让孩子多睡几分钟,结果孩子起床时磨磨蹭蹭,时间不够,又开始帮孩子穿本应自己动手穿的衣服,不断催促,再一次放弃了让孩子学会把控时间的机会。久而久之,孩子逐渐认为凡事父母可以解决,形成了对父母的过度依赖,自然也就对守时不重视了。

二、孩子的习惯养成是家长言行的投影

平时因为工作,我们很忙、很累,在单位精神紧绷,回家后习惯于自我放松一点儿。在家里,我们也就没有了工作中那样的严谨,做事总会拖拉一下,磨蹭一下,有些事情现在不想做,就放一下,这一切也让孩子看在眼里,学在身上。孩子回家要先休息、先玩耍,最后又是在催促下开始学习。最终,自律性也就无从养成。

那么在现实生活中,作为父母,我们究竟应该怎么做呢?

1. 通过生活自律影响孩子

不可否认,每天两点一线的生活很累,但是当我们意识到孩子的习惯源于我们自己后,与其对孩子进行谴责还不如咬牙坚持,以身作则。因为我也是教师,所以我对守时有很高的要求。平时回到家,趁孩子休息时我就会抽空工作。这时如果孩子叫我和她一起玩,那么我会告诉她我先把工作做完再陪她玩。孩子在看电视时,我也会让她定一个时间,并在时间到时主动关闭电视。上街买东西,我甚至会做采购计划,然后按照计划进行采购。努力让孩子知道做每一件事都要有计划,要守时。

2. 通过鼓励与剥夺打下思想烙印

孩子上小学后,我们也在尝试中逐渐放开对孩子的一些约束,让她有一定自由选择的空间,比如让她自己分配学习与玩耍的时间,到时间我们只是做简单提醒。在她表现好的时候通过口头赞扬、小红花和零用钱奖励等方式进行鼓励。自己偶尔"不守时",让她当"小家长"进行"批评",激起孩子的"自律心",让她在"管父母"中理解守时的重要性。当然,毕竟孩子的自律性还在培养阶段,总会存在反复性。在她又拖延、浪费时间时,我们会根据不同情况进行处理。如果是无故闹情绪,会对她严厉批评,甚至以剥夺玩耍时间、扣零花钱等方式进行惩罚。如果是因为学习上有困难而闹情绪拖拉,则用循循善诱的方式来教育。如果是其他原因浪费时间,我们则会开导她,等情绪稳定后,再批评,通过不同方式让孩子逐渐认识到守时的重要性。孩子通过学校的学习,也逐渐认识到了时间的意义,这给我们教育她守时提供了很大的帮助,充分体现了家校共育的优势。

经过了近一年的学习,孩子虽然还有拖沓的情况,但比过去已经有了很大的进步。

点睛之笔:孩子的习惯养成是家长言行的投射。换位思考可以避免溺爱,避免用规矩约束孩子,可以让孩子感受尊重。父母是孩子的榜样,孩子也是父母成长的动力。成长路上,榜样先行!

倾听中成长

昆明理工大学附属小学　杨锦瑞爸爸　杨东洋

倾听不仅仅是要用耳朵来听说话者的言辞,还需要一个人全身心地去感受对方在谈话过程中表达出来的言语信息和非言语信息。倾听是一门艺术。苏格拉底说:"自然赋予我们人类一张嘴,两只耳朵,也就是让我们多听少说。"伏尔泰说过:"耳朵是通往心灵的道路。"可见,倾听是如此重要,让我们学会倾听,在倾听中和孩子一起成长。

一、倾听孩子内心——和谐亲子关系

倾听花声,我们能读懂花朵的思想;倾听雨声,我们能读出云朵的渴望;倾听河流的声音,我们能读出大地的呼吸;倾听孩子的声音,我们能读懂心灵的呼唤。孩子作为一个独立的生命个体,不仅需要被尊重、鼓励,更需要被倾听。

闰闰是个好奇心重的孩子,经常会问"为什么",爱去实践,经常把家里的洗洁精、洗发水、牙膏等全部混合在一起,来搞他所谓的"实验",弄得到处"一团糟",经常惹得妈妈生气。我并没有责怪闰闰,而是俯下身子,和他来了一场"沉浸式"倾听。得知闰闰对科学实验极为感兴趣,我非常高兴,承诺给他买科学实验包。当他收到科学实验包时,一口气就完成了三个实验,其中一个实验让我印象深刻,就是"牛奶动画":他小心翼翼地打开实验包,读懂了操作步骤,就开始动起手来,把洗洁精、色素滴入到盛有牛奶的盘子里,奇妙的变化发生了。他惊讶、好奇地问:"爸爸,为什么把洗洁精、色素滴入牛奶中,会出现翻滚的美丽图案呢?"我给他进行了认真细致的解答,他听得极为认真,解开了疑惑。

通过彼此倾听,我们加深了对孩子内心的了解,闰闰增长了见识,培养了科学思维,我们都获得了成就感,我想这就是倾听的魅力吧!

二、倾听学校教导——助力家校共育

在孩子教育这条路上,只有老师和家长携手同行,彼此充分尊重与信任,才能形成家校共育的合力,共同促进孩子发展。

闰闰是个活泼的孩子,但也很调皮、规矩意识淡薄。记得去年寒假前的一个多月,他多次表现不好,我与班主任李老师、数学侯老师通话,"倾听"问题,寻找改进的方法,我和孩子妈妈商定"戒尺打手""站立"等惩罚方式。一段时间后发现收效甚微,又再次向李老师请教,倾听李老师建议后采取"奖惩—鼓励"的措施:规定时间段表现不好进行惩罚,表现好进行奖励。闰闰同学一听有奖励,本身是"吃货"的他开始不淡定了,每次接他放学的时候都会汇报今天的表现。最终期末考试前连续两周表现良好,获得他最喜欢吃的巧克力酱和炸鸡腿,同时也得到老师们的认可。

家长与老师的有效沟通、配合,形成家校共育的整合优势,有助于为孩子营造一个和谐的家庭环境和校园环境,从而使教育高质量发展并有新突破。

三、倾听时代需求——成就优质教育

"少年智则国智,少年富则国富,少年强则国强,少年进步则国进步",这是习总书记对新时代少年的期望。少年儿童是民族复兴的希望所在,要牢记习总书记的谆谆教诲,努力成为合格的社会主义建设者和接班人,成长为担当民族复兴大任的时代新人。

倾听时代的需求。我和孩子约定,每月抽时间观看《新时代好少年》事迹,每次观看完,我都会发现他在行动上发生了细微的变化。闻闻和大多数孩子一样,不喜欢做作业,爱玩耍,妈妈每次都很头疼,可是有段时间,不用妈妈催促,他会主动地做作业并拿给妈妈批改。我很好奇,便去询问,倾听闻闻的心声,闻闻说,他立志成为新时代的好少年,要从一点一滴严格要求自己。循着榜样的脚步,时代的要求,我们和孩子一起在一步一个脚印地前行着。

时代赋予少年担当和使命,我们要时刻倾听时代的需求,争做新时代好少年。

点睛之笔:倾听孩子的内心,我们能读懂心灵的呼唤;倾听学校的教导,我们能助教育一臂之力;倾听时代的需求,我们能走向更远的彼岸。

小小运动　大大动力

昆明理工大学附属小学　饶松茂爸爸　饶明杨

热爱运动,就是热爱生命!孩子小的时候,我就教育他:"热爱运动,做个运动小达人!"小运动中蕴藏着大大的能量。

运动可以让身体健康,增强体魄。俗话说:"身体是革命的本钱。"我们要在学习生活中注重锻炼自己的身体,增强体魄,做到德、智、体、美、劳全面发展。当运动成为习惯,健康也常伴左右。小茂身体健康方面整体还好,从一岁半会走路到接触运动项目,运动一直伴随着他成长。让身体动起来,运动才能活起来,健康也就跟着来!

让运动无处不在。现在美丽的校园正给孩子们提供这样的条件,宽广的绿茵场,缤纷的篮球场,给了孩子们充分展现自我的空间。咱们一年级每周都有三节体育课,不仅体现了运动的重要性,更诠释着孩子们的学习和生活离不开运动。我们除了学校的体育运动外,在家庭中也常进行体育运动,并把"每天锻炼半小时,幸福生活一辈子"作为人生信条。

运动让生活学习积极乐观向上。体育运动在体验和竞技中本身就是一种挫折教育,既需要你付出热情又需要你抵抗挫折。体育运动的教育能让孩子在任何困难面前,都保持积极向上的心态,当他们遇到暂时难以解决的困难,心情压抑无法宣泄时,跑跑步、打打球、出出汗既可以增强体质,也可以给他们带来释放不良情绪的机会,相应的抗挫折能力、心理承受力就会增强。

坚持运动爱上运动。我特别喜欢一句话:生命不息,运动不止。其实,运动不在于多,而在于坚持。小茂每天运动半小时,他在运动中体会到坚持和挑战的意义。目前他主要的运动就是跳绳、拍篮球、骑自行车。当跳绳和拍篮球数量一次比一次多的时候,他表现得极为快乐和幸福;在跳不好和拍不好时,他也会总结经验,收获进取的力量。每天晚饭后,我们都会带着饶松茂和他的弟弟运动半小时到一小时。在一次跳绳时,小茂跳了几次后,我感觉时间差不多了,建议小茂暂停练习。小茂说:"汗都没有出来,这也叫运动呀!"我发现小茂爱上了运动,我相信此时此刻,运动给他带来的不仅是身体的健康,还让他体会到运动的乐趣!我们坚信,面对未来的学习生活,运动会让孩子拥有一种自信、勇敢、阳光、乐观及不断超越自我的动力,这动力如同一盏明灯,指引着他们幸福健康成长!

每天无论有多繁忙,我都会陪孩子运动半小时,我想,这就是最好的陪伴,用坚持和汗水让孩子看到最有力量的爸爸的样子。

让"小小运动"守护着我们健康成长,带给我们无穷力量!时间花在哪里,收获就在哪里。运动的人生,就是开挂的人生!运动常态化,学习幸福里!

点睛之笔：坚持运动,爱上运动,运动让我们生活更幸福,身体更健康,让我们成为更有动力的自己;运动让我们每天都焕然一新,神清气爽;运动带给我们力量;运动指引着我们战胜困难;运动让我们在生活中有了更多欢乐和喜悦;运动让我们学会幸福,得到了幸福。

让好习惯伴孩子一生

昆明理工大学附属小学　曹舜钦爸爸　曹　光

相信凡是喜欢运动的人都有坚持运动的习惯,好的运动习惯养成后,每周或每天固定时间总想出去走走路,跑跑步,打打球等。为什么?习惯养成了,不动弹会难受。同样,孩子们也是一样。好的生活习惯,会使他们早晚睡觉有规律;好的卫生习惯,会使他们身体健康;好的学习习惯,会使他们不由自主地学习。

还记得孩子刚入学时,校长和老师说过的那句经典的话:"习惯决定性格,性格决定命运,培养好的习惯是成功的第一步!"这句话深深地印在了我的心里。是的,的确如此,待人接物习惯好,人的思想品德就会优秀;学习习惯好,人就能取得优秀的成绩。所以好的习惯会伴随一生,甚至会决定一个人的命运,所以我觉得让我们的孩子从小养成许多好的习惯非常有必要。

首先,在小学 1 至 3 年级阶段,是培养孩子习惯的黄金时期。小时要严,习惯一定要从小培养,因为孩子越小,可塑性越强。直到今天,我家孩子仍喜欢和我开玩笑喊我为"唠叨爸爸"。为什么呢?因为他,我常一遍一遍地提醒。孩子一年级的时候,可以说是陪出来的。每天早上按时起床,自己穿衣,洗漱,吃饭注意饭桌形象,做事不磨蹭,然后出门上学;每天放学回家后,注意个人卫生,及时完成作业,然后检查,复习预习,整理书包,按时休息保证睡眠等。每天不断重复着一套流程,每到一个时间点的时候,我都会提醒他,要做什么了,该做什么了,这样时间长了,孩子就习惯了。当孩子在这个过程中出现不适应的时候,家长要做的就是陪着他适应,这个过程中重要的就是坚持,用最简单的说法就是,习惯就好了。好习惯的养成有人说要 21 天,我觉得好习惯的养成需要更多地坚持。孩子不断地成长,到 3 年级的时候,有点儿小逆反心理,这时候就需要适当地去提醒,去监督。

好习惯的养成是循序渐进的,要适时为孩子立下规矩,无规矩不成方圆。就像以前有学生家长讲的"不管是在学校还是在家里,师生之间、亲子之间和同学之间都要讲规矩,讲原则"。好习惯的养成也是建立在原则的基础之上的。

一、时间原则与习惯

时间规划很重要,从小时候的起床穿衣到洗漱完毕,给孩子规定一个时间范围,形成习惯后,他自己就会很有效率。虽然有时候早上会迷迷瞪瞪没有精神,但是他会不经意地去看时钟,去关心时间。有了时间才有规划,制订学习计划也是一样,有日学习计划、周学习计划和月学习计划,其实老师已经安排给孩子了,我们家长要做的就是执行到位,起督促作用。有效管理好时间,学习才能高效。

二、目标原则与习惯

做事情要有始有终。我家孩子有时会突发奇想,去花盆里种个黄瓜、西红柿,结果种子种下了,就三天的热度,三天后就忘记浇水了。直到发芽,长出嫩叶,孩子看到后又有了热度,但是好景不长,过一两天又忘记照顾它了。这就是做事情没有持续性,有了开始,就要向着好的结果去引导,我归结为以始为终。孩子在做事之前要认清方向,这样可以对目前的事情有预判并认清发展方向,比如种黄瓜,种子几天才能发芽、开花、结果,要持之以恒地去观察,最终才会有个好的结果。

和孩子一起做计划,慢慢地培养他的习惯吧,任何时候都不算晚。很多爸爸妈妈都是把计划制订好,然后让孩子按照自己的计划执行。我也犯过这样的错误。这样做反而忽略了孩子的想法,孩子不仅很难坚持执行,也难以养成为自己制订计划的习惯。

点睛之笔：孩子是计划的执行者，制订计划也要让孩子参与进来，多听听他的想法，多了解他的爱好。和孩子共同制订的学习计划，既能使孩子更积极地去执行，还能培养他制订学习计划的习惯。

培养良好的英语学习习惯

昆明理工大学附属小学　钱若允爸爸　钱　军

随着交通和通信的发展，整个世界变成了一个地球村，英语成了全球通用语言。很多国际会议交流语言一般首选英语。重要的学术论文也大都首先用英文发表。一言以蔽之，学好英语对未来的学习极为重要。我们大多数家长不是英语专业的，对小孩的英语学习也许不能提供太大的帮助，因此，培养孩子良好的英语学习习惯就显得特别重要。

一、学习内容提倡为 1 + i

有些父母每次给孩子塞很多学习内容，其实小孩记不住这么多。即使他现在勉强记住了，过两天也会忘。如果让他少学点儿，第二天大部分他还能记得住。以这种方式日积月累，收获会更多。这对我们给小孩布置学习任务是有参考意义的。比如英语单词周一到周日有七个词：Monday，Tuesday，Wednesday，Thursday，Friday，Saturday and Sunday，个个都是字母冗长，读音拗口。很多父母恨不得孩子一口气学会，结果教了几天，孩子就是不会。所以我们的提倡是，以我们小孩的所学为基础，即 1，在这个基础上适当增加点儿难度，也就是 1 + i。如果从周一到周日的七个单词他一次只能记两个，我们就试着给他学三个，不要学四个五个。这样我们把一周的七个单词分解成两三次来学习。这样做的好处是，小孩学起来不累，记得住，容易有进步。这有点儿类似学校食堂里贴的口号：少拿多取，避免浪费；每次少拿点儿，不够吃再去拿。

二、充分利用周围的英语标识

我们身边英语标识无处不在:小区门禁上有英语广告,公交车上、地铁入口有英语,停车场和路牌上有英语,超市里食品包装上有很多英语,就是在家里看电视也会有很多英语节目。停车场有大写的 P,地铁是 Subway,公厕为 WC,禁止抽烟翻译为 No Smoking,等等。只有睡觉时我们才能避开无孔不入的英语标识。我们可以有意识地让孩子看一看,学一学,记一记,每次辨认一两个单词。利用这种环境,鼓励孩子进行选择性学习和观察性学习。

三、有效利用网络视听资料

我们的很多英语考试都有听力,而且比重还不少。听力是大多数同学的弱项,因此平时我们必须有意识地培养孩子的听力。现在网络平台上好的视听材料不少,比如《攀登英语》《剑桥少儿英语》《新概念英语》等,这些书图文并茂,语言地道。如果小孩不是学有余力,用我们英语课本视听材料就行。我们家长可以督促孩子课前和课后跟着视听材料多读几遍,及时预习和复习。学完一个单元,让小孩再看一遍,再听一遍。到期中时,让孩子把前面学的都读几遍,听几遍。期末时再来一个循环。这样小孩听的能力就会不断得到提高。听力的提高要"磨耳朵",非常耗时,考试前再来突击,意义就不大了。

四、广泛阅读

一年级的小孩,英语词汇量还较少,不宜进行大量阅读。到二年级末,有一点儿词汇量之后,这个活动就可以逐步展开了。找些浅易的读本,每周让孩子读一到两个英语故事。阅读能大幅提高词汇量,让孩子学会理解句子和上下文的联系,扩大知识面,激发学生的兴趣。有的学生阅读量太少,试卷一发下来,他就发怵。一来可能读不懂;二来,即使能读懂,平时练习太少,做题耗时太多,结果就是做不完。

诚然,培养孩子的自主学习习惯远不止以上几点,以上仅仅是我个人的几点拙见。小孩积极主动地学习就会减轻父母很大的负担,不用压着、盯着、陪着孩子学,也许补习班和家教都免了,因为好的习惯会使学习事半功倍,也因为自助者天助也。

点睛之笔:让孩子学会主动有效的英语学习方法,就是培养小孩走自己的路,这有助于他将来在英语学习的道路上走得更稳更远。

<h2 style="text-align:center">爱上阅读　悦读越美</h2>

昆明理工大学附属小学　肖语茵爸爸　肖海承

教育部颁发的《义务教育语文课程标准》对每个阶段孩子的阅读能力有具体的要求,其中对小学阶段的一个要求就是六年课外阅读总量应在400万字以上。昆理工附小石梦媛校长说过,"打开新世界的方法有两种——打开一扇门和打开一本书"。附小自建校以来,就形成了以"悦读越美"为特色的阅读理念,建立了附小专属的阅读品牌与体系。

因为认识到阅读的重要性,下面我就如何培养孩子阅读习惯分享四个方面的经验。

一、把握阅读关键期

让孩子爱上阅读首先要掌握孩子认知的规律,2~6岁是语言的敏感期,家长们要抓住这个阅读关键期,在不同的认知发展阶段采取不同的引导策略和方法。在孩子进入小学前,各位家长可以给孩子唱儿歌童谣、讲故事、猜谜语。此外,家长还可以购买识字、画画、故事等绘本供孩子玩耍、翻阅,以提起孩子的阅读兴趣为主。随着年龄的增长采取不同的亲子阅读模式,如幼儿园时期可以采取孩子看图片,家长读文字的亲子伴读模式,再随着孩子上小学开始识字调整为亲子共读,如孩子读一句,家长读一句,引导孩子从看图向识字转变,循序渐进,慢慢地再到孩子自己独立阅读。

二、营造阅读氛围

为孩子营造轻松自由的阅读环境,我从两个方面入手。

一方面营造良好的阅读氛围,在孩子阅读的时候,家长们可以拿出自己的读本和孩子一起阅读,在这个过程中,孩子会对不认识的字或不理解的地方提问,家长一定要及时进行回应,和孩子充分讨论交流,哪怕会天马行空地讨论很久甚至偏离所读内容也不要阻止或者纠正,让孩子的思维得到开发,想象力得到挖掘。

另一方面就是阅读自由,创造轻松的阅读气氛。一是让孩子选书自由,孩子喜欢看什么就买什么,包括但不限于绘本、漫画、传记、诗歌、历史、科普,等等。二是场所自由,阅读场所可以是书房、卧室、沙发、餐厅,甚至是车上,这些地方家长们都可以放几本书,只要孩子愿意随时可以拿书翻阅。三是时间自由,回归"悦读"本质,孩子喜欢什么时候阅读就什么时候读。当然,这里的自由只是相对自由,在这个过程中我们家长的引导是必不可少的,比如,家长们可以引导孩子多读我们附小订阅的《学生新报》或《小学生拼音报》,内容涵盖语数、故事、常识等,能把这些学习报通读完也是不小的阅读量和收获。

三、持之以恒,让阅读成为习惯

不管读什么书、在什么场所读书、什么时间读书,这些都可以不固定,但是有一点是必须要固定的,就是每天都要阅读,持之以恒。肖语茜在上幼儿园的时候,我并没有意识到坚持阅读的重要性,大多数都是被动接受老师布置的阅读任务。上了小学,很多时候孩子读着读着就读不下去了,我才意识到坚持阅读对于认字和词汇积累的重要性,再加上附小主张的阅读六个层面,让我更加坚信坚持阅读的意义重大。所以现在肖语茜每天都在坚持阅读,并每天记录阅读内容,日积月累,这对孩子养成坚持阅读的习惯发挥了很大的作用,孩子自主阅读的习惯也在慢慢养成。

四、摒弃功利心态,回归阅读本质

阅读应该摒弃功利心态,让孩子对阅读感兴趣,享受阅读的过程。家长们可以让孩子适当地听一些音频或观看一些视频资料。适当地陪同孩子一起观看相关的视频资料,让孩子不光在思想意识上,也在视觉上有补充,有助于加深对所读内容的理解和领会。肖语茜现在每天都要听成语故事、童话故事等,在我们的陪同下观看《王二小》《中国传统节日》等栏目。

总之,每天阅读已是必修课,身为父母,有义务有责任培养孩子的阅读兴趣,找到适合自己孩子的阅读方式,循序渐进,努力让孩子成为腹有诗书气自华的人才。

点睛之笔:爱上阅读,悦读乐美,遇见更好的自己。阅读可以使人更加充实丰富;阅读可以提升涵养气质;阅读能够祛除内心的浮躁,给心灵以慰藉和滋润;阅读让我们领略智者的思想,让我们自信阳光。

春风化雨,润源心声——阅读的力量

昆明理工大学附属小学　覃培原爸爸　覃世欢

孩子对阅读的热爱,犹如一颗种子,需要父母用心呵护,让阅读的种子播撒心间、生根发芽、破土而出、茁壮成长。

一、探索启发

孩子几个月的时候,我们买一些适合儿童的图片型书籍,放在孩子触手可及的地方,让孩子随意地翻翻,把书当成玩具。有一次,他看着书本上栩栩如生的小花猫,偶尔会笑呵呵,偶尔会"咿咿呀呀"地跟它聊天。当看到这个画面时,我意识到孩子开始主动"玩"书了。

那颗与书籍互动的阅读种子已经播撒心间。

二、初识文字

为了让孩子和书籍能够进一步接触,我们开始花心思,寻找适合孩子的书籍。在他一岁左右时,我们精心地挑选了对他影响最大的书籍——点读书籍和点读笔,他爱不释手,乐此不疲地进行点读。在安静的点读世界里,孩子会主动地点读自己喜欢的内容,在视觉和听觉的相互交织下,他不知不觉地了认识一些字了。

那颗沉睡在泥土里的阅读种子生根发芽了。

三、有效陪伴

在孩子没有大量识字之前,我们坚持"指读"陪伴,让他用小手指着字,我们逐字逐句地念。让我记忆犹新的是《彩虹风车》这则故事,两岁的孩子,经常让我重复地讲。在重复的"指读"陪伴中,他实现了识字量的积累。

亲子阅读的陪伴,自然不能错过国学经典。从开始的《三字经》,到《千字文》《百家姓》《古诗词》《增广贤文》《笠翁对韵》等,这些朗朗上口的国学经典著作,蕴含着中华民族传统文化。我和孩子,通过"我读他听",渐渐地进入"一起阅读",到现在进入孩子"独立阅读"的阶段。同时,我们会利用零碎的时间,通过有声的方式对他进行熏陶,书读百遍,其义自见。

我们还让他参与到购买书籍的活动中。他每天都会询问几遍:"爸爸,我的书到了吗?"孩子一拿到书,他就会全神贯注地阅读。我们全家统一战线:阅读时间不打扰孩子。

当发现孩子询问历史知识时,我们会选择历史的相关书籍。当发现孩子总是问一些让我们难以回答的问题时,我们选择科普类的书籍,让他探索宇宙人生的各种奥秘,解开心中的谜团。当发现孩子对数学方面存在一些问题时,我们会有针对性地选择相关数学书籍。语文中成语接龙,孩子经常询问成语的含义,我们给他选择成语故事、字谜以及歇后语等书籍。

阅读可以让孩子拓宽视野,孩子沉浸在书籍的世界里,那颗阅读的种子正在破土而出。

四、合理引导

随着阅读量不断积累,引导他学以致用。

出门旅游时,孩子使用思维导图绘制出行计划,在游玩中用成语表达美景或自己的心情,用反义词、近义词编三字儿歌。

生活中,孩子经常使用已掌握的成语,比如,让他暂停阅读去做其他事情,他会说"我不能半途而废",我们感谢书籍,让孩子学会了坚持。

在一次课堂上,孩子不遵守课堂纪律,偷偷看拼音报。老师们及时地跟我们进行了沟通,肯定了他对阅读的喜爱,但也担心这种情况影响到听课的效果。回家后,我们跟他谈起课堂学习与课外书两者是相辅相成的,不能顾此失彼。经过商量,我们跟孩子一起制订了21天习惯养成计划:坚持遵守上课纪律、认真听课。经过21天的坚持,他慢慢地改掉了这个不良习惯,课堂的专注力有所提高。跟他再谈及此事时,他会说:"上课认真听讲,做题时就会质量好、效率高,可以拥有更多的时间去阅读。"

那颗阅读的种子已经开始茁壮成长。

昆明理工大学附属小学以阅读立校,提出"六个阅读"的指导思想,即"阅读—跃读—悦读—乐读—月读—越读",孩子融入学校浓厚的阅读氛围,在肥沃的土壤中,吸收足够的养分。他通过阅读,透过书籍与作者进行思想交流,在阅读的海洋中跳跃,在智慧的天空中翱翔。

点睛之笔:阅读是一颗生命力旺盛的种子,需要父母及时发现,寻找适合孩子的书籍,进行有效陪伴和正确引导,使孩子热爱阅读、开拓思维,读万卷书行万里路,实现开卷有益。

爱运动的你什么都不差

昆明理工大学附属小学　郭书淳爸爸　郭元斌

古语有云:志之所趋,无远勿届,穷山距海,不能限也。孩子心之所向的理想,一个明确的人生目标,将会成为孩子未来人生的灯塔和原动力,让孩子在成长的过程中,不管面对怎样的坎坷,都坚定且勇敢,因为心有所向,所以不惧困难。父母能做的,就是引导孩子找到正确的方向和适合自己的领域,而不是跟风涉足"别人觉得好"的领域。所以我常教育我的孩子:爱运动的你什么都不差。

法国启蒙思想家伏尔泰说过：生命在于运动。每一代人都有他们各自专属的"启蒙运动"，我们和孩子是自行车上跨骑三脚架与平衡骑护轮成长的两代人。曾经的我们骑上比自己还高的"大永久"跌跌撞撞地上路，后来带上两三个同学一起上学、放学，不知摔过多少次、疼过多少回，却依然笑着、快乐着。

我家孩子从两岁多就开始学习骑自行车，现在已经可以和我开展骑行比赛了。骑自行车的过程培养了孩子的胆识胆量，骑到不怕摔的时候，身体平衡能力就自然建立起来了。上坡骑行训练孩子的身体综合力量，下坡骑行培养孩子的自我保护意识，而到了敢于单手或放手骑行的时候，就算骑行能手了。如果在这时组织一两次家庭骑行，不仅能够学以致用、亲近大自然，而且还自然而然地开启了亲子沟通的渠道，孩子平时不愿意和我们说的话说了，不愿意讲的事讲了，越过那些僵化的沟通模式，才能更好地、更有效地开展家庭教育。因此运动不仅提高了身体素质，而且还构建了一架沟通的桥梁。我吹过你吹过的晚风，那我们算不算其乐融融呢？希望家长朋友们也为孩子分享那些您的"大永久"的故事吧。

每个假期我们都和孩子去田间地头，在运动中体验劳动的辛苦。运动中收获了劳动成果，劳动中锻炼了身体机能。劳动中的运动，除了放松了身心，强健了体魄，还构建了语文习作的素材，如孩子的《采蘑菇》《晒稻谷》《制作茶叶》等等都是来源于运动里的劳动。

以下是孩子的习作《采蘑菇》。

采蘑菇

暑假中期，回到故乡。背起背篓，走进大山。未见蘑菇，先闻菌香。
仔细寻觅，它在脚旁。东采一朵，西采一双。装满背篓，心花怒放。
大红菌艳，黄念头香。鸡油菌美，鸡枞脚长。青头菌绿，奶浆菌黄。
土蛋形圆，灵芝扁长。牛肝味美，干巴价昂。爷爷教辨，奶奶厨忙。
其乐融融，围桌品尝。蘑菇虽香，来之不易。植树造林，保护大山。

看似无用的户外活动，却是有用的写作源泉。劳动中收获的东西满足了孩子的味蕾,而劳动又缓解了压力,让孩子收获了知识。运动时大脑会分泌如内啡肽、多巴胺等能够消除疲劳感、缓解压力的神经化学物质,使人身心愉悦,精力充沛,变得更积极,更有意志力,有助于摆脱负面情绪。要读万卷书,更要行万里路。带孩子多接触大自然,在草木雨露中培养"灵动"的智慧。有句话说:毁掉一个孩子,就让他待在家里,一天到晚待在家里。

最后给宝妈宝爸们一些建议,家里一定要准备一些运动器材:篮球、足球至少各一个,羽毛球、乒乓球各一副,家里人人都有自己的跳绳。如果和孩子一同出门三天以上,请带上这些器材。

点睛之笔:育儿就是让孩子成为自己生活的主角,给孩子足够的时间去探索、去发现、去成长,教育从来都不只存在于书本,也蕴藏在生活之中。

守时——和时间做朋友

昆明理工大学附属小学　李偲庭爸爸　李　睿

今日关键词:父亲节、回忆、写稿。21点30分,儿子对我说:"加油吧,少年,一份优秀的稿件即将诞生了。"我对他说:"睡觉吧,少年,我预言明天的太阳一定从东方升起,并照在你的屁股上。"哈哈,一阵欢声笑语后,儿子上床睡觉了。这是我们每天的日常,按时睡觉,作息规律。回想起我们这两年对孩子关于时间规划能力的培养,我想和大家分享几篇日记。

2020年8月31日,星期一,多云

今日关键词:二年级、计划。今天是二年级开学第一天,为迎接三年级这个关键期,我考虑提前一年进入角色。所以今天我和儿子一起制订了学习计划,作息计划。我们运用上学期的作息计划表对这学期的各个学科的作业时间进行了划分,并商量好就照这个执行。我觉得今天的作息计划表简直完美,时间紧凑,涵盖了学校作业和家庭作业,基本保证能在21:30分做完作业上床睡觉。

附：时间作息计划表

时间安排	周一	时间安排	周二	时间安排	周三	时间安排	周四	时间安排	周五	时间安排	周六	时间安排	周日
6:50	起床	6:50	起床	6:50	起床	6:50	起床	6:50	起床	8:00	起床	8:00	起床
7:00	读英语	7:00	读英语	7:00	读英语	7:00	读英语	7:00	读英语	8:10	读英语	8:10	读英语
7:30	早餐	7:30	早餐	7:30	早餐	7:30	早餐	7:30	早餐	8:40	早餐	8:40	早餐
7:50	出门	7:50	出门	7:50	出门	7:50	出门	7:50	出门	9:00	口算	9:00	口算
8:00	到校	8:00	到校	8:00	到校	8:00	到校	8:00	到校	9:10	郊游	9:10	随堂练习
17:40	放学	17:40	放学	17:40	放学	17:40	放学	17:40	放学	12:30	午餐	9:30	核心素养
17:50	晚餐	17:50	到家	17:50	到家	17:50	到家	17:50	到家	14:30	游泳	10:30	复习语文
18:10	口算课前测	18:00	完成口算	18:00	完成口算	18:00	完成口算	18:00	完成口算	18:00	到家	11:00	复习数学
18:30	培优	18:01	阅读	18:01	预习	18:00	预习	18:01	预习	18:20	英语阅读	11:30	复习英语
20:30	回家	18:40	晚餐	18:40	晚餐	18:40	晚餐	18:40	晚餐	19:00	晚餐	12:00	午饭
20:40	阅读	19:00	出门	19:00	阅读	19:00	语文	19:00	数学	19:30	写书	12:30	复习科学
21:20	睡觉	19:30	英语	20:00	跳绳	20:30	阅读	20:30	阅读	20:00	电影	13:00	午休
		20:30	下课	20:30	写书	21:20	睡觉	21:20	睡觉	21:30	睡觉	13:40	起床
		20:50	回家	21:20	睡觉							14:00	作文
		20:50	预习									16:00	记单词
		21:20	睡觉									17:00	英语阅读
												18:00	晚餐
												19:00	黑马阅读
												20:00	跳绳
												20:30	写书
												21:20	睡觉

2021年9月6日，星期一，小雨

今日关键词：疫情、"双减"、开学、三年级。三年级是培养学习能力、情绪能力、意志能力和学习习惯的最佳时期，按照惯例我们开始制订计划。当我拿出计划表时，儿子一脸疑惑，高呼："这是什么？空表？"

附:当日任务表

日期	任务

"这就是我们的当日任务计划表。"我坚定地说。儿子拿到这张空表后,开始参照以往的时间认真地制订起了作息计划。这时我看到儿子对作息已经有了一定的概念并且形成了一定的习惯,我跟他说:"通过一年的认真执行,及时修正计划,每天几点起床,几点做作业,几点睡觉,我们已经形成了良好的习惯,这里我要好好地表扬一下你,你做得很好,从今天开始你要开始完全独立地管理自己的时间,每天把自己的任务记录到这张表格上,类似于你的作业记录本,但它比作业记录本涉及的事情更多。为了让你把时间管理得更好,第一步,你需要有一块自己手表。"这时我把提前买好的手表帮儿子戴上,这种"仪式感"在此时此刻将制订计划这件事推向了高潮,在儿子欢喜的时候,我趁热打铁说:"第二步,它从今以后就是你的朋友了,你要用它记录好每一项任务的完成时间,这样相同的任务或类似的任务你就可以做到心中有数了。"儿子满怀信心地答应道:"OK. No problem."看到孩子的成长,我也很开心。

2022年2月28日,星期一,阴

今日关键词:甘特图、成长。通过一个学期及假期的实践,儿子已经基本可以自己规划时间。在这个假期开始他主动提出使用"班级小管家"将学校假期作业和家庭假期作业进行分类规划,让我在工作的同时可以清晰地了解到孩子在家完成作业的情况。更让我开心的是今天儿子主动告诉我,校内作业四十分钟就可以做完,加上自己的作业一共只需要两小时。回家后,我给了一张空白的"甘特图",还没等我说话,儿子先开口了:"太棒了,这个我知道,它叫'甘特图',我知道怎么用它。"我很疑惑地问:"你怎么知道的?"儿子拿着图向我讲解道:"这是我在书上看到的,左面部分填写单项的任务,上面部分填写预计的总时间段,我数了一下格子,正好可以10分钟用一格,我会用红色的笔表示计划的时间,蓝色的笔表示实际使用时间,如果超出表示超时了,找原因并修正,做完所有作业后,节约出来的时间我想玩一下,可以不?"我带着高兴的语气告诉他:"为你点个赞,少年加油哦。我预言明天的太阳一定会从东边升起,并照在你的屁股上。""哈哈哈哈……"

附:甘特图

日期	时间\任务	正常														
		19:00	19:10	19:20	19:30	19:40	19:50	20:00	20:10	20:20	20:30	20:40	20:50	21:00	21:10	21:20	21:30

点睛之笔:关于时间的管理,孩子从被动变为主动,或许我们走了一些弯路,用了接近两年的时间来探索、实践、否定、修正。但是我们用坚持换来了成功。引导孩子体验成功的感觉,这就是我们一起成长的过程。

成长篇

交　往

昆明理工大学附属小学　马尔嘉特爸爸　马　晓

看过一个短片:浑身泥垢的女上司打电话骂员工。挂断电话,员工呵斥还没做好晚餐的妻子。受了委屈的妻子,把怒气发泄在打针的病人身上。病人出院后,一瘸一拐走路被司机狂按喇叭,双方恶语相向。司机狠踩油门,车开得飞快,车轮卷起的泥垢,溅在了另一位给员工打电话的女上司身上……

人与人的交往,可以如沐春风,也可能恶语相向。很多家长和我一样,第一次为人父母,都是一边换尿不湿,一边学习与孩子的相处之道。每个孩子都是在父母的陪伴下,第一次去认知世界,与成长路上的朋友、自己交往。

一、交往——是让孩子见识世界的宽广

限制一个人成长的不是能力,而是眼界和格局。父母给孩子最大的财富,是为他打开一扇窗,让他见识世界的绚丽。只有让他明白自己的渺小,才能让他憧憬更大的世界,懂得进取、谦卑。

二、交往——是让孩子结识有趣的朋友

友谊,是让人身心愉快的情感。交往之人的眼界、格局以及独特的魅力,都将决定孩子的三观,进而影响孩子一生的命运。在遇到这样"有趣的朋友"前,我决定先把孩子变成这样的人。

关于说话告诉孩子:不打断别人,也别急着表达观点;不轻易许诺;有委屈、误会要说出来,能用沟通解决的别沉默抵抗。

关于礼貌告诉孩子:递尖利的东西时把尖头朝向自己;别人心情不好时,让他静一静,不要问太多;洗了手不随便甩,擦干。

关于形象告诉孩子:坐有坐相,站有站相;根据场合穿合适的衣服;遇见熟人主动打招呼。

关于交友告诉孩子:你不可能让所有人满意;不刻意讨好任何人;不随意打探朋友隐私,哪怕是最好的朋友。

三、交往——是让孩子发现自己、正视自己的过程

如果说见世界、识朋友是向外求,那么与自己交往即向内求。汲取文学的力量、品鉴天籁之音、跳一段喜欢的 Breaking,学习之余令身心豁然开朗,在快乐时光中找到生命的方向与厚度,在岁月的风霜雨雪中,感受生命的醇厚绵长。

记得孩子上大班的时候带他挑玩具,我们选中一款"适龄 7～10 岁"的乐高。一到家,孩子就急不可耐地拆开包装,然而房里却传来阵阵哭声,原来材料包是按构成区域分类包装的,当他一股脑儿拆开后,零件混了,别说拼了,分类都很困难。他看到我过来更生气了,拿起零件开始扔,边扔还不忘用脚来回踢开零件……

顿时,一股无名之火在我身上蔓延,"暴打一顿?""罚站一下午?"还是"和他共同解决超年龄段的事?""不管了,先打一顿才解气!"思路不停切换,刚扬起的手,在转念间被我换成了挠挠头,孩子成长过程中,这样的逆境才刚开始啊!

打,解决不了问题,既然同意买,我就要承担超出他处理能力之外的各种状况。孩子看我冲过去先吓了一跳,看我没打他而是盯着那些零件后,又开始踢。渐渐地,哭声小了,踢玩具的脚也停止了摆动……

我打破了沉默:"那么漂亮的'幻影忍者'要丢掉吗?"孩子含泪摇头,我又补充道:"那谁来捡这些零件呢?"犹豫过后,他擦擦眼角,开始捡,当捡完最后一个零件,我提议饭后一起分类,再拼装。

之后拼的过程很烦琐,孩子几次想放弃,几次开小差,都在讨论声、欢笑声以及对他的不断肯定中坚持了下来。直至拼完最后一块零件,小心翼翼地放进玩具柜后,他才恋恋不舍地睡去。

孩子,就像我们的一面镜子,用好的心态和孩子交往,让他逆境练心态、失败不言弃,能扛事更能成事;用机智的方式和孩子交往,让他遇事见情商、处事有余地,管住嘴更能守住心;用品德和孩子交往,让彼此收获亲情、友情,撑起一个完整独立、自尊自强的人格。

点睛之笔:做一个坚定、友善的领路人,当他长大,你能看到你给他的教育与他如今拥有的力量和品质之间的关联。当你离开,一个优秀的男人(女人)将继续生活,还会把你教给他的一切继续传递!

快乐分享　　健康成长

昆明理工大学附属小学　王玢一爸爸　王仕兴

同大部分家长一样,在孩子的教育过程中我们也经历了一问一答。总想通过询问的方式了解玢一在学校的学习、生活和交友等各种令我们家长关心的问题。最后我们发现,这些问题他要么不知道如何回答,要么最近这些事就没有发生,最重要的是对他不利的事情他不愿意回答或者有抵触情绪。我们发现,在玢一的成长过程中,让他讲学校的故事,他总是滔滔不绝,甚至手舞足蹈。我们觉得这样的方法或许更有效。因此我们经常请玢一分享学校的故事,讲讲学校都有哪些有趣的事。通过分享,我们了解了他近期的学习、心理和爱好变化,然后对其进行有针对性的引导。

一、打开心扉分享,促进家长与孩子心与心的交流

从分享中我们知道了班上哪些小朋友上课纪律好,学习成绩好,并告诉他以优秀的同学为榜样,向他们学习,可以努力追赶他们,将来也成为别人学习的榜样,树立学习的自信心。我们了解到最近他跟哪些同学成了好朋友,为什么成为好朋友,以前的好朋友是否还一起玩,引导他团结和尊重同学,在交往中不要太以自我为中心,更不要用自己的优点去和别人的缺点比,更要善于发现对方的优点,别人成功时,为他鼓掌,别人失败时,给他抚慰。我们可以了解到老师和同学对他的帮助,也可以了解他自己如何帮助小朋友,在班上做了哪些有意义的事,给一些鼓励,希望他继续加油。分享时多为激情时刻,我们发现他能用一些生动的词去描述事物,就告诉他如果把这些优美的词语和句子用到写作中去会提高作文水平。当然分享过程中他也会出现一些不文雅的词汇,此时我们告诉他讲文明、讲礼貌是小学生最基本的修养,力争让他做个文明小学生。分享成了我们家长和玢一主要的交流方式,缓解了家长和孩子之间的矛盾,提高了沟通效率,促进了家校共育。

二、促进交流,收获成长

古人说:"独学而无友,则孤陋而寡闻。"每个人的个性不同,兴趣也不同,但他要融入这个小团体,帮助他寻找到大家共同的话题,并积极参与进去,共同讨论。在分享中我们也尽量多了解他身边同学们最近的爱好和兴趣,找到他们的共同话题和兴趣,使其融入同学中。比如,校园里大家都在讨论《斗罗大陆》时,也让玚一参与进去,谈谈对唐三和小舞的看法,可增进同学间的友谊。我们也鼓励他和同学分享一些自己觉得有意义的东西。通过分享,玚一也带回家各式各样的手工品。我们也鼓励他自己学习制作。通过分享他从同学身上学习了更多的东西,拓宽了视野。当然在这个过程中,他也常常承诺给同学带什么去学校,我们家长尽量帮助他不食言,分享使他懂得了信守承诺的重要性,获得了自信。

点睛之笔:分享使我们更了解孩子的学习情况,成了我们之间有效的沟通交流方式。分享使孩子爱学校,爱去学校;分享提升了孩子的认知,使他从别人身上学到了很多不一样的知识,使他获得了自信,同时也让他被同学老师接受和认可。

博学慎思 明辨笃行

昆明理工大学附属小学 杨景绚爸爸 杨明华

教育,不只是为了获得知识,而是要培养孩子独立人格和思辨精神。何为学习之道?我国著名经典《中庸》指出:"博学之,审问之,慎思之,明辨之,笃行之。"《论语》也说:"学而不思则罔,思而不学则殆。"在这个知识爆炸、信息碎片充斥的时代,只有广泛学习、谨慎思考,才能明辨是非,去伪存真,行稳致远。

一、在持续阅读中积累全面知识,夯实思辨的认知基础

所谓读万卷书,行万里路。阅读是最简单、最便捷的获取知识的方法。在孩子的成长过程中,我们注意营造热爱阅读的家庭氛围,带头示范,养成习惯。虽然我和孩子妈妈都是文科生,但是家庭书柜里也不乏各类数理化、历史艺术、

社会、法律、心理等书籍，各类知识我们都愿意去尝试了解。对孩子的阅读，我们除了进行必要筛选外，很少限定阅读范围，也从不"短平快"地要求他只进行"语数外"主科的学科知识学习或做试卷刷题。

在阅读过程中，我和孩子妈妈总是以"人的狂妄固执与知识的浅薄狭隘成正比"来自我警醒，以"有心栽花花不开，无心插柳柳成荫"的佛系心态，让孩子在潜移默化中拓宽阅读视野，引导他自主阅读、探究阅读、交叉阅读，夯实思辨的认知地基。

二、在生活讨论中锻炼辩证思维，提升思辨的实践水平

在业余生活中，我经常带领孩子阅读深度分析中国历史、世界经济以及社会心理等内容的优质公众号文章，争取让他懂中国乃至世界发展变化形势，引导他辩证认识世界，认识自己。

从认识世界的方面看，孩子通过努力回望历史和深度关注社会事件，学会透过现象看本质，辩证分析事物。在孩子和我讨论伟大历史人物、社会制度、国家道路等宏大的问题时，我从不简单粗暴地回答或是顾左右而言他，而是努力搜刮脑海里的每一滴墨水，尝试从历史阶段、社会心理、发展需要等多维度分析，努力让他看到利益冲突、时机选择等背后的逻辑，同时要求他回归马克思所说的"改造世界"，鼓励他承担责任，鼓励他让自己有能力为社会做出更大贡献。

从认识自己的方面看，我们希望他既不骄傲自满也不妄自菲薄，既不盲目崇拜也不孤芳自赏。有一次孩子获得学校"月读之星"称号，我和他说："这个奖励是因为你的阅读量大面广，值得肯定。但是我们不能囫囵吞枣，要向获得'越读之星'的某某学习。因为同学和你的阅读量差不多，但是却更有深度，更有利于单点突破，融会贯通程度更高……"他听了悄悄记下，默默向榜样学习，与榜样互相探讨阅读收获，一来二去成了好朋友。

三、在社会交往中认识联系，培养思辨的和合心态

人是社会动物，必然将和身边人产生联系并形成自己的社会关系。而怎样认识社会关系，将直接影响他的人格塑造。在孩子和我聊起学习中的自己或同

学朋友时,我极力避免给他本人和同学贴负面标签,更多是带领他看到别人优点,真诚地为他人祝贺,从同学的身上找到成功经验,找到自己进步的方向。

聊起各类交往事件时,特别注意避免进行情绪化评价,我总是刨根问底询问更多细节,引导他关注事情的前因后果,思考问题为什么会产生,自己能为改变坏的结果做些什么努力。通过此类交流思索,让他认识到:全面、准确、有效地认识和改变事物,一定要了解事情的前因后果,要换位思考,要提出建设性建议,给予力所能及的帮助。只有以积极乐观、自信包容的心态准确认识,主动作为,才能形成良好的社会关系,让学习生活充满温暖、和谐。

点睛之笔:塑造健全人格,奠基幸福人生。好的世界观、人生观、价值观是孩子形成优良品格的最重要基础。以思辨、乐观、开放、共赢的心态,有意识地引导孩子形成正确的"三观",扣好人生第一粒扣子,相信我们的孩子都能健康成长,前途光明。

鼓励点燃孩子自信之火

昆明理工大学附属小学　阿雅涵爸爸　阿发友

俗话说:"良言一句三冬暖,恶言一声暑天寒。"鼓励是每个人成长和生活中点燃信心的火种。从蹒跚学步时父母的一声声加油和鼓励,到学习路上老师和同窗的认可与肯定,再到工作岗位上领导和同事们的认可和表扬,激励无处不在,也深深影响着每个人的学习和生活,是我们树立自信的重要源泉。

作为家长,如何点燃孩子的自信心使我反复陷入沉思。女儿两岁半时上幼儿园托班,是班里年龄最小的小孩,自理能力和其他小朋友有一定差距。女儿喊她们班一个女孩"大姐姐",她说那个"大姐姐"帮她很多忙。我问女儿:"吃饭碗筷是自己拿的吗?"女儿回答说:"都是那个大姐姐在帮忙发碗筷。"一脸对他人的依赖和信任。每次幼儿园家长手册回馈,老师的评语总是有一句话:"希望你大胆一些,自信一点儿,大胆回答老师问题。"短短几句话,让我意识到女儿在幼儿园存在的问题,那就是可能由于年龄太小,她在同学面前缺少自信。

如何激发女儿的自信心成了很棘手的问题。最终，我通过抓住孩子的优势并鼓励她付出行动，让孩子的优势发光，以此来点燃她的自信。我发现女儿有个比较明显的优势，就是从小口齿伶俐，吐字清晰。抓住女儿的这个优势，在小班阶段我鼓励女儿参与幼儿园故事大赛。起初，女儿有些胆怯，我坚持陪她练习，也给她做示范，表扬她的每一点进步。故事大赛那天，上学路上我看得出她的忐忑，进校门前我只和她说了一句："站上去讲的小朋友都是很勇敢的，加油！"最终，女儿凭借流畅的表达获得班级一等奖，晋级年级赛。我一阵惊喜，惊喜的是她迈出了重要的第一步，我第一次看到她自信的眼神和微笑。从那次故事大赛以后，女儿课堂上主动举手，大声回答问题，每次故事大赛踊跃参与。多年来，我一直坚持鼓励孩子付出行动，用行动获得自信。经过多年的坚持，无论是在学习上还是在生活上，女儿都变得独立、自信、阳光。

自信的点燃其实就那么简单，只要你坚守鼓励并让孩子付出行动。当然，孩子自信心缺失的原因是多方面的，因此，我相信各位家长鼓励孩子和点燃自信的方法方式也是各不相同的。但是，无论什么原因缺失自信，有几点都值得和大家分享：

一、父母鼓励是孩子自信心最重要的源泉

三字经讲得好，"人之初，性本善……子不教，父之过"，可见父母对孩子成长的重要性。作为父母，我们的一言一行将深深地影响着孩子，我们的每一句鼓励都将成为孩子成长的动力，每一句对孩子的冷嘲热讽都将成为她阴暗的记忆。

二、鼓励不是空喊口号，让孩子用行动点燃自信

肯尼迪曾经说过：最大的危险是无所行动。点燃孩子自信也一样，行动是成功的必经之路，千言万语的鼓励不如让孩子付出行动。让孩子在行动过程中思考和解决遇到的问题，感受进步和成功带来的喜悦，点燃和增强孩子的自信。就行动目标来讲，建议去选择孩子可以完成的行动，会更容易实现最终目标，这也是我为什么要抓住女儿的优势让其用行动点燃自信。当然，从无到有，从劣

势上取得进步也是可以获得自信的,相信家长们的办法各有千秋。

三、树立平等相处理念

古人云:"三人行必有我师。"说明每个人都有各自的优势,都有可以学习和借鉴的地方。比如善于交际是优势,体育好是优势,成绩好是优势,等等。每个小孩都有发光的地方,贬低自己或看不起别人都是不正确的,在学习和生活中要树立平等相处的理念。

点睛之笔:孩子在成长过程中变得自信大方离不开父母的陪伴和鼓励,父母要找到孩子缺乏自信的原因,从根源上帮助孩子解决问题,点燃孩子的自信之光。

自信的力量

昆明理工大学附属小学　杨乐乐爸爸　杨晓军

自信,看不见,摸不着,很难去把它具象化,也很难跟孩子去解释。当你询问孩子:你有自信吗? 他大概率回答:有! 但是他知道自信是什么吗? 还真不一定。

读初中的时候,我一直是一个特别内向的孩子,籍贯又在外地,所以我特别自卑,自卑的原因很多,比如我不会说本地话……我也一直想改变,甚至还写了一篇日记,我要改变我的性格,但是骨子里的胆怯,哪能那么快改变呢? 直到高二的一次文艺会演,相熟的几个同学一拍脑袋,我们弄个组合怎么样? 跳街舞,肯定拿奖。我心想,对啊,要是拿了第一,是不是我在别人眼里也能变得"厉害"起来? 于是说干就干,没有接触过舞蹈的我们,对着录像带把每一个动作记了下来,然后每天认认真真排练,刻苦练习。一个月后,当我们登上学校大礼堂的时候,我们火了,不仅拿了第一,还接到了商演邀请,一场 50 元。从此,我真的改变了,变得健谈、热心、爱交朋友,感觉自己全身都散发着光芒——自信的光芒。到现在我都很感激当时的经历,因为自信会传递,不仅让我的人生足迹有了改变,也培养出了一个自信、阳光、乐观的孩子。

假期,我女儿要学骑自行车。有一天,女儿来找到我说:"爸爸你教我骑一下自行车吧,我怎么也学不会。"我说:"好呀!骑车其实并不难。"于是我一只手抓着她的坐垫,帮她掌握好左右平衡,一边不断地鼓励她:有我扶着,使劲蹬脚踏板,把住车把,别晃……经过反复的练习,她就这样学会了骑自行车。当她意识到自己也能骑很远的时候,她脸上也露出了开心、自信的笑容。那么她的自信来自于哪里呢?

一、来自别人的肯定

心理学效应:"说你行你就行,不行也行;说你不行你就不行,行也不行。"在自信心的培养过程当中,得到肯定至关重要,特别是家长的肯定。所以我们千万不要再说自己的孩子是如何如何的不好,如何如何的调皮,你怎么那么不认真,你怎么那么粗心,你怎么那么磨蹭,等等。这样只会让孩子好不容易建立起来一点点自信的小火苗瞬间被浇灭。

二、来自刻苦

并不是有了自信心就一定能成功。自信的同时,仍然需要更多的努力、更多的练习才能取得成功。心理学家安德斯·埃里克松提出"一万小时天才理论",对柏林音乐学院同一年龄段小提琴手进行了研究,发现在这批小提琴手里面,练习时间不足4000小时的,最终成了普通的音乐老师;练习时间超过8000小时的,成了专业的音乐人;而那些练习时间超过10000个小时的,最终成了出类拔萃的大家名师。他又调查了钢琴专业的学生,结论如出一辙。所以,自信而不盲目,用心付出,努力去练习,这样才能让自信心更真实、更稳固。

三、来自成功的快乐,对成功的感知,以及生活的美好

千万不要让孩子们将"一万小时天才理论"理解成任何人练习10000小时以上都能成功。不是的,他们必须在练习中感到快乐。要让他们知道通过努力去达到一些成就、完成一些目标、应对一些挫折后,就能真正体会到属于他们自

己的快乐。这样他们在遇到挫折、难题的时候,才能用自己的方法去努力解决问题,并憧憬着解决这个问题以后收获的快乐和美好,而不是遇到问题以后只会说:怎么办呀,我解决不了……

点睛之笔:自信就是这样,保持良好的自信心,就能离成功更近,就能体会到解决问题的快乐以及生活的美好。但是自信不是凭空而来的,而是在陪伴和鼓励下进行更多的努力和练习,让孩子体会成功的快乐与收获之后得来的,这样得到的自信,不仅仅是简单的相信自己,而是掌握了面对挫折、难题、未知领域的力量,这才是自信的力量。

自信——构建孩子健康成长的基石

昆明理工大学附属小学　王传彦爸爸　王国玺

大家好,我是一年级六班王传彦的爸爸王国玺,很荣幸能够借着昆明理工大学附属小学"力量爸爸"线上沙龙这样的机会,与各位分享我们家的育儿理念。今天我给大家分享的主题是"自信——构建孩子健康成长的基石"。

作为父母,我们深知帮助孩子建立自信的重要性,但是如何采用正确的方式去引导孩子建立自信是众多家长迷茫的问题,我将从两个方面切入来阐述我的观点。

一、什么不能做

不尊重孩子:(1)打断孩子间的交谈;(2)遇到亲戚家孩子来做客,对方比较喜欢自己家孩子的东西,家长不问孩子就把东西送出去了;(3)虽然在跟孩子一起玩,但是没有投入,显得很不耐烦;(4)父母居高临下,指挥孩子的全部。

打击孩子:(1)一味地批评,甚至羞辱孩子;(2)当孩子提出一个想法时,从一开始就反对他,并阻止他去尝试;(3)经常拿孩子与他人比较;(4)当孩子取得某项成就时,漠视或者否定他的成绩。

恐吓、吓唬孩子:(1)对孩子大吼大叫,甚至采用暴力的方式,从而达到让孩子屈服的目的;(2)当他做错一件事时扬言要抛弃他、放弃他;(3)当他不愿意去做某件事时,用言语或者行为威胁他;(4)让孩子去做大人不会害怕的事情,并理所当然地认为孩子也不会害怕。

吝惜鼓励与赞美:(1)当孩子取得一些小小的成就时,觉得无足轻重;(2)孩子承认错误后,继续对他进行批评;(3)当孩子取得阶段性的成绩时,觉得要等到最后再一并表扬;(4)在教育孩子的过程中用笼统、简单的赞扬代替具体和细节夸奖。

凡事都包办:(1)不让孩子干家务活儿;(2)认为孩子身体弱,担心孩子太辛苦,不让他进行体育锻炼;(3)当遇到一些选择性问题时,永远都不让孩子自己做主;(4)认为孩子不会准确表达自己的想法,就代替他表达。

我们的生活中有一类人,他们缺乏独立性,不会对家里人说不(无法违抗妈妈的旨意),缺乏主见,遇事只会道歉,无解决方案,这一类人,往往从小被家里保护得很好,特别是妈妈。以上四点内容他们条条都中,因为父母的包办,可能他们所学专业是家里人让填报的,选择的职业是家里人认为稳定的,甚至人生伴侣都是家里人认为合适的。他们从来没有自己做过选择,也习惯了父母的包办,可是这样的选择父母可以帮你到几岁? 我们可以让孩子从小就做一些选择的练习,给孩子创造"做主"的机会,比如,平时我们会让王传彦自己决定今天穿哪一双鞋子,去餐馆就餐时可以点一到两个自己喜欢的菜品,周末由他来决定是去动物园还是图书馆等,让他参与到自己的事情中,有机会表达自己,为自己做主。别看都是微不足道的小事,这些都会培养孩子的自信。

二、应该做什么

在说应该做什么之前,我想先分享一个小故事。因为工作比较忙,我平时基本见不到孩子,但周末的时候,我会把我大部分时间给王传彦,他会和我说一说这周他在学校发生的事情,我也会和他聊聊我这周工作中遇到的趣事。周末作业完成后,我们会有一段游戏时间,游戏有输有赢。一开始,我们的游戏时间可能只会维持 10 分钟或更短,因为王传彦输了游戏后就会耍赖,这使得游戏没办法进行。我没有因此而故意让着他,而是在他冷静后抱抱他,和他一起分析战局,告诉他应该怎么走、怎么做,才能进行到下一步,告诉他后面还会有很多局,这局输了,只是短暂的输,并不代表所有。慢慢地,我们的游戏时间从10分钟变成了半小时甚至1小时。这些都是生活中的小事,但却在一点一点地改变着孩子。

我们作为家长,要帮助孩子建立自信,我认为应该做到:(1)承认他/她的独立人格,尝试与孩子做朋友,学会倾听;(2)营造良好的家庭氛围,树立优秀的榜样;(3)避免将自己的负面情绪带入到教育当中;(4)相信孩子,放手让他/她按照自己的想法去做事;(5)遇到挫折时不回避,提高他/她分析、解决问题的能力,并给予适当的帮助;(6)找到孩子的优点,经常鼓励、赞美他/她。

点睛之笔:自信是孩子健康成长的基石,因此父母要帮助孩子建立自信。没有谁是天生会做父母的,好父母都是学出来的,请和孩子一起学习,一起成长!

领略诗词之美　感悟诗意生活

昆明理工大学附属小学　龚亦卿爸爸　龚时华

阅读的价值无须赘述。我们每个人都能随口说出关于阅读的名言警句,也能信手举出关于阅读的名人轶事。对于阅读或者说读书的推崇,深刻烙印在中华文化之中,根植于中国人内心深处。作为家长,我们都知道阅读对孩子精神世界的丰富、道德品质的培养、知识范围的拓展以及综合素质的提升等方面有着重要的作用。

背诵是阅读的极致形式,诗词是文学的巅峰成就。我把诗词背诵看作是一种特殊的阅读形式。学习优秀的诗词,可以陶冶孩子的情操,提高孩子的文学审美能力。在这里我想和大家分享一下我引导孩子背诵诗词的过程。

孩子很小的时候,为了锻炼他的胆量,我鼓励他在幼儿园老师和其他孩子面前表演诗词朗诵,比如《水调歌头》和《将进酒》。几次表演之后,我发现孩子非常善于背诵诗词,也喜爱背诵诗词。于是我就有意识地进行引导,利用碎片化的时间教他背诗,主要是利用每天早上开车送他上学的时间,并逐渐形成了习惯。虽然背诵因我出差而经常中断,但几年时间累积下来,也看到了明显的成果。目前,孩子已经背完了小学指定古诗词70首、小学补充古诗词90首、初中和高中古诗词约70首。《唐诗三百首》除少数篇目外均已背完,另外还背诵了部分宋诗和宋词名篇。

学习贵在坚持,孩子要坚持背诵,家长也需要坚持做功课。首先要有一个大概的计划,确定篇目范围,然后按照从易到难、由浅入深的原则,排好学习顺序。背诵的方法很重要。刚开始背诵时,我不仅要逐字逐句地解释,还要一句一句地领读,更要讲解诗词的背景或诗人的经历和故事。孩子很小的时候,基本是靠反复诵读形成"语感"的记忆方式。孩子大一些后,背诵的诗词篇幅也变长了,我就开始给他讲解诗人写作的逻辑、诗篇的结构布局等,既能加深对诗词的理解,也有助于逻辑记忆。第一次背会固然重要,但有计划地复习才是长期记忆的根本。我会有意识地通过短期、中期、长期三种形式进行复习,反复巩固记忆。另外,仅仅依靠背诵这一种手段,形式过于单一,孩子容易出现厌倦情绪。因此,我会尽量安排一些有趣的学习形式。平时,我会和孩子一起看诗词大会类的节目,激发他对诗词的兴趣。现在诗词大会涉及的篇目我们大多都背过了。我们还经常一起玩诗词接龙和飞花令的游戏,借此加深对诗句的印象,这方面我已经渐渐比不过孩子了。有时,我也会让他玩诗词答题游戏,通过不断晋级的诱惑让孩子保持学习兴趣。

教孩子背诗,就是希望他能够领略到传统文化的精彩,希望诗词升华他对于生活和人生的感悟。我并不担心孩子当下能否完全理解诗中的意境,这本就是随着人生阅历增长而变化的。事实上,我很容易发现一些诗词对他的影响。在烟波浩渺的青海湖边,他背诵过"青海长云暗雪山";在沧桑寂寥的关隘旧址,他想起了"西出阳关无故人";在广阔荒凉的沙漠,他感受到了"大漠孤烟直,长河落日圆"。日常生活中,在各种情境下,他也能从古诗中找到恰当的表达,比如"东边日出西边雨",比如"桃花一簇开无主",比如"潭面无风镜未磨"。这也正是我希望的,他在将来的生活中,能不经意间体会到诗意,体会到文化的美好、生活的美好。

"粗缯大布裹生涯,腹有诗书气自华。"这是对诗词之于人生意义的最好阐述。"书卷多情似故人,晨昏忧乐每相亲。"这是阅读与生活关系的最好写照。"读万卷书,行万里路。"这是每一个读书人追求的目标。生命离开了阅读,就错过了感悟几千年璀璨文化之精彩的机会;生活离开了阅读,就失去了体验各时代伟大思想之睿智的美好。

点睛之笔:"读书不觉已春深,一寸光阴一寸金。"阅读让孩子更加优秀,诗词让孩子热爱生活。父母带领孩子一起学习诗词,一起领略生活的诗意,一起感受诗意的生活。

少年易老学难成 一寸光阴不可轻

昆明理工大学附属小学 黄尹宸涞爸爸 黄帮福

时间过得真快,涞涞即将升入五年级。每每想起孩子从呱呱坠地、牙牙学语到蹒跚学步,眼泪打着转地进入幼儿园再到兴奋又紧张地背上小书包迈入理工附小,一幕幕仿佛就在昨天。孩子在启蒙之地的历练和成长得益于每位老师和朝夕相处的同学,当然每个阶段都倾注了她妈妈和我以及家里四位老人的爱与呵护。扮演"力量爸爸"角色的我,在教育孩子上秉持人格感化和学养引导相结合,一直坚持"少年易老学难成,一寸光阴不可轻"的教育理念。

一、身体力行,教导孩子认真对待每件事

在培养和照顾孩子的过程中,周末我会腾出时间带着涞涞到菜市场买菜,和她一起开发新菜品,在做菜过程中,一点一点引导孩子去想怎么选材,如何加工、配料、烹饪才能做出美食。哪怕生活中的小事、细节,我都会很认真地对待并示范给涞涞看。希望这种态度和示范能让她认真对待自己、对待他人、对待学业。

二、"真诚"和"真实"地做孩子的榜样

秉持"传承＋创新",培养孩子独立思考的能力,身体力行,共同经历,让孩子感受到"道理",将道理自然而然地"种"进涞涞心里。举几个例子:

每次吃完饭,涞涞必做的一件事是拖地,刚开始她很抵触,不愿动手去做,常常以要做作业推托。这件事上我从不妥协,而且非常严格,说清楚了就必须做! 而且要坚持做! 更要好好做! 一开始孩子只是象征性地拖地,我看到后火冒三丈,批评教育的同时示范给她看,随后紧盯她是否按照我的示范去做,如没做到位则继续示范、继续纠正……如今,拖地对她来说已经成为饭后习惯,很自觉地就去拿起拖把认认真真拖地了!

再如吃饭左手不抬碗这件事,每餐饭过程中,我都会不厌其烦地提醒她端起碗吃饭,一顿饭下来少则提醒 5、6 次,多则提醒 10 多次,有时甚至 20 多次! 在不断敲打和提醒的过程中,她不端碗吃饭的坏习惯有了很大改变。在陪伴孩子改掉坏习惯的过程中,我深切感受到坏毛病一定要早发现、早督促,不能妥协和滋养其坏毛病的蔓延。

三、守时守信,提前准备

习惯的纠正需要时间的累积和巨大的耐心! 幼儿园时期"散养"没有及时关注,进入小学,节奏加快,突然发现孩子身上有做事不守时、拖沓、不提前规划等毛病。

比如,刚上小学的时候,约好的早上 7:30 出门,涞涞每次准备出门了才想起该拿的书没收,该带的东西没带,穿哪套校服临时去看通知,导致出门时一团糟并掺杂不同声调的吵架声,真正出门时间严重滞后。

再如,全家约好节假日外出游玩,涞涞临出门前才去准备需要的玩具、道具等,免不了被一顿臭骂,有时还会引发吵架……

针对此类不守时守信、不提前规划做事情的毛病,我下定决心一定要让她改正。不过这次改变了策略:每次出门从原来的催促,变成我先按点出门,涞涞迟出门多久就按耽误的时间严肃批评,根据迟到严重程度有时还会狠打她屁股

几巴掌;游玩过程中忘带了什么就自己承受未带的后果。渐渐地从原来帮她操心出门应该带什么、需要做什么,变成"善意提醒+点到为止",她吃亏多了也就慢慢改变了,学会了自己主动去想问题和准备出门所需物品。习惯的改进让我这个"黑脸"收获了教育方式转变带来的喜悦!同时,潜移默化的过程中涞涞也体会到一寸光阴一寸金,不守时守信也是在浪费别人的时间和信任。

点睛之笔:身体力行,"真诚"和"真实"地做孩子的榜样。孩子难免会有坏习惯,且一旦养成很难改正,对此应有足够耐心,同时紧盯不放。孩子存在做事拖拉、不守时、不提前准备的坏习惯,对此应严加管教,适当让孩子吃点儿亏,这样才能"吃一堑,长一智"。

寓思辨于日常

昆明理工大学附属小学　芦海轶爸爸　芦坚强

让孩子拥有较好的思辨力,能够让孩子成长为比较理性的人,这是不少家长的心愿。令人头疼的是思辨能力本身比较抽象,培养孩子的思辨能力一时也不知从哪里入手。我的做法是在日常生活中对孩子的某些习惯与想法稍加引导,以此培养她的思辨能力。

一、广泛阅读是思辨能力培养的基础

阅读不仅是指阅读书籍,也包括观察自然/社会、听音频/音乐、看视频/表演/艺术作品等。我因为上课备课需要看电影,海轶也就时常跟着我看电影。我鼓励她多看电影,看电影的时候多思考。海轶有自己喜欢的电影,尤其是动画片。她特别喜欢看"疯狂电影"(《疯狂动物城》《疯狂原始人》)和"公主电影"(《冰雪奇缘》《海洋奇缘》等)。对某部电影她会反复看,我则陪她一起看,跟她一起回忆、讨论电影内容。她看《疯狂动物城》的那段时间,我们给她买了影片相关书籍,下载了影片的英文音频,在反复观看和倾听之后她甚至能把影片台词全部背下来。

二、思考是思辨能力培养的重要环节

思辨简单地说就是思考辨析能力,它是一种源于生活经验的抽象思考能力,如一个人和一个人在一起是两个人,这是生活经验;数字形式的抽象表达就是 1+1=2;思辨还需要条理清楚的分析、明白有力的说理。

看电影时,我会让海轶进行思考,之后跟她交流电影内容、问些(假装)自己没看懂的内容,让她解答。比如,影片中搭档是狐狸和兔子,在现实中这样的搭档可能吗?为何影片中可能呢?她告诉我因为电影是不真实的。我引导她,其实作为艺术的影片能够创造真实,虽然不同于生活,但同样真实,动画电影通过动物表现的是对人类社会的思考。她马上联想到动物的性格也是人的某些性格,如狐狸的狡猾、树懒的缓慢,等等。由动物出发,总结概括到人,这就是从生活经验到抽象思考的转变。我趁机引导她,这就像数学课的应用题,都是现实生活的问题,应用题解决的是在生活中需要解决的问题,让她认识到数学学习的作用。

反向思考是思辨能力的重要内容。生活中我都会引导她从反面对某些事情进行思考,要看到事物的反面是什么,正面与反面是不是会转化?如电影中角色的善恶好坏并不确定。狐狸尼克刚开始被认为是个骗子,但兔子朱迪接触它后发现这个熟悉动物城各种规则,并且会利用别人的狐狸尼克有着一颗受伤的心,本性善良。兔子朱迪找到失踪的动物时,动物们以为狮子市长是坏人,但他却一直在保护其他动物。看起来唯唯诺诺的羊副市长实际上是影片中的恶人,她筹划了食肉动物变得凶残的阴谋,她想利用食草动物数量大的优势取得市长地位,想要破坏动物们和谐相处的现状。我引导她思考人的善恶美丑不能以相貌来区分,有些看起来是好人的人可能是坏人,如诈骗犯;有些人形象不佳但可能是好人,如卧底警察。

三、表达是思辨能力训练的最后一环

没有表达的阅读与思考是不完整的。思考之后不表达,就无法形成"从无到有(从思考过程的无形到思考结果的有形呈现)"的完整过程。表达可以是说、写、画、唱等。看完电影,我通常会跟海轶一起讨论很多内容,希望她能把看到的、思考的内容说出来、写出来或者画出来,形成自己的想法。

点睛之笔:思辨能力培养,可以在日常生活中引导小朋友广泛阅读、积极思考、不断表达。广泛阅读的方式有观察自然、读书、看电影、听音频等。积极思考可以通过思维导图、举一反三、反向提问等环节完成。表达环节是思辨能力培养的关键,是"从无到有",表达方式有写、说、画、唱、复习等。这三方面并不截然区分,可以同时进行。

陪伴的力量

昆明理工大学附属小学　马一祎爸爸　马昀皓

陪伴是一种温暖,意味着有人把最珍贵的时间给了你;陪伴更是一种力量,我们可以给予孩子,支持他们的成长。

诗人顾城写过一句诗:"草,在结它的种子;风,在摇它的叶子,我们俩站着不说话。"诗里陪伴就是这么简单而美好,生活中有各种陪伴,家长最重要的就是对孩子的陪伴。

一、父母陪伴的有效期

或许我们不曾想过,从孩子刚进小学的那一天,我们陪伴孩子的时间就进入了倒计时。年初、年中、年末,时间对于成年人只是四季轮转的交替,一晃而过。孩子的成长也一样迅速,猛然长高的个子,日积月累的知识,旁征博引的语言……这时才发现孩子成长的步伐比想象更快。在父母陪伴有效期这段时间里,孩子需要我们,愿意倾诉、愿意分享、愿意接受指导、愿意与父母结伴而行。这期间我们更应该放慢自己的脚步,俯下身段,给予孩子温暖的怀抱,给予孩子和风细雨的鼓励,给予孩子足够的安全感和陪伴。如果错过了这段重要的时期,那么孩子就像疾驰而过的列车,不会为迟到的我们而停留。对父母而言,我们所能做的,是尽可能在有效期内给孩子提供最好的引导和陪伴。

二、教育的陪伴

培养和教育孩子是家长的终身事业,我们以身作则,言传身教引导孩子自律、独立思考、勇敢表达、克服困难。孩子们或许不会好好听家长的话,但大人做什么,孩子就会学什么。孩子上学难免会遇到不会的知识点,更要耐心地引导孩子,陪伴孩子体验学习的乐趣,给予孩子更多的尊重,鼓励孩子克服困难解决问题。在校园之外我们成为孩子的陪伴者,默默耕耘,静待花开。

三、兴趣的陪伴

一本有趣的故事书、一场感同身受的电影、一项全身心投入的体育运动等等,兴趣爱好是独特的品质,是提升和丰富人内在的动力,也是我们与孩子沟通对话的桥梁。

陪伴孩子从众多事情中找到兴趣,在兴趣中坚持找到自己的热爱。从喃喃学语时教她喊爸爸妈妈,蹒跚学步时扶着她弯腰前行,到现在鼓励她在画板上画五彩图案,为游泳时开心拍水的她鼓掌,为舞台上轻盈起舞的她喝彩。有陪伴和付出,有劳累和汗水,但每一次都心甘情愿。过段时间回忆起,孩子每一次进步家长都有参与,成为他们的童年记忆,一切都让人欣慰。

四、旅行的陪伴

孩子在旅行中的成长也远远大于放松心情、收获快乐。孩子在旅行中不仅收获了知识,弥补了在书上读过但只能想象不能亲见的遗憾,还能在旅行中学会与人相处,掌握自理能力。有些道理不是仅仅靠"孔融让梨"的故事就能让孩子明白,旅途中陪伴孩子看不同的人,经历不同的事,会使孩子的感悟得到升华,情感变得细腻,用自己的眼睛去看外面的世界,孩子会变得宽容,坚强。

五、后记

每每看着孩子稚嫩的身影,背着书包进入附小的大门,都忍不住要驻足观望一会儿,或许那一刻,一恍惚可以看到当年的自己,稚嫩、无忧、对世界充满好奇。我想对孩子说：世界那么大，保持你的锋芒，坚持你的热爱。我们或许不能给予你帮助，或许不能理解你，不能陪伴你一辈子，但至少我会像现在一样陪你同行，为你驻足。环境变迁，光阴荏苒，愿父母陪伴的力量成为孩子在这个世界中不变的起点。

点睛之笔：家长对孩子的陪伴是一种温暖，更是一种力量。在父母短暂的陪伴有效期内，陪伴孩子学习以身作则，引导孩子自律、独立思考、勇敢表达、克服困难。培养孩子的兴趣爱好，鼓励孩子对生活保持热爱。陪伴孩子走出书本看世界，感受不同的人和事，让孩子更加自信、宽容、坚强。

相信相信的力量

昆明理工大学附属小学　李语诺爸爸　李益华

在孩子的成长道路上，总会遇到各种各样的难题。当孩子遇到困境，走投无路的时候，家长该对孩子说些什么？是让孩子接受现实，选择放弃，还是强压孩子必须完成任务？其实孩子最想要的，是来自父母的一声鼓励：你可以的，你能做到。孩子期望有人给予一种力量，这就是相信的力量。

一、相信孩子，就是相信孩子自身成长的力量

孩子的成长有着自身的规律。一岁左右，多数孩子自然就学会了走路。学走路的过程和父母如何教，和孩子是否使用学步车没有太大的关系，孩子靠的主要是自身成长的力量，家长的感觉就是孩子突然就会走路了。我们总是低估了孩子自身的力量，这种力量与生俱来，我们要学着看见它，保护它，让它在孩子的身体里生根发芽。父母一定要相信孩子自身的力量，当孩子感受到自己被相信时，他会很有安全感，能学会相信自己，不断进步，成为更好的自己。

二、相信孩子，不是相信他能成功，而只是相信他

每个孩子都是独一无二的，都有自己的特点，有所长，也有所短。相信孩子，不是相信孩子能把每件事情都做好，而是相信孩子会去努力，无论结果如

何,家长都要学会接受。有些事情孩子没能做好,我们也要相信他一定能从失败中找到收获,找到再次出发的勇气。我的孩子语诺是个"左撇子","左撇子"同学的家长都要过一个坎:写字改不改右手？语诺小学入学前,我和语诺妈妈商量了很久,又是查资料又是询问周边的人。语诺妈妈也是"左撇子",但小时候被"纠正"成了右手写字、右手拿筷子,对于左手写字无法给出来自"左撇子"角度的利弊分析。最终我们选择了尊重孩子的天性,让孩子用左手写字,我们相信孩子有能力去解决左手写字可能带来的一些问题。一年级开学典礼,我特意找到班主任杨老师,说出我们的想法,希望得到老师的理解和支持,特别感谢杨老师的开明和对孩子个性的保护。此后,我们从不在孩子面前提左手写字的问题。让孩子相信,她用左手写字和其他同学右手写字没有任何不同。三年过去了,孩子的作业一直很工整,书写也越来越好。此前我们担心的问题并没有出现。

三、相信孩子,要从孩子的角度出发

当孩子做不好一件事情的时候,会产生挫败感。父母常常束手无策,不知道该让孩子放弃还是强压逼迫孩子。这个时候家长们常常错怪了孩子,其实孩子愿意尝试,说明他内心深处是想要把事情做好的。这个时候我们应该静下心来,帮孩子找到原因并拿出解决办法。只要家长想办法把孩子内心深处的渴望再次调动起来,他们会愿意再次尝试,跨过难关,最终找到成功的喜悦。语诺学围棋很多年了,也取得了一些小成绩,随着棋力不断提高,向上提升的难度越来越大,孩子也会出现对围棋的抵触情绪。遇到这种情况的时候,我会等孩子情绪平复之后和她聊一聊。"爸爸妈妈让你学围棋,并不想让你成为职业棋手。我们当初给你报围棋班,只是希望提高你的专注力、逻辑思维能力。让我们没想到的是,通过你的坚持和努力,你还收获了许多奖状奖牌。"然后我给孩子回顾她学棋路上的重要事件,一场场比赛,一次次努力,一次次超越。孩子不说话只是静静地听着,渐渐地,她的眼里有了光……过两天,她又开始主动下棋了。

点睛之笔:在父母的信任中长大的孩子,通常更有探索精神,更加自信和勇敢。因为他们感受过被人信任带来的自我进步、自我超越。这种力量不断生长,最终成为他未来克服困难、解决问题、破茧成蝶的力量。而这种力量带来的

喜悦和快乐,将会贯穿孩子的一生。在父母的信任中长大的孩子,会更早地学会独立思考,更好地掌控自己的生活。

做一个幸福的人

昆明理工大学附属小学　王牧一爸爸　王红阳

昆明理工大学附属小学首推"塑造健全人格,奠基幸福人生"的幸福教育理念,"学得幸福,学了幸福"让家长和孩子都印象深刻。家长对孩子充满了各种美好的期望,都希望孩子有一个灿烂前程。我希望孩子做一个幸福的人,一个幸福感常伴的人运气自然不会差。

"王牧一,你今天在学校开心吗?"

"开心得很啊!"

"有什么开心的事吗,给爸爸说一下。"

"今天中午和好朋友去操场捡垃圾,给班里加分了……"

这样的对话,除了特殊的情况,每天睡觉前都会有,也算是我和孩子之间的保留节目。主要是小朋友来讲,我来听,听的过程中再夸奖、鼓励一番。

一、幸福就要有愉悦感

孩子从幼儿园到小学阶段,学习的内容更为丰富和系统,随之而来的学习压力也相应提升了。刚开学,拼音的学习有个适应的过程。孩子有些紧张,我试着通过卡牌等游戏的方式陪着他一起熟悉拼音,效果很好,慢慢地就跟上了学习的节奏。到了一个陌生的环境,融入集体是他需要经历的必修课。学校教学理念我特别赞同,包括最开始的时候让小朋友去尽快认识熟悉自己的同学,也是为了更好地配合学校的安排,实现家校合力。我每天会询问孩子在学校交朋友的情况,鼓励他要开朗、大方、活泼。"我今天主动去和某某同学交朋友了,他和我一样都很喜欢科学。""我现在已经有很多好朋友了。"孩子每天都是开开心心地去上学,回家之后会主动告诉我们在学校的学习生活情况,很有点儿"话痨"的潜质。有段时间,孩子在课堂上有些过于兴奋了,前后左右地找同学聊天。我和他聊了好久,听他讲了好多,发现他主要是喜欢表达,而规则意识还不够牢固。我就鼓励他上课积极回答问题、休息的时候多和同学交流、课后多参加实践活动,慢慢地他就形成了好习惯。

二、幸福就要有兴趣点

我认为幸福学习就是要找到学习的乐趣,有了乐趣学习就不是那么枯燥被动了,会让孩子更积极更主动,形成良性循环。阅读是个很好的习惯,孩子从幼儿园就养成了每日阅读的习惯。但是他不太喜欢故事类的书籍,而是特别喜欢知识类的。我和他妈妈就每天晚上陪着他一起阅读知识类书籍,他特别喜欢这种亲子阅读。偶尔他上床时间有些晚了,来不及读书时,会特别遗憾。针对孩子对故事类书籍不是很感兴趣的实际,我试着给他买了一些故事机,也会买些桌游全家一起玩,结果大受欢迎,《西游记》《三国演义》《水浒传》等经典名著也就被他慢慢熟悉了。熟悉之后,他对于故事类的书籍也就渐渐有了兴趣。小朋友的兴趣比较广泛,我是很鼓励他发展这些兴趣的。他比较好动,主动告诉我想去学跆拳道,每个周末都是很开心地去参加训练,寒暑假也是自己要求上个加强班,不仅交到了很多朋友,身体素质也有了很大提升。尤克里里、油画也是他自己要求去学的,我只是给他提些意见和建议。通过兴趣的培养,孩子学习的积极性、主动性都有了很大的改变,而且能够进行自我调节,每一天都是元气满满。

"王牧一,你觉得幸福是什么?"

"幸福就是每天开开心心的。"

"那你觉得幸福吗?"

"幸福得很啊!"

幸福是一种良性的生活学习状态,只有做一个幸福的人,才能有更健全的人格,为以后的人生道路奠定坚实的基础。面对挫折和困难时,也就更加有安全感,有更加平和的心态,有解决问题的韧性和能力。

点睛之笔:幸福教育是一种理念,也是一个润物细无声的过程。学习生活都是让孩子们在幸福中成长,增长知识和本领,学会用乐观的心态看待这个世界、拥抱这个世界,去经营自己的幸福人生。希望每个孩子都能做一个幸福的人,面朝大海,春暖花开。

接近美　创造美

昆明理工大学附属小学　童桦爸爸　童祗伟

家长朋友们都很注重孩子的美术兴趣培养,很多孩子参加各种画展和考级,我觉得非常好,这是一个时代的趋势和潮流。不过我发现很多家长都忽略了一点,那就是要多带孩子去接近美,欣赏美。

孩子用童真的视角感受着世界的美,发现美是孩子的天性,我们要做的只是提供给他们一个接近美的环境和机会。这里说的"接近美"是指艺术欣赏。不同的观者因为年龄、性格、人生阅历等不同,看到一幅作品时会有不同的见解和审美体验,这也就是我们常说的:"一千个人心中都有一千个哈姆雷特。"

"接近美"不像参加培训班,两节课可以出一件作品,成果是可视的,所以很多家长会忽略掉。儿童是天生的观察家、鉴赏家,他们的认知是从图像开始的,这是由其生理和心理发展所决定的,所以他们往往对图像更敏感。当孩子看到一幅作品时,首先关注的往往是形象和内容,比如画的是什么,这个形象自己喜不喜欢,然后才会去关注色彩、构图、技法等。整个审美过程先是感性的,然后才是理性的。

很多家长朋友会说我家孩子很爱画画,但是我只是让孩子培养一下兴趣,并不是以后要走专业道路。其实无论是业余爱好还是专业发展,首先需要提高儿童的视觉感受,其次才是训练技法。我们可以带孩子去看各种类型的展览,比如,国画、油画、雕塑、摄影、综合艺术、包装设计、服装设计、行为艺术等。拓展孩子的视野,提高审美水平,从而培养追寻美、向往美的人格。

有朋友说:"我不是美术专业的,不知道怎么和孩子讲解。"其实,看展览主要是让孩子在展览的氛围下,从自己的视角去体会、感知,形成自己的审美认知。有一次,我带童桦去看《梁汉森中国京剧意象脸谱画展》,放大的脸谱造型,夸张的表情和浓艳的色彩让孩子很感兴趣。回家她就浓墨重彩地画了一组鸟的作品。艺术欣赏要先于艺术创作,只有接近美,才能发现美,创造美。

在看画展的过程中家长不要去苛求孩子得出什么有效的结论或者信息,不妨以游戏或者探讨的方式和孩子就彼此喜欢的作品进行交流。在观看的过程中锻炼孩子搜集信息、提炼语言的能力,慢慢就会给我们带来意想不到的收获。没有美术专业基础的家长不妨从下面几个方面开始尝试:

1. 比较

一个画家的两张作品,通过比较谈谈两者的相似处和不同点。或者两位不同画家相同题材作品的比较。孩子观察、比较的过程其实是一个提炼、分析信息的过程。

2. 反复

孩子的专注力是有限的。不妨让孩子对同一张画从不同角度进行反复观察,比如站远看,走近看,整体观察,细节欣赏,这种反复观察有助于让孩子对事物形成整体、局部的分析认知。

3. 重点

家长可以在看画展前先大致了解一下内容,然后抓住一个重点和孩子一起探讨,比如去看水彩画展可以引导孩子体会水和颜料的晕染效果;去看书法展引导孩子感受不同字体的书写特点等。

4. 实践

如果孩子感兴趣,回家以后可以对自己看过的内容进行查询,比如国画中反复出现的梅、兰、竹、菊题材,可以查阅这四种花在中国文化中的特殊含义。同时可以尝试动手画一画,不求作品多完整,而是感受一下绘画的乐趣。

让我们陪伴着孩子去接近美,感受美,创造更美好的未来。

点睛之笔:美育是隐性的,美育并不是具体的艺术教育,也不是单一的情感教育,美育有着更高的目标和更丰富的内涵,体现着美学的人文精神。在孩子的美育教育中,创造氛围使其接近美,鉴赏美,胜过具象的表达。

心灵有力量　人生有方向

昆明理工大学附属小学　是亚言爸爸　赵　镭

在陪伴亚言成长的这些年里,我越来越体会到"品格决定命运"这句话的意义所在。品格是一个极为抽象的概念,靠简单的说教是没有效果的,只能通过孩子日常生活中的所见所闻所感来引导和强化她的正确观念,这些观念最终能变成她的某些行为自觉,这也是品格养成的关键。

亚言有一个比她小两岁的妹妹,平时比较调皮,经常会随意拿姐姐书桌上的东西来玩,亚言发现后都会很严肃地对妹妹说:"你没有经过我的同意,不能拿我桌子上的东西。"妹妹听了不高兴,就是不愿意还给姐姐,两姐妹经常因为这些事吵闹不止。我遇到这些事,第一反应会觉得姐姐应该让着妹妹,反正又不是什么大不了的事,但亚言完全接受不了我的想法,总是坚持自己是对的,要妹妹还给她,不管怎么劝都没用,我经常觉得特别苦恼。事情过了之后我就在想,为什么我会苦恼?不就是两姐妹不停地哭闹招人烦吗?我的处理方式正确吗?和亚言妈妈交流后,我想明白了,我是站在成年人的角度觉得孩子吵闹太烦,要马上阻止,殊不知我错过了教育两个孩子的绝佳机会。其实亚言的坚持是对的,她坚持的是"未经允许不能随意动别人东西"的原则,是应第一时间得到我充分肯定的正确观念,而妹妹的行为也是必须第一时间阻止的,不然她根本意识不到这种行为的错误所在。此后再发生同类事情的时候,姐妹俩的哭闹不再是我关注的重点,我先把引起争执的原因弄清楚,做出奖对罚错的处理,加上适度的、她们能接受的说教,然后结束此事,决不能无休止地絮叨和纠缠。久而久之,我就发现她们俩都养成了一些行为自觉,被肯定和奖励的一面她们就会保持,被批评的一面就会改正,同时我也在改变态度,不再放过那些所谓的"小事",一定抓住这样的机会去引导和强化孩子的正确观念。

亚言从四岁开始学习舞蹈,舞蹈老师要求回家后必须按时按量完成基本功练习,每次督促她练习也是一个比较艰难的过程。有了前面那些经验,在她不愿意坚持练习的时候,我会劝自己先冷静下来,把她叫到身边语气平和地与她交流,问问她是什么原因不想练了,其实原因不用问我都清楚,就是惰性在作怪。但我不会揭穿她,而是耐心地听完她"编"出来的各种理由。然后拿出她以前表演的照片和视频给她看,问她:"你喜欢照片和视频上的自己吗?"她肯定地点点头,然后接着问:"你知道你是怎么做到的?"她很犹豫,没有回答,我知道说教的机会来了,趁热打铁地把"台上一分钟,台下十年功""要把自己喜欢的事情做好不能只靠兴趣,而是要以兴趣为起点,以持之以恒的努力为支撑"等这些道理密集输出,这时的她能大部分都能接受,因为我清楚她兴趣还是在舞蹈上,只不过枯燥的练习时间长了就会倦怠,需要不断地激发她坚持下去的动力。之后的练习她基本都能按时按量完成,态度也非常认真,而且我觉得这件事对她养成坚韧的品格很有帮助,我会不断鼓励她坚持下去。

我觉得,父母必须要跳出成年人固有的思想,不要认为孩子小、不懂事,就轻易放过一些所谓的"小事",而错过了引导和强化孩子正确观念的"大事"。别忘了,孩子总有一天是要长大的,是要独立面对生活的,为了不让孩子在人生道路上迷失方向、不知所措,父母就应该抓住每一次引导孩子的机会,让他们心中那颗观念的种子赶快生根发芽,让心灵充满力量。我相信,拥有一个正确观念的强大内心是伴随她一生的财富,也是她战胜人生路上千难万险的力量源泉。

点睛之笔:良好个人品格的形成是社会主义道德建设的目标要求,是提高个体精神境界和全面发展的要求,更是安身立命之本,能让孩子在人生路上不迷失方向。培养孩子良好的品格是家庭教育的核心,并且对家长来说任重而道远。

我和孩子有个幸福的约定

昆明理工大学附属小学　张千帆爸爸　张宗礼

2011 年 5 月的一个早晨,孩子出生在繁花似锦的春城,取小名为"天天"。从那天起,这世界多了一个天天,我们家多了一个世界,我和孩子幸福的约定也开始了。

幸福是什么? 老子说:"知足者富,心安者贵。"我觉得,幸福就是把孩子的每个微笑、每次出彩、点滴进步收集起来,她在成长,你也在成长;幸福就是把自己的知识、温度和大爱传递给孩子,她幸福了,你也就会幸福。昆理工附小"塑造健全人格,奠基幸福人生"的办学理念诠释的正是幸福的内涵。

2017 年 9 月 8 日,天天参加了昆理工附小的开学典礼,有幸成为学校第一届学生,我出差在外通过媒体和微信,见证了幸福附小的正式启航。一转眼,天天上了五年级,五年的美好记忆、幸福的育儿心得已印刻在我和孩子幸福的约定里。

幸福的约定一:尊重孩子成长规律,不做揠苗助长的家长

作为家长,我们要承认孩子成长是有差异的,如同万物生长,不同的阶段孩子的身体和智力的发育程度都不尽相同。天天上小学前是"孩子王""人来疯",上幼儿园时也很活跃,无论是唱歌、跳舞,还是其他表演,都扮演了非常好的角色。刚上小学时,天天在加减法的学习中显得较为吃力,导致有一定的厌学情绪。针对这种情况,我并没有严厉地加以指责,而是想方设法让孩子发扬优点、克服不足。在发扬长处方面,她参加了乒乓球班、舞蹈班。我们还在客厅铺设了舞蹈毯,购置了话筒,让孩子尽情发挥文艺方面的天赋。在克服不足方面,换场地让孩子加强练习和实践,比如,让孩子自己结算去超市购物的费用,在沙地里玩石子时顺便练习加减法,把学习融入生活、融入游戏,取得了较好的效果。因此,尊重规律、"静待花开"是家长应该具备的心态。

幸福的约定二:尊重孩子的人格,不做自以为是的家长

每个孩子都有自己的天性、爱好和品格,包括她人生中属于她自己的故事。作为父母,我们要尊重孩子的人格,不能以自己的认知制约孩子的成长,更不能让孩子成为实现自己未了心愿的"工具"。天天小时候胆子小但很爱美,不喜欢玩具、绘本,却很喜欢指甲油、小裙子,给我一种她不爱学习的感觉。根据孩子的特点,我带她去大草原、爬雪山、看瀑布,让她领略天地之大、山川之美;带她参观大学校园、回老家收玉米、到山里捡菌子,让她感受学习机会之不易;带她参加中山市全国青少年合唱节、中央电视台《包纸甲》节目录制,她还担任了云南省盲人庆祝70年华诞颂歌比赛童声领唱,通过这些活动增强了她的自信心和自尊心,培养了她热爱生活、不畏艰辛和乐观向上的精神。

幸福的约定三:相信孩子的智慧,做不焦虑的家长

孩子不缺爱,她更渴望被理解和赞美。有时候,孩子用行为、情绪表达内心

的诉求,或是想让家长找到自己的亮点。天天如果考试成绩在90分以上,考试卷子肯定放在家里最显眼的地方,如果考得不理想,答卷一定在书包里,这时候我会及时去肯定成绩,或是协助她查找错题原因并进行鼓励。我努力用心读懂孩子,用心传递爱心和信任。日常生活中,穿什么衣服,看哪本书,练哪支舞,尽量让她自己选择。我在朋友圈用《天天心语》记录了她成长的点滴和爸爸育儿的心路历程。

幸福的约定四:营造良好的环境,做乐于沟通的家长

良好的环境是孩子学习和成长的沃土。我觉得,良好的环境包括学校环境、家庭环境和家校互动环境。2017年8月25日第一次家长会上,石梦媛校长将学校、家庭和家校互动环境的内在联系阐述得非常清晰,也彰显了幸福附小追求"云南一流、全国知名"的办学实力和践行"幸福教育"的人文底蕴。对天天学习和生活中存在的问题,我及时和孟老师沟通交流,得到了很多启发,孩子的学习成绩也有了提升。通过每天晚饭后录2分钟阅读视频请杨老师点评的方式,提高了天天的阅读兴趣和识字能力。

点睛之笔:学了幸福、教了幸福、学得幸福、教得幸福是幸福附小的主旋律。把幸福的种子播撒到家庭和社会的每个角落,做一个懂得感恩、明德善美、自信阳光和积极向上的孩子,是我和孩子幸福的约定。

换个方式会更好

昆明理工大学附属小学　程诺爸爸　程　楠

我们初为父母,孩子每一次的成长和变化都让我们欢呼雀跃,而他们提出的问题、产生的问题,有些时候会让我们抓狂、无奈。遇到问题,我们怎么解决?是简单粗暴地处理,还是冷静下来分析一下原因、寻找更理想的解决办法?一个下雨天的迟到事件,让我对这个问题有了更多的思考,也让我改变了曾经的处理方式。

下雨天的早高峰,是所有送娃上学的家长的噩梦时刻,儿子为数不多的迟到,都是拜它所赐。前些天出差,早上八点不到接到儿子的电话,不出意外,他又在电话那头哭鼻子,和我说:"路上太堵了,我肯定要迟到了,我们班要被扣分了,我不敢去上学了!"我一边安慰他,一边严肃地和他说学是一定要上的,我马上和老师联系解释一下。最终,儿子迟到半小时进校。

第二天接到他,我和儿子聊了聊昨天的迟到。

爸爸:儿子,昨天你为什么迟到,是因为赖床吗?

儿子:没有,我怕迟到还提前一刻钟起床呢!

爸爸:堵在路上,你可以飞过车流或者下车跑步到学校吗?

儿子:我不可能会飞呀!我又不是一只鸟。车在高架上,人是不能下来走的,离学校也很远,我跑不到学校呀。

爸爸:你去到学校,老师批评你了吗?

儿子:没有,老师在课间还安慰了我。

爸爸:你不是因为赖床或是不想上学,而是因为下雨天堵车迟到,那以后再有类似的情况发生,你还哭吗?还会说不敢去学校吗?

儿子:不会了,只要不是因为我赖床、我故意想迟到,那我就不怕迟到了。如果再遇到下雨,我起的再早一点儿。我要争取不迟到!

如果当天是我送儿子上学,估计处理方式会与之前仅有的几次经历类似——面对一动不动的车流,儿子的哭声在耳边环绕,我心烦意乱地拿出手机和老师请假,不耐烦地对儿子说"别哭了,堵车没办法呀",最后慢慢挪动、看着眼泪挂在脸庞上的儿子焦急地跑进学校,我也郁闷地去上班……而再遇到非自身原因造成的迟到,以上场景估计又会一次又一次地重现。

也正是因为出差,只能用电话和儿子沟通,让我跳出当时焦躁的情绪氛围,也让我对"儿子迟到"这个问题有了更多的思考和分析——

对于低年级的小学生来说,老师的威严感、班级的荣誉感在他们心中占据着极其重要的位置。儿子对于迟到的"害怕",是担心老师批评他、害怕给班级带来不好的影响,说明他在意老师、在意同学,这是非常好的,但他在当时那种状况下,手足无措,完全无法解决眼前的问题,又害怕、又着急,只能哭了。因为害怕而产生"不去上学"的想法,完全就是本末倒置,但他自己却不自知。

孩子们根据自己有限的经验想象着自以为的结果,钻着牛角尖,这种时候家长如果只是重复说着些许敷衍安慰的话,那多半没有什么效果,那不如先满足孩子最大的需求,稍微为孩子打消一些顾虑,和孩子一起面对这个问题,过后等大家都冷静的时候,再与孩子具体分析一下原因、产生的后果,再以事实消除孩子臆想的不利结果,化解心结,让孩子正确看待问题,端正态度,自己提出解决办法,下次再遇到类似的问题,孩子不就能自己平和、妥善地去解决问题了吗?成长,不就是在一瞬间吗?

世界上使社会变得伟大的人,正是那些有勇气在生活中尝试和解决人生新问题的人。

点睛之笔:孩子终归还是孩子,他们所遇到的很多问题,对于他们来说都是人生中的新问题。他们因为少不更事,没有太多的经历和经验,会紧张、会害怕、会手足无措,这都再正常不过。我们作为家长,要避免简单粗暴地解决问题,换个方式,与孩子一起分析前因后果,厘清主要和次要,给予他们支持和鼓励,和他们讨论合适的解决办法,让他们有正确的面对困难和挑战的态度,未来孩子一定能更勇敢、更从容地去面对、解决遇到的问题,从而一步一个脚印的,走出属于自己的平凡而伟大的路。

在游戏中快乐地学习

昆明理工大学附属小学　马维珞爸爸　马瑞彬

因孩子的教育主要是由妈妈负责,要谈这个话题,我是非常惶恐的,所幸在陪伴孩子的过程中有不少回忆,孩子的快乐是真实的,想必总有可取之处,分享出来供朋友们参考。

新鲜感

孩子小时候喜欢跑跳,在家经常要和我赛跑,为了制造一个较为有趣的跑圈环境,我用餐椅围着餐桌再结合沙发靠垫,形成一个结合攀爬、跳跃、爬行的环路,这个游戏她玩了两年,并且在后来自行扩展,形成了一个她命名为障碍赛跑的项目,现在偶尔还要我跟她一起比赛。

寻　宝

寻宝也是一个我们玩了很长时间的游戏,我们给对方提供一张自己画的藏宝图,并在图上标注一些提示,这种提示主要是一些位置点,根据提示可以找到下一步的提示或者隐藏宝藏。

这个游戏在她三到五岁时玩得比较多,那时候我画的藏宝图是平面图,她画的藏宝图则比较有趣,会体现出孩子的视角,平面图中会出现立面图,比如楼梯、窗户,这是因为孩子并不讲制图规则,而是将自己眼中最显著的特征表现出来,最终形成类似于立体主义的藏宝图。

2019年给孩子的圣诞节礼物也是通过这种方式,在她餐椅旁边的玩具恐龙上放了一封信,信的内容是一幅画,画中圣诞老人在荡秋千,孩子据此在秋千上发现了她的礼物。前几天妈妈才告诉孩子那封信并不是圣诞老人画的,让她震惊不已。

讲故事

讲故事则是一次失败的尝试,孩子不善于组织语言,我就想了这个游戏,和孩子约定一人一句来完成一个故事。起初她对这个游戏非常感兴趣,一起完成了两个故事,可惜后来由于我在过程中几次指出她讲的部分不合理,以致她对这个游戏失去了兴趣,后来我想,无论她讲的部分多么的不合理或者无趣,都应该作为队友对故事进行补充、完善,而不是对她进行指责使其产生挫败感,最后失去了兴趣。可惜后来她不肯再玩这个游戏了,这个游戏就失去了改进的机会。

鸡　舍

孩子一直想要养宠物,我和妈妈一直不同意。前段时间我们一家陪来访的朋友游花鸟市场,路边有卖小鸡的,孩子蹲在旁边不肯走,朋友就买了两只小鸡送给她,她兴奋异常,我和妈妈也只好如此了。我们要求孩子只要她在家,就必须自己负责照顾小鸡,她则欣然答应,并且这也是她的乐趣。

养鸡需要搭建一个鸡舍,我们想让她画一个鸡舍,然后想办法搭建出来。

她画了一个之后说自己不满意,因为她并不知道鸡舍应该是什么样子,让我给她讲解一下需要考虑的事情。我就带着她一起来思考。

首先我们要考虑鸡舍的位置,因为我们设想中鸡的活动范围是两个花圃,因此鸡舍最好在同时靠近两个花圃的地方,这样就有了大致位置。

其次鸡舍分成两个部分,一部分是睡觉的地方,一部分是母鸡下蛋的地方,下蛋的地方需要铺得很柔软才行。

她则提出鸡舍外应该有一条连接两个花圃的走廊,这样它们就可以走到自己想去的任何一边,这个想法也得到了我的夸奖。

当然,最终实施则是困难重重,因为有翅膀的动物是不会根据我们的想法规规矩矩地按照设计线路活动的,家里的材料又不足以把两处花圃都围起来,最终鸡的活动范围被限制在一个花圃内。

搭建过程中孩子很积极,做了不少力所能及的事情,虽然客观上降低了效率,但是我们本来就不是为了效率,而是为了收获更多的快乐。

点睛之笔:快乐的初心在于探索,完成对自己的突破会有极大的成就感,在游戏中帮助孩子达到这种成就感是需要不断设计完善的,尤其是合理的难度设计,当然,最重要的是,陪她一起做。

家庭教育要"因人施教"

昆明理工大学附属小学　赵与乐爸爸　赵　慧

打从小朋友呱呱坠地那刻起,家庭教育就和家长息息相关。

那什么是比较好的家庭教育呢?初为人父人母的我们,懵懂不知所措!只能从周边人的"成功案例"中寻找"自以为是"的家庭教育"捷径":古人云"棍棒之下出孝子"。某老师:"家长,您得多夸小孩,好小孩是夸出来的。"某家长:"我家不管他,从小培养他的自立能力。"身边某好友:"要和他立规矩、讲原则。"

以上教育方式和手段都轮番在我家老大身上尝试过,好像有点儿效果,但好像又没有多大效果。究竟要用什么样的方式教育孩子呢？现在回头想想，姐姐挺"可怜"的，她被我们当成了"家庭教育实验人"啦，什么样的教育方式都被尝试了一遍，结果却没达到想象中的效果。这都是没有真正理解"因人施教"，没从姐姐的性格出发，寻找到适合姐姐的教育方式，乱学乱用，结果适得其反！

没错，我说的姐姐就是博雅六班的与琪，爸爸妈妈也在这里和你道个歉，那时候爸爸妈妈没有顾及你的感受，施加诸多自以为是的教育方法，让你平添许多不愉快的成长经历。

在姐姐四岁那年，我们迎来了新的家庭成员，也就是乐知八班的与乐妹妹。通过姐姐的教育成长，我和妈妈意识到，家庭教育绝对不能刻板复制，每个小朋友都是独立的个体，就算是一母同胞，血脉相连，也有不同的性格脾气，不同的兴趣爱好，不同的行为习惯。因此，必须"因人施教"！

我家姐姐喜动不喜静，不爱看书，她在老师同学眼里就是个大大咧咧、不拘小节、没心没肺的"女汉子"。

妹妹却和姐姐完全相反，喜静不喜动，喜欢阅读。她没事就拿本书窝在太阳椅中，看完后告诉我："爸爸，这些书我都看完了，能多买些新书吗？"妈妈多次向我提出疑问："老二像谁？咱俩有这基因？"

至此，我和妈妈也彻底明白了"家庭教育必须因人而异"，一定要根据小朋友的性格脾气选择和孩子相适应的教育方式和方法，进行引导教育。暑假是学习游泳的好时候，姐姐和妹妹都学了许久，还是需要借助浮力臂，当时我和姐姐沟通：爸爸有一种快速学会游泳的方式，想试试不？虽然方法有点儿粗暴，但效果一流。姐姐一口答应，也不问具体方法。和教练沟通并做好安全准备后，让姐姐上来休息，并卸掉浮力臂，趁其不备，教练一把把姐姐推进水中，后来姐姐回忆：方法果然粗暴，但效果一流，求生是本能，一瞬间学会了。等到和妹妹协商时，妹妹很仔细地问了方法，斟酌许久，决定还是老老实实，按部就班。虽然花费时间长，但还是很不熟练，还约定今年回老家小溪接着练。

风始于青萍之末，浪起于微澜之间。家庭教育在于细微的堆积，耐心的等待，没有学而即拙，也没有学而立优。它需要家长们循循善诱，细心开导。我们不能老想怎么去改变孩子，要从改变自己开始。

聊了那么多,我都开始相信我们家的家庭氛围是比较和谐的!但实际上每天家里还是该鸡飞狗跳的时候绝不母慈子孝,该乱七八糟的时候绝不井然有序。生活就是这样,还是需要烟火气的。

点睛之笔:尺有所短,寸有所长,爱好阅读未必喜欢弹钢琴,喜欢弹钢琴未必倾心美术,倾心美术未必专爱科学。我们应该扬尺所长,摒寸所短,花开未必美,等花开才是最幸福的!

坚持的力量

昆明理工大学附属小学　殷亨杨爸爸　殷咸生

我不知道有多少孩子像我们家孩子一样,从小到大参加了很多兴趣班。我曾跟孩子妈妈仔细梳理过,学科类、艺术类、体育类,甚至从小参加的各种早教班,仔细算来不下二十种,但到目前为止,似乎很少有坚持下来的,没有坚持的原因有很多,有孩子的原因,也有家长的原因。

一、坚持不只是孩子需要的,也是家长需要的

我很喜欢足球,从小我就希望我的孩子能和我一样,驰骋在绿茵场上,我也根据我的想法,让孩子参加了足球兴趣班。起初,孩子的兴趣很浓厚,积极性也很高,让我很是欣慰。但经过一段时间,我发现不管是孩子还是我,我们的积极性都在慢慢淡化,我忙于工作,不能按时送他去培训班,也很少有时间陪他踢球,有时甚至嫌兴趣班的地点远,就不送他去,慢慢地,孩子有样学样,足球的学习就搁浅了。

二、坚持是以身作则

三年级开学前,因为他妈妈工作调动,他跟着妈妈一起来到了昆明,而我只能周末回家陪陪他。一年前,小区附近的一个篮球培训学校引起了我和他妈妈的注意,因为孩子身高有优势,本着锻炼身体的想法,我们商定让他去学篮球,

孩子也抱着试试看的态度去上了篮球班。这中间,我们家长其实是比较忐忑的,因为孩子转学来到昆理工,环境发生了巨大的变化,在原来的学校孩子很优秀,在班里也算是个"人物",来到昆明理工大学附属小学后,我们发现,周围老师、同学都非常优秀,曾经有一段时间,孩子的自信心受到了比较大的冲击,我们看在眼里,急在心里。报篮球班,也是希望能让孩子有个特长,培养一下他的自信心。学习的过程很艰辛,也很波折,因为运动量大,每次训练完,整个人就像从水里捞出来一样,非常累,孩子有放弃的想法,家长也觉得心疼,有时候下雨什么的,不管是家长还是孩子,都会找借口缺席训练。后来,我的工作也调到了昆明,有了更多的时间去陪他,为了让他坚持打篮球,不管刮风下雨,每次训练我都陪着他去,记录比赛时他的高光时刻、记录他的每一次失误、记录他曾经流下的汗水,每次比赛完,我都坚持和他分享比赛中的进步和不足。就这样坚持了一年多,孩子的篮球水平得到了很大的提高,孩子也在我的坚持中,学会了坚持,孩子的自信心慢慢找了回来,变得越来越阳光,越来越努力。

三、坚持是厚积薄发

前不久,有个规模很大的篮球比赛,教练让我们根据自己的实际情况选择是否报名参赛。我想,孩子的篮球水平应付大型比赛还是略有不足,而且,我感觉孩子还没有那种底气去参加大型比赛,所以我的第一反应是不报名,孩子的妈妈却说:"听孩子的,他一定想去。"对此,我还很肯定地和孩子妈妈打了个赌,赌孩子不想参加比赛。在训练间隙,我问了他这个事情,没想到孩子斩钉截铁地说:"参加,一定要参加。"那一刻,我为他的自信坚决而欣慰,也为自己没有赶上孩子思想变化的脚步而惭愧。常说父母是孩子最好的老师,孩子何尝不是父母的老师?坚持,带给我们不一样的收获,谢谢孩子让我们家长不断成长。

点睛之笔:教育孩子有很多好的方法,坚持也许是最好最有效的方法,也是最难得的方法。借用一句话勉励自己:我们可以失败,但是不能放弃!看准了目标,就一定坚持下去,让我们以身作则,和孩子共同努力,给孩子做好榜样,与孩子一起成长。

"错误"的教育真的只有错吗?
——"错误"教育的意义

昆明理工大学附属小学　董弈谦爸爸　董　祥

父亲节的时候,谦谦给我写了一封信,其中有一句:"爸爸也是第一次当爸爸,但他把所有的爱都给了我们。"看到这句话的时候,我泪崩了!我体会到孩子对我的爱,对我的包容。教育大致可分为"正确"教育和"错误"教育两大类。"正确"教育,就是社会、学校所倡导的教育方式和方法,而"错误"教育就是与"正确"教育相悖的方式和方法,当然这也是相对而言。其实,对于第一次当爸爸的我们,尽管从来都不希望"错误"教育发生,但往往是好心办坏事,事后追悔莫及。仔细想想,也许是因为我们不是天生就懂如何教育孩子,并且每个孩子的成长环境、生理心理情况都是千差万别的,当事情发生的时候,大人基本没有现成的经验借鉴,十有八九就会采取"错误"教育的方式和方法。当然,随着孩子长大,这种"错误"教育发生的概率可能会减小,这主要是因为父亲们会在事后进行反省和总结,甚至做出改变,但并不是每位父亲都能做到,因为这对一个成人来说是一项巨大的挑战。今天,我和大家分享一下我对"错误"教育意义的认识。

一、"错误"教育的本质——一场不同频的交流

记得谦谦刚上一年级的时候,老师要求学习26个英语字母的读音,一开始我耐心地教他,过了一会儿发现他总是读了就忘,我一气之下就罚他一个字母重复读30遍,谦谦一把眼泪一把鼻涕地读完了30遍,等擦干眼泪后我又指着刚刚读的字母让他读,结果完全读不出来,这个结果让我太吃惊了,我觉得就算是机械的重复,重复足够多遍也能读出来,但是结果恰恰相反,为此我还"大发雷霆",一直想不通这是为什么。过了很久我和谦谦重新谈起这个事情,他说罚他的时候他的脑子里完全是害怕,根本不知道嘴里读的是什么,后来我才知道

大人对事物的认识和孩子完全不一样,我的方法只适用于我,我站在大人的角度去指导孩子那完全是无效的。正是这次"错误"教育让我认识到:要教育好孩子,必须把大人的"频率"调整到和孩子一样,换句话说就是要大人能调整到和孩子相近的思维模式,理解孩子的心智,才能找到"正确"的教育方式和方法,做到这点,我们对孩子的教育才会是有效的。

二、"错误"教育的意义——让父母重新认识自己

我们在教育孩子的过程中,往往会有很多对错的判断。记得大概是四年级的下学期,我想着谦谦也长大了,就试着给他点儿学习的压力,抓抓他的学习成绩,结果期末成绩出来后,竟然比上学期的成绩还差。说实话,这个结果我当时是接受不了的,因为一直以来我自己就是采用定目标,定计划,严格执行,最后达到目标的方法,逻辑严密,没有问题。但是为何在孩子身上反而起了反作用?我不禁问自己到底是哪里出了问题,我也和家人探讨这个问题,和老师交流,但还是没有找到一个让自己认可的原因。直到有一天,我看到一本关于心理学的书,我才发现,我们做任何事情都和自己的心理需求相关,我强加给谦谦的压力就是为了通过谦谦的成功来证明我自己的办法是对的,满足自我认同感,但这样往往就忽视了孩子作为一个独立自主的个体的需求,我越界了,没有尊重谦谦的人格独立性。有句话说"知人者智,自知者明","错误"教育能让我反省,看见自己的内心深层次的需求,这样才会有助于我们培养出人格、心理健全的孩子。所以我经常说:不是父母在教育孩子,而是孩子在教育父母。

点睛之笔:"错误"教育也是教育的一种,关键看我们如何认识和理解它,通过它来指引我们教育前进的方向。

小小的背影
——男孩独立成长记

昆明理工大学附属小学　雷凡可爸爸　雷祥锋

朱自清先生的《背影》曾深深触动着无数儿女的心。同样是背影,家里书桌前那个小小的背影,也常常出现在我们每一个家长的眼前,正是这个背影告诉我们:孩子逐渐独立,他在成长。

一、沟通是父子间相处的法宝,学会规划是走向独立的第一步

有一次,可可作业写到很晚,我很生气,严厉地批评了他。他当时泪眼婆娑,满脸委屈。当听到孩子不诚实地说这些题都会的时候,我更是生气至极,但冷静后分析情况,我仿佛感受他内心的压力,他的无助。第二天,我放下了手中的工作,再次和孩子聊起这件事,他有些胆怯地说:"有些我不会!"我耐心地说道:"遇到困难,你可以和爸爸说,也可以和妈妈说。因为我们永远是一家人,我们可以共分担。"从那以后,在他完成作业之前,在家时我会先放下所有的工作,陪伴他。出差时,也会坚持给孩子打电话,询问他是否按自己的规划完成任务。保持沟通,让彼此更加信任。

为了帮助他改掉"磨蹭"的习惯。我想,首先还是得树立时间观念,并学会规划,这也是走向独立的第一步。之后,我试着用我的工作态度去影响他。我悄悄地把我的工作计划、工作日历、工作行程单等文件放在显眼的位置,引导他去帮我拿这些文件。当他看到我的文件时,不由自主地被上面的内容吸引。他会好奇地问我:"爸爸,你是不是要去湖北出差?今天下午你有时间吗?能带我们出去玩吗?"他看到了我的工作安排十分紧凑且有序,趁此机会,我给他分享合理规划时间的好处和方法。渐渐地,他能试着去安排自己的周末,该上钢琴课、篮球课,自己收拾好就出门了。

二、陪伴是互相的，我陪伴着小小的背影成长，他也给我了温暖

时间是一个最不会和你讲道理的剑客，它总在我们以为，这些事情还可以再等等、我们一定还会有很多的时间陪伴孩子的时候，稍纵即逝。因为工作需要，今年出差特别多，和孩子聚少离多。

有一天，放学的时候下雨，我放下了手中的工作去接他放学。孩子见到我，十分开心，露出了久违的笑容，不停地和我说着今天在学校的表现，那一刻，我突然发现对他的陪伴真是太少了……后来，可可提出："我可以独自去学校了，一站地的距离就到了。"我同意了，我想，小小的背影也该独立了。

偶然间，读到他的周记《爸爸的工作》我心头一震，里面描写了我的工作很繁忙以及他自己立志要成为小男子汉的心声，原来小孩一直在用他的方式爱我们。感谢孩子在今年父亲节送给我的最特别的礼物。妈妈问儿子："今天是父亲节，你准备给爸爸送什么礼物呢？"儿子想了想说："你们都这么忙，我帮爸爸把运动鞋洗了作为送给爸爸的礼物。"当收到这份礼物时，我又惊又喜，原来小男子汉懂得分担了。我很欣慰，他用行动展现出他的独立。孩子在默默地长大，他用行动告诉我，陪伴是相互的，他用独立证明了，他也能温暖别人。

同一张书桌，不同的背影。记得可可小学一年级时，稚嫩的背影在这张书桌上学习写字、画画、学着阅读。转眼间，孩子上五年级了，还是这张书桌，一个半大小伙子在奋笔疾书。不敢去想，再有几年，还是这张书桌，孩子坐在书桌前学习的背影就会是浮现在家长脑海里的记忆。因为我们的孩子长大了，也独立了。

点睛之笔：孩子的每一次成长，是父母的奋力托举，关注孩子，但不要"关住"孩子，给他尝试的机会，是让孩子迈向独立的第一步。孩子学会独立，方可飞得更高更远。

培养孩子做文化自信的新时代少年

昆明理工大学附属小学　张一诺爸爸　张明虎

《少年中国说》一文写道:"少年智则国智,少年富则国富,少年强则国强,少年独立则国独立,少年自由则国自由,少年进步则国进步。"青少年在国家和民族发展过程中起着重要作用。随着全球经济发展和世界局势日益复杂化,在实现国家富强和中华民族伟大复兴的时代要求下,培养青少年学生做文化自信的新时代少年,具有重要意义。

作为孩子学习和成长的重要引路人,我们从以下几个方面入手,培养孩子的文化自信。

一、利用丰富的中国传统文化资源,树立正确的世界观

培养孩子学习中华民族的优秀传统文化的能力和兴趣,提高孩子的文化自信,树立正确的世界观。

培养孩子学习中国传统诗词文化的能力。孩子进入小学阶段的学习后,定期陪同孩子观看诗词大会等优秀电视节目,坚持背诵唐诗和宋词;亲子共读《人间词话》,培养孩子鉴赏古典诗词的能力,提高审美情趣。

培养孩子练习毛笔书法的习惯,在锻炼孩子专注力的同时,引导孩子通过书法练习来领略中国传统书法文化的魅力。

带领孩子一起阅读中国传统文化故事读本、历史趣事、人物传记等,学习和领悟中华民族关于"仁、义、礼、智、信"传统文化思想精髓,学后交流讨论,不断提高孩子独立思考的能力。

二、赋予传统文化以时代含义,提高孩子对传统文化的认同感

世界多元文化的交流和碰撞、西方文化和亚文化不可避免地会对青少年产生影响,曾经还有过甚为流行的趋势。相比之下,我们的优秀传统文化的普及

和传承还要进一步加强,引导孩子认识和了解当今社会的发展现状是十分必要的。

了解当今流行文化,关注孩子的所思所想。引导孩子认识和了解文化多元性,注重从文化差异对比和跨文化交流的角度,帮助孩子提高对中国传统文化的认同感。

跟孩子分享自己的驻外工作经历,孔子学院的建立、特点和使命,让孩子了解孔子学院,了解爸爸从事中外文化交流和公共外交的工作内容,让孩子更好地感知传播中国文化、讲好中国故事、传递中国正能量的意义。

给孩子提供国外短期交流的机会,通过亲身感受,体会当地学生学习中文和中国文化的热情;让孩子参与中国驻当地大使、领事馆以及孔子学院举办的节日庆典或文化活动,感受中国文化在国外的传播和中外文化交流的友好氛围。参与此类活动,也提升了孩子的民族自豪感及对中国传统文化的认同感。

三、培养孩子国际化视野,正确认识和看待世界的多元化

鼓励孩子走出眼前的小小世界,多读书,多行路。利用课余、假期,与孩子一起学习和了解世界各国人文风貌,让孩子慢慢认识世界,了解世界多元文化,认识不同的人和多样的生活方式,见识不同的思维观点和处理问题的方法,启发孩子的心灵和思考,帮助孩子开阔眼界,学会思考。

父母要有国际意识,引导孩子正确认识世界和发现世界的不同,既能发现世界的美好,也能正视世界的残酷。

一方面,鼓励孩子观看《探索频道》《国家地理》等优质纪录片,激发孩子对美好世界的好奇心和探索欲;观看《美丽中国》《泼墨黄山》等国产优质纪录片,了解我国独特的风土人情和民间文化,增强文化自信。

另一方面,与孩子一起关注世界局势,了解世界落后、混乱和纷争的一面,引导孩子学会用客观的视角看待世界的多元化。同时,加强爱国主义教育,陪同孩子观看国庆阅兵式或爱国主义题材电影,从小培养孩子的爱国主义情怀。

在外语学习方面,我们不要求孩子因学而学,而是培养孩子的外语学习和应用能力,增强孩子对国际多元文化的学习和理解能力。让孩子在面对多元世

界时,多一份从容自信,多一份爱心,更勇往直前地面对未来。

当孩子有了基本的全球化视野,就有了更广阔的思维空间,也就有了更大的思想格局,逐步形成内驱力,从而更好地成长为一个文化自信的新时代青少年,自觉树立起长远务实的理想和目标,实现人生之路不迷茫,努力前进有方向。

点睛之笔:这是一位有大爱的父亲,给孩子树立正确的世界观,培养孩子对传统文化的认同感,让孩子正确认识和看待世界的多元化,相信在父亲潜移默化的影响下,孩子一定会成长为充满自信的新时代好少年。

陪　伴

昆明理工大学附属小学　马官锦熙爸爸　马永杰

我们应该为孩子创造一个怎样的成长环境?陪伴。如何做才能算陪伴?的确,这是一个复杂且意味深长的问题或者选择,见仁见智。

我是一名"80后",和大多数"80后"一样,拼尽全力去生活去热爱,绝不随波逐流。当我成为一名父亲,看着这个小生命的到来,我就明白了,他将来成为何种人,原生家庭带给他的教育将是一座灯塔。

一、陪伴——让亲情有温度

孩子本就是一个生命体,而非机械体,陪孩子终身成长就是极其重要和快乐的头等大事。

小时候我是一名留守儿童,和妹妹一起跟着爷爷奶奶生活,爷爷做事雷厉风行、公平公正,对我们尽力呵护,同时也异常严厉,我们有着对爷爷奶奶和外公外婆特殊的感情,有着农村孩子独有的那份快乐,可是内心永远存在只有留守儿童对父母才会有的那份独一无二的思念和陌生感……虽然10岁时候来到了昆明上学,可是童年的某些缺失却是找不回的。在后来的艰苦创业中,我恪守着"将来无论从事何种职业,我一定要抽时间给予家人陪伴"的这份初衷,杜绝了很多无效社交和应酬。

二、陪伴——让爱驻足心底

从小到大,马官成长的每一个环节我都尽可能地参与,幼儿园的亲子活动、校外的活动、睡前故事、户外运动等。我想时刻让他感知到家人的陪伴和浓浓爱意。记得幼儿园中班时候,学校组织过父亲节,老师让每个父亲录制视频,内容是对孩子说的话,我便录了关于爱和善良这个话题。后来老师发视频给我,看着屏幕前泪流满面的孩子,那一刻我是无比自豪的,他或者明白父母的爱,或者感恩着班集体的善良以及老师的疼爱。

三、陪伴——让内心更强大

让孩子内在产生动力,让他爱自己、爱社会,让他充满好奇心喜欢探索,遇到挫折能自己解决。

2021年10月—12月,马官参加了青少年足球俱乐部U7组阶段比赛,赛场上,他被对手几次铲翻,身上挂了彩,瞬间倒地大哭。在教练的鼓励下,他休息几分钟后又再次回到赛场比赛,此时队友们也是越挫越勇。最后几分钟的时候,对方的小朋友近距离被球击中肚子,瞬间倒地哇哇哭起来,马官迅速跑过去安抚对方,并尝试搀扶起来,反观之前马官倒地除了教练询问,并没有其他孩子做出反应。此刻马官在对手倒地时,没有置之不理,出手相助得到了在场教练和家长的掌声。经过10轮比赛近14个学校角逐,马官的球队获得了U7组冠军,他也第一次站上了领奖台。比赛之余,我们在一起聊天,他开心地对我说:"老爸,得冠军太自豪了,我还认识了很多朋友,他们说我是一名猛将,但是我不明白猛将是什么意思?"我哈哈大笑,给了他个熊抱,然后耐心地为他解答疑问。

点睛之笔:陪伴是最长情的告白。父母是孩子的第一任老师,也是孩子的终身老师。陪伴孩子一起成长,既给予了他爱的力量,也帮助他拥有独立思考和分辨是非的能力,未来也才能更好地适应社会。

因为自信　可迎万难

昆明理工大学附属小学　尹以洛爸爸　尹可锁

我做好准备,迎接他的到来;也做好准备,与他一起面对一切困难。然而再多的准备,在他一天天的成长中,都显得那么的渺小。转眼间,他已是一个阳光开朗,热爱一切,但也倔强的男生。我希望他一直自信坚韧,充满阳光,为此我与他并肩前行。

一、生而自由,爱而无畏

小时候的我生长在农村,父母整天忙于生计,无暇顾及其他事。直到初中,我还是个胆小、非常不自信的男生。但我内心深处也想要自信,可是,自信的弦,却从不敢轻易去拨动。

人生而自由,哪怕身处泥泞,也期待满山花开,每一个人都会凭着自己的努力走到有光的地方,这就是自信的力量。做了父亲的我,在孩子出生后一直在思考如何做一个合格的爸爸。曾经有哲学家说过:"你经历的一切,你的孩子会再次经历。"我不想要这样的轮回,想要去改变。因为爱孩子,我们勇于去改变。于是从网上学习很多关于自信方面的知识,但总是生硬照搬,一成不变,实践的效果非常不理想,为此我苦闷了很长一段时间,反复与孩子妈妈交流。最后,我们一致认为:自信,应从小事做起,从日常做起。

二、阳光在心,不惧困难

首先是"大声说"！我们对他的要求是:当有人呼唤你时,一定要大声响亮地回答;当有问题时,一定要清楚地大声地说出来。为了培养孩子的表达能力,我们会定期组织家庭交流会和家庭模拟晚会。我们会以身作则,声音洪亮、条理清楚地把自己近期的工作情况进行分享,引导孩子模仿;我们也会轮流担任主持人、上台表演节目。同时,在社交场合中,鼓励孩子完成力所能及的事,例如,在书店,让他自己去挑选书籍,如果找不到,则自己去询问管理员;在饭店,鼓励他"自助";在学校,鼓励他参加活动,勇敢表达自己……渐渐地,孩子似乎也沉浸在"表现自己"当中,他很享受独立完成一件事的成就感。

三、尽情绽放,逆风而起

自信来自于"心里的底气",如何让孩子有底气呢?我想,扬长避短才可以遇见更好的自己。我们开始静下心来观察和分析孩子。他唱歌不行,但乐感很好,只要音乐一响,马上会随着节拍,有模有样地舞动起来。上小学时,学校开设了舞蹈特色课,他回家告诉我他想学,我一口回绝了他的要求。因为我觉得男生学跳舞不适合,那是女生的事,孩子因此好几天都闷闷不乐。那时,我的内心经历了多次的斗争,也陷入了沉思——这可是他的一个优点,也是他的喜好,我怎能轻易把他的兴趣扼杀在摇篮?最后还是支持了他学舞蹈的决定。在舞蹈班他是唯一的男生,但他欣然接受。在舞台上,我看到孩子精彩的演出,洋溢在脸上的自信,内心悄悄告诉自己:"这个决定是对的。"

在培养兴趣的同时,我也深信,自信的男孩,一定要在运动场上恣意奔跑、挥洒汗水、努力拼搏。换言之,一定要做体育运动。我喜欢打羽毛球,所以也让他陪着我学习打羽毛球。亲子交往过程中,我的行动潜移默化地影响着他。他对打羽毛球的兴趣越来越高,通过训练,水平也有很大提高,甚至还非常自信地说:"我可以打赢爸爸了!"作为父亲的我,始终与他并肩前行,做好陪伴者。在我的内心深处,也有一个愿望:孩子长大后,我与孩子一起站在赛场上,成为最有力量、最有魅力的父子羽毛球男双组合。

我将继续和孩子一起走在修炼自信的路上。自信,是洋溢在脸上的阳光,照亮着前行的道路;自信,是写在心灵深处的宁静,时刻提醒自己胜不骄,败不馁;自信,是和孩子一起向世界张开热情的双臂,锁定目标意气风发,共赴美好未来。

点睛之笔:孩子的成长就像在大海上航行,他就是船上的水手,会遇到无数的风浪和挫折。但是,有灯塔般的老师指引,舵手般的父母帮助,充满自信的水手定能驾驶着人生这艘船,扬帆起航,走得更远、更好!

品质篇

好孩子是夸出来的

昆明理工大学附属小学　艾靖轩爸爸　艾博威

古希腊神话中,有一个塞浦路斯的国王叫皮格马利翁,他性格孤僻,常年独居,但善于雕刻。一天,他用象牙雕刻了一座理想中的女神像,在他每天的祈求下,雕像竟然活了过来。受这个神话的启发,美国著名心理学家罗森塔尔,开展了一项心理学实验,他向一所学校提供了一份学生名单,并告诉老师这些学生有很高的天赋,只不过尚未表现出来。在期末测试中,名单上学生的成绩,的确比其他人高出很多,但其实这份名单是随机拟定的,罗森塔尔并不了解这些学生。这就是著名的"罗森塔尔效应",即向一个人传递积极的期望,就会使他进步得更快,发展得更好;反之,向一个人传递消极的期望,则会使人自暴自弃,放弃努力。

父亲在孩子的成长过程中扮演着重要的角色,爸爸天生的威严形象,能培养孩子果敢、坚强的性格。但是,"军人爸爸"工作忙,回家机会少,和孩子接触的时间很有限,加上职业特性影响,往往是严厉有余,鼓励不足,容易让孩子变得敏感、内向、缺乏安全感,这非常不利于孩子成长。因此,我认为"军人爸爸"再忙也不能在孩子的教育中缺位,在与孩子的互动中,多用肯定、赞赏、鼓励的正反馈,让孩子感受关爱,建立自信,形成积极阳光的性格。在实践中,有3个例子与大家分享。

激发孩子尝试的勇气。一次,学校发布了诵写讲大赛征稿的通知,我们希望孩子能积极参加书写比赛,便询问他的意愿,孩子说有点儿想参加,但怕比不过别人。我鼓励他,这次比赛不仅代表个人,还代表班级,为集体贡献一份力量,是最难能可贵的。孩子又怕字写得不好,给班级丢脸。我说:"比赛的乐趣不在于结果,而在于享受过程,认认真真地书写,仔仔细细地校对,把注意力放在书写上，不在意成绩，哪怕没有取得名次，参与了就是胜利，况且爸爸觉得你的字写得特别好，比爸爸小时候强多了，老师和家长都期盼看到你的作品。"最后，孩子高高兴兴地报了名，并尽自己最大努力写了一幅作品——《竹枝词》。

赞赏孩子认错的态度。有一次，孩子回来情绪不高，仔细询问才得知，他今天调换座位了，而且班上只换了两组同桌，因为害怕被我批评，不敢说原因。我马上联系了班主任老师，问清楚是正常的安排，还是有其他情况。原来是孩子上课开小差，老师为了不打击孩子的自信，不便于在班级上公开说这个问题，家长正好可以配合做好工作。我对孩子说，老师已经把换座位的原因告诉我了，因为上课时你跟同桌讲话，老师对你们的期望都很高，为了不影响学习，才把你们调开，咱们应该怎么办？孩子说："我知道错了，明天主动向老师承认错误，今后注意课堂纪律。"我说："太好了，是个男子汉，犯错不可怕，可怕的是知错不改，调换座位也是对你的鞭策和提醒，爸爸相信你可以做到。"最终，孩子主动向老师承认了错误，欣然接受了换座位的安排。

尊重孩子幼稚的选择。有一天，课间休息的时候，孩子与同学互相玩闹，把做手工的橡皮泥粘到了头发上，弄不下来，又害怕被老师和家长发现挨批评，同学就把我家小孩头上粘着橡皮泥的头发剪掉了，结果被老师发现，提出严肃批评。掌握情况后，我没有责怪孩子，因为他们已经认识到错误，及时采取了"补救"措施，虽然想法很幼稚，但认识到错误是关键。我对孩子说："爸爸尊重你们处理问题的方式，剪头发是个办法，但不是个好办法，同学之间玩闹要把握好度，不能伤害别人和自己，明天去学校跟老师认个错，跟同学说一声不怪他，你们还是好朋友。"最终，双方家长都表示理解，孩子们也还是很好的朋友。

点睛之笔：良言一句三冬暖，即使是细小的肯定，也能慢慢滋润孩子，很多时候，家长的一句肯定，就能改变孩子的一生。因此，各位家长千万不要吝啬自己的表扬和赞赏，让我们一起把好孩子"夸"出来。

每学期进步一点点，慢慢来

昆明理工大学附属小学　李映霖爸爸　李　波

怀着兴奋与激动的心情，女儿进入了小学。开学第一天，女儿就早早起床，待妈妈给她收拾妥当后，背起书包蹦蹦跳跳地去了学校。我和爱人一起送女儿入学，只见学校门口一派欢天喜地的迎新气息，小朋友们穿得漂漂亮亮，开开心心地来学校报到；老师们也身着盛装，笑容灿烂地欢迎小学生们入学。刚进校门，女儿就和她的幼儿园同学手牵手、欢快地飞奔起来。教室门口，班主任赵老师和陈老师早早站在那里，面带微笑，欢迎大家进入教室，并特意为每一位学生和家长准备了一束鲜花。花束的中心是一朵向日葵花，淡黄色花瓣围成的圆盘像一朵盛开的笑脸，透露着老师的温暖爱意。爱人和我相视一笑，很满意遇到了很有爱心的老师和学校。女儿也怀着无比开心和期待的心情开始了小学生活。

一转眼，一年级上学期即将结束，女儿的心情变得越来越不好，总是会莫名其妙地紧张。由于经常出差，我也没当回事，想着适应一下就好了。学期结束的班级家长会上，才得知女儿的成绩不理想，我心情很失落，当时就很生气和焦急：一年级这么简单都不会，到了高年级可怎么办呀？回到家，不管三七二十一，抓住她就一顿臭骂，并从网上买了一把戒尺，准备学习不好时惩罚她。爱人极力反对，孩子的爷爷更是悄悄把戒尺给藏了起来。

寒假里，爱人建议我给老师打电话问问女儿的在校学习情况，分析原因后再找解决问题的办法。赵老师和陈老师很热情，详细分析了女儿的学习情况，并给出了中肯的建议。女儿其实在努力学习了，只是学习方法可能不妥、适应环境有点儿慢，还需要长时间慢慢等待结果。我意识到自己之前太鲁莽了，冷静下来和爱人商量怎么办。商量之后，我们很认真地对女儿讲："其实爸爸妈妈都很爱你，学习上批评你是心急了。我们也知道你在努力学习，咱们慢慢来，有事一起商量，只要每学期进步一点点就行。不和别人比，只和过去的自己比。不管最后结果怎样，爸爸妈妈都是你坚强的后盾。"女儿似懂非懂，我们决定马上调整以前的方式,多花些时间陪孩子学习。

由于疫情,一年级下学期在家里上网课。我调整了自己的工作时间,每节网课都陪孩子一起学。这学期下来,女儿虽进步不明显,但慢慢找到了学习状态。二年级时,爱人付出了很大心血,每晚都陪着她一起做作业,整个学年下来,女儿进步明显,最重要的是找回了自信,开始慢慢融入班级。三年级以来,我尽力做到每天接送女儿上学、放学,爱人则仍旧每晚都陪她一起做作业,能够明显感觉到女儿的进步并充满自信,经常兴高采烈地回家,向我们讲述学校发生的一些事,也会提到老师又表扬她了。

回想女儿这三年的小学学习,我们经历了满怀信心的期待、失落、及时调整、慢慢提升的过程,有一点儿深刻体会:接受孩子的普通与平凡。周围朋友有时候开玩笑说:"咱们小时候都普普通通,既不是天才,也不是学霸,自己做不到的又何必刻意要求孩子呢?"是啊,天下父母都望子成龙、望女成凤,可天才、学霸毕竟是少数人,你我的孩子也许就是智力一般的普通孩子,并没有什么过人之处。但相较于学习成绩,孩子能够平平安安、健健康康地成长,何尝不是每位家长的初衷。在勤奋学习的前提下,接受孩子的普通与平凡,也是接受自己的普通与平凡。

点睛之笔:孩子的成长是场马拉松,慢慢来。

一个乐观的童年,一生快乐的源泉

昆明理工大学附属小学　陈一乐爸爸　陈颢鑫

让孩子健康成长是父母永恒的话题。马克思主义哲学告诉我们,事物的发展总是波浪式前进、螺旋式上升的,孩子的成长无疑也遵循这一客观规律。当孩子遭遇"挫折"时,教会孩子如何从负面情绪中走出来是情商教育的重要一环。其本质是让他学会如何乐观地接受和面对真实的自己。

在一年级时,班级举办了一次公平的班委竞选。孩子一直认为"班长"是非常棒的职务,可以为班级做贡献,想要努力争取。对于孩子的积极上进,我们总是支持和鼓励的。那天放学,孩子神情沮丧,眼睛红红的,一看就是哭过,一问才知原来没有选上。我问孩子你当选了什么呢?孩子委屈地说:"学习委员。"那一瞬间我意识到,这在孩子心里不是一件小事,应该抓住机会加以引导。

关键是怎么引导才对呢?我陷入思考:简单地告诉他没关系,班长不重要,想开点儿?不,这违背了孩子的认知,班长在孩子心里是神圣而光荣的。告诉他下次再努力?也不对,这是在忽悠孩子,因为班委选举若无特殊情况是没有必要频繁开展的。那告诉他你不如当选的同学,应该向优秀同学学习吗?虽然这也无可厚非,但这样说既打击了孩子的上进心,让孩子感到羞愧,也容易让孩子走向另一个极端,认为自己真的差劲。

想到这,我整理思路对孩子说:"一乐,听说你选上了学习委员?实在是出乎爸爸妈妈的意料,这说明你的学习能力和学习习惯得到了老师和同学的认可,你是学习小标兵了,这是多棒的一件事啊!"

孩子抬起头,显得有些惊讶,随后又低下头说:"可是,我没有选上班长。"神情再度失落。

"班长和学习委员,都是为了服务好全班同学,为班级做贡献的,对不对呢?"我继续发问。

孩子点了点头。

我说:"那不就对了!你有为班级为同学奉献的集体精神,无论在什么岗位上,都是可以发挥你的作用的。班长的任务是协助老师管理班级的日常事务,而学习委员的职责是督促同学们完成每天的学习任务。两者都是老师的关键助手,只不过分工不同,但都是重要的职务。爸爸说得对吗?"

孩子点点头,情绪开始趋于平静。

我抓住机会展开深层分析:"学生的主要任务是学习,作为学习委员应该对自己有更高的要求。你能当选,是因为你有良好的学习习惯。比如上课专心听讲,积极回答问题,认真完成作业,考试发挥稳定。老师一定是看到了你的自律和努力,才把这个光荣的职位交给了你。一方面是肯定你的用功,另一方面也是希望你能继续给同学们做出学习上的表率。你能保持自律,胜任这个重要的角色吗?"

孩子眼里开始有光："我可以！我会一直努力学习。"

"是的，一乐，爸爸看得见，努力学习不是你的口号，而是你的目标。所以，成为一名光荣的学习委员，是最适合你的定位。班长需要事无巨细的沟通能力，需要一个更外向的性格。如果有兴趣，未来可以朝这个方向多试试，但目前你的优势是在学习上的。"

"确实是这样爸爸，我更喜欢看书和学习，我觉得我很适合担任学习委员！"孩子的自信重新回到了脸上。

"一乐，仅仅是你喜欢学习是远远不够的。作为学习委员，你要带头营造班级的学习氛围，带领全班同学喜欢上学习，让全班整体成绩不断突破。这是你的责任，是一项艰巨的任务，不要辜负老师对你的信任！"

孩子听完开心地点点头，抬头看向远方，眼神里充满了自豪和期待。

点睛之笔：借一次看似"失败"的竞选，让孩子看清自己的优势，正确认识自己的能力，懂得老师的良苦用心，找准奋斗的方向。既不盲目追逐，也不妄自菲薄，用乐观的心态去面对一切，这是我们希望孩子长大后应该有的样子。这个样子让作为家长的我们感到安心，不用担心他会因为想不开而毁掉自己的努力。幸福的童年将会治愈一生，童年学会的乐观将成为孩子一生快乐的源泉，助他迎接更好的自己！

如何培养孩子乐观向上的生活态度

昆明理工大学附属小学　王潇珞爸爸　王光进

乐观向上是一种很积极的心态，它可以帮助人们正视困难、克服困难，可以让人们在遇到危难时临危不惧、积极探索。优良的品质总是人们追求的梦想，培养乐观向上的孩子，成了很多父母的追求。

故事分享：

一个男孩患了一种名叫骨结核的病。由于发现不及时，加上家里贫困，未能得到良好的治疗，结果导致膝盖永久僵硬，成了残疾人。

有一次,他绝望地对母亲说:"妈妈,你让我死了算了,我活着有什么意义呢?只会给你们带来麻烦。"母亲没有直接回答他,而是郑重其事地问:"孩子,你听说过上帝造人吗?"他点了点头。母亲又接着说:"孩子,其实,上帝是很公平的,他赐予了你智慧的头脑,就可能不会再赐予你漂亮的面孔;赐予了你强健的体魄,就可能不会再赐予你细腻的思想……因此,这个世界上没有十全十美的人,也没有一无是处的人,每个人有每个人的优点,但每个人也有每个人的缺陷。虽然你的双腿残疾了,但那只是上帝跟你开的一个小小的玩笑,相信他一定会在其他方面补偿你的。"

听了母亲的诉说,他的灵魂受到了极大的震撼,心里立刻充满了阳光,原来活着是有价值的。从那以后,他不再为身体的残疾自卑、烦恼,而是全身心地投入生活和学习。多年后,他以优秀的成绩考入了维也纳大学医学院,致力于耳科神经学的研究,并最终取得了举世瞩目的成就。

他就是1914年诺贝尔生理学和医学奖的获得者罗伯特·巴雷尼。巴雷尼的故事告诉我们,不要随便轻视自己,也不要向命运妥协,即使你是一个不完整的人。奋斗可以改变一切,可以弥补身体上的缺陷。

那么作为父母,我们应该怎么做呢?

一、改变自身的悲观

马丁·塞利格曼说:"当你的情绪激动时,你的孩子的警觉性也会相应提高。孩子以你轻微或剧烈的情绪表现作为信号来判断你的反应,并作为他对今后一些事情的看法。"这告诉我们,父母是否乐观,与孩子情绪是否稳定有很大的关系。

郑强教授说过:不要批评孩子调皮,而是批评孩子行为是否违规。父母可以通过改变自身的悲观,或者改变批评孩子的方式,并在适当的时候给予孩子具有掌控感和成就感的经历,就可以直接让孩子收获乐观积极的心态。

二、采取积极的解释风格

孩子就像海绵,他们不但吸收你所说的话,也吸收你讲话的方式、思维方式。当你批评孩子或当着孩子的面批评自己时,必须十分谨慎,因为你在塑造孩子的解释风格。例如,孩子某次数学成绩很糟糕,回家后沮丧地说:"我每次数学都考不好!我是我们班最笨的人。"作为父母,你会做出何种评价与解释?

有的父母可能会说:看来你不是学数学的料。有的父母可能会抱怨:真是笨到家了啊!这样的解释就是消极的,很容易让人产生无能为力、无法改变的悲观情绪,从而导致习得性无助。父母消极的解释风格会让孩子更加自卑甚至更加绝望,难以继续努力。

有的父母会鼓励道:"孩子,一次考试成绩的糟糕不代表什么。通过这次考试,你应该认真反思没考好的原因,认识到更多自己的不足,努力去找到适合自己的学习方法,填补这方面的缺陷,一定会有进步的。"

这就是积极的解释风格。孩子听到父母这样的解释,不仅心情得到安慰,自信心也会有所恢复,而且他可以认清自己,开始向正确的方向努力。

三、拓宽孩子的眼界

课余时间我会鼓励孩子涉猎不同领域的内容,了解不同地区的风土人情,尝试接触不同领域的人和事。

四、陪伴是孩子隐形的"财富"

陪伴是高质量地在一起,能够以孩子为中心,比如能够放下手机陪孩子一起游戏、一起学习等,力争做到真正意义上的陪伴。

点睛之笔:比地大的是天空,比天大的是人心。心胸豁达的人是真正的强者,乐观则是他们的情绪体验。乐观者能应付生活险境,掌握自己的命运。

心有暖阳,何惧风霜
——如何让孩子保持乐观的生活态度

昆明理工大学附属小学　王梓铭爸爸　王翔龙

著名俄国诗人普希金曾说:"假如生活欺骗了你,不要忧郁,也不要愤慨,相信吧,快乐之日就会到来。"很庆幸,孩子的自信在学校里得到了老师们的肯定。很荣幸有机会在"力量爸爸"这一家校共育平台上,分享几点培养孩子乐观积极心态方面的经验做法。

乐观心态是一种精神态度,其特点是对成功和积极未来充满希望和信心。如果一个孩子总是看到事情光明的一面,他可能会觉得自己在生活中经历了比别人更多的积极事件,发现自己压力更小,甚至享受到更大的好处。

首先需要保持和睦愉快的家庭气氛。构建一种和谐、愉快的家庭氛围对孩子的乐观情绪至关重要。我们家是四世同堂的大家庭,家人相处和睦温馨,亲友关系十分融洽;我和梓铭妈妈从不在孩子面前争吵,遇到意见不合也会私底下沟通;面对孩子犯错,我们也会尽量就事论事、据理而议,不一味斥责谩骂孩子。正是因为成长于这样一个和睦、温馨的家庭环境,所以他从小便有一颗温暖、热情的心。

其次,要鼓励孩子多交朋友。在培养孩子乐观积极性格的过程中,友谊起着重要作用。所以,我们从小就鼓励孩子多交朋友,特别是同龄朋友。梓铭三岁之前,我和孩子妈妈工作都很忙,白天都是爷爷奶奶带,我们就让老人带他去公园或者附近的儿童游乐园玩,可以认识很多同龄的孩子,与他们做朋友。周末或者假期,我们就约朋友、同事的家庭一起聚会,让孩子能接触更多的人,接触的人多了,他就知道怎么和小朋友们相处了,在幼儿园也就很快融入集体。记得孩子刚转去马来西亚国际学校的时候,我们都担心语言让孩子自卑、孤立,我们更是时常找老师沟通他在学校的交友情况,让我们欣慰的是,即使那时候他的英语水平不好,可是他依然通过表情、手势、简单的单词和同学们一起玩游戏、学习,很快就交到来自泰国、黎巴嫩、日本等许多国家的好朋友。友谊给予他乐观开朗的性格,乐观开朗的性格又让他赢得更多的友谊。

再次,学会倾听孩子的心事。当孩子遇到问题时,没有倾诉的对象,苦闷压在心里,慢慢地,性格就变得沉闷。所以每天放学的路上,我们都会耐心倾听他在学校发生的事:今天学了些什么,谁今天又犯错误被批评了,谁表现好被表扬了,老师今天又给他们说了什么话……并时不时发表意见。每天睡前孩子妈妈都会用十分钟时间和孩子谈心。我们家还会定期召开家庭会议,把平时没有及时沟通解决的问题放在家庭会议上来讨论,每个人都可以畅所欲言,发表观点,并且做好笔记,遇到需要决策的事情,也会民主表决。

最后,多带孩子"走出去"。我们一直奉行"读万卷书,也要行万里路"的教育理念。只要有假期,我们就带孩子到处旅行,给他拥抱大自然的机会,让他多见、多听、多想、多做,开阔视野与心胸。之前决定带孩子去吉隆坡游学,也是考虑给孩子一些不一样的体验,不一样的眼界,去真实感受这个多元化的世界。

家是心灵的港湾,父母是孩子的榜样,想要孩子有积极的心态,父母必须要有乐观的品质,如果孩子感受到了你的积极,他也会获得一种乐观美好的人生态度。

心有暖阳,何惧风霜!

点睛之笔:培养孩子的自信,需要注意家庭环境的构建与家庭氛围的营造,多鼓励孩子与其他小伙伴交往,多点儿耐心倾听孩子吐露心声,给予相应的指导。最后读万卷书,也要行万里路,让孩子在实践中锤炼乐观的心态。

勇敢面对　阳光生活
——让乐观的心态陪伴孩子的一生

昆明理工大学附属小学　钱若允爸爸　钱　军

著名教育家斯宾塞曾说:"教育应当是快乐的,当一个孩子处于不快乐的情绪中,他的智力和潜能就会大大降低。呵斥和指责不能带来好的结果,反倒是快乐的方法和快乐的气氛,能对孩子的教育事半功倍。"

乐观开朗对于孩子来说,无疑是一种有利于成长的性格倾向。心理学家发现,孩子大都拥有乐观的天性,而且这种积极乐观的性格是可以培养的,在孩子的教育中,我发现父母的教育对于孩子的性格有非常大的引导和带动作用。如果在孩子遇到困难的时候,父母采取呵斥、打压甚至是批评的态度,那么孩子将会失去挑战任务的信心,甚至形成压抑自我、不自信的性格;如果父母采用的是鼓励、引导、循循善诱的态度,那么孩子将会重新树立挑战自我的信心,不断激活潜能,从而形成良好的心理素质,实现教育的一大成功。

"爸爸,爸爸!你看!我现在可以跳到180个啦!"九月(女儿钱若允的小名)兴奋地举着跳绳,指着计数器给我看。也难怪她这么兴奋,从小运动神经不是很好的她,从中班学习跳绳开始就经常是老师"重点关注的对象",不是被绳子绊倒了,就是跳得太慢了。当其他小朋友围在一起跳绳的时候,九月一开始也很兴奋地想要加入,但是每次轮到她的时候,表现都不是很好。这样一来,其他小朋友也心生不快,每次九月想要参与的时候,总是说:"走开走开!你不会跳,不要和你玩!"被拒绝的次数多了,原本开朗自信的九月竟变得沮丧、畏怯。

上了小学之后,学校要求一年级的小朋友掌握跳绳的技巧,跳绳成为体育课的"必修科目"。所以,帮助九月练习跳绳成了我们家的"头等大事"。"九月,不应该这么跳的,你看妈妈,妈妈跳绳的时候先摇半圈,然后跳起来,就过去啦。"我和孩子的妈妈一起上阵,妈妈在前面演示,我在后面指导。"不行不行,爸爸我跳不过去。"一开始,九月试探着练习,但是尝试了几次都失败了,她越发地焦躁起来:"不行嘛爸爸,我就是跳不过去,我不要练习了。"我意识到九月此刻不仅仅缺少技巧,更加需要树立一种自信。我们就开导她:"你放心大胆做就好了,一定要用乐观的心态去面对。只要每一次有一点儿进步,坚持一段时间,你会看到不一样的效果的。"九月说:"我知道了爸爸,对待事情一定要积极乐观,勇敢面对。有一点儿进步,就是我的胜利!"九月摆正了心态,重新开始了练习。一旦坚定了信心,孩子自己就会很努力。有时当我问她要不要休息的时候,她反而会对我说:"爸爸我要再练一会儿……""爸爸,我又比之前进步了好多……"看着九月开心的笑容,我顿时感到教育孩子的快乐原来就来自于孩子的进步和成长。

帮助九月练习跳绳的过程中,我也明白了孩子的教育离不开乐观向上的态度。就如积极心理学创始人塞利格曼教授所说:"乐观虽不是万灵丹——取代不了父母的好教养,取代不了孩子已形成的强烈道德观,但它依然是一种强有力的工具,让孩子永远保持对自己、对世界的好奇。"

良好的家庭教育能使孩子臻于完美、获得幸福。父母要运用科学的方法、经过耐心的教导和陪伴,帮助孩子朝着乐观积极的方向成长,让乐观的心态陪伴孩子的一生,使他在今后的生活道路上勇敢探索属于自己的幸福。

点睛之笔：乐观面对人生，人生变得阳光；乐观面对生活，生活变得多彩。乐观把我们从悲观、畏怯中解脱出来，用最积极的心态克服困难、解决问题，成就强大的自己。

培养孩子的"独""立"性

昆明理工大学附属小学　井一言爸爸　井　然

独立性是指不易受他人的影响，有较强的独立提出和实施行为目的的能力，它反映了意志的行为价值的内在稳定性。"独"是能够独自、单独处理事情、解决问题，"立"是自立、有主见、不依赖他人，积极主动地完成各项实际工作。"独立"往往伴随着勇敢、自信、认真、专注、责任感和不怕困难的精神。

随着时代和社会的发展，培养孩子的"独立性"，培养他们独立分析问题、解决问题的能力越发重要。"独立"的英语单词是"independence"，直译过来就是"不依赖"，因此我们要想培养孩子的独立性，也就是让孩子变得不依赖，首先我们分析一下孩子为什么会产生依赖。

一、感觉自身弱小

孩子的成长本身就是一个由弱变强的过程，在这个过程中如何让孩子克服觉得自身弱小的心理呢？一方面需要给予他们鼓励，需要让他们完成一些力所能及的事情，让他们自己来做决定，帮助他们建立自信心，让他们觉得自己并不弱小，可以做很多事情，比如，外出就餐时让他们来点菜，让他们自己挑选搭配服装，甚至让他们来制订出游的计划。另一方面，作为家长，不能凡事都迁就孩子，让他们觉得因为我"小"，你们就该听我的，所有的事情就应该你们去做。

二、对未知的恐惧

其实不管是孩子还是成人，对于未知的领域或者情况，或多或少都会产生恐惧的心理。如果想要尽可能地去减少、减弱这种心理的产生，我想可能大家经常说的一句话"读万卷书、行万里路"会比较有效果。"读万卷书"就是帮助孩子们尽可能多地获取知识,同时也掌握一些解决问题的办法,对于咱们的孩子来说,"阅读立校"的理念已经在这个层面给大家提供了帮助。而"行万里路"就是要丰富孩子们的经历,增长孩子们的见识,增加孩子们的阅历,让他们在遇到不同的问题时能够游刃有余,有更多的经验去应对。

三、自身的惰性

现在的孩子普遍都是在比较舒适的环境中长大的,不可避免地会产生一些惰性,不想干活,怕苦、怕累。对于这一点,家长们可能就要有意识地让他们劳动,包括家务劳动、集体劳动以及户外活动,培养他们吃苦耐劳的精神。同时,让孩子们开展一些体育运动,体育运动最能锻炼人的意志品质,培养不放弃的精神。

接着,和大家探讨一下培养孩子独立性的几个"误区"或者需要注意的地方。

一、培养独立性不是彻底放手

我觉得在培养孩子独立性的过程中,不但不能彻底放手,而且家长还需要发挥重要的作用。一是陪伴的作用,在孩子独立解决问题的时候,家长的陪伴会让他们有安全感,从而能把更多的精力用于分析问题和解决问题。二是指导的作用,孩子的认知和经历是有限的,家长适当的指导和提醒,可以让孩子们少走弯路,同时也要让这个培养过程处于一种可控的状态,避免出现一些危险和突发状况。

二、培养独立性不是让孩子变成"独行侠"

在培养孩子独立性的过程中,有时会变成以自我为中心,独来独往,这时一定要避免让孩子变得孤僻,不合群,不会团队合作。要让孩子懂得,一个人的力量是有限的,只有团队协作才能完成更大更复杂的任务。比如我们国家的航天工程,参与其中的每个人都是十分优秀的个体,但是他们也必须集中在一起,发挥各自的优势,齐心协力,才能把我们的卫星、空间站、宇航员送入太空。

点睛之笔：孩子独立性格的形成，有利于孩子尽早摆脱对家长的依赖，使孩子具有勇敢面对困难的精神，可以让孩子养成独立行事、独立思考的习惯，有助于让孩子成为一个有主见、有思想的人。

如何培养孩子的独立能力

昆明理工大学附属小学　杨紫瑶爸爸　赵银春

独立能力是人生的基础，科威特女作家、记者穆尼尔·纳素夫在《家庭》中曾这样说。在育儿这条路上，我非常认同这句话。

经常听到朋友谈论，我的孩子非常聪明，但一离开我们，独立面对事情，就什么都做不好；某名牌大学毕业学生，只会一味地啃书，因不能适应社会，有社交恐惧症，毕业多年仍无所事事在家啃老。其实出现以上现象，同父母没有培养好孩子的独立能力有直接或间接关系。

我的女儿瑶瑶9岁，从上幼儿园小班起，我就不断用通俗易懂的故事从思想上向孩子灌输什么是独立、学会独立后你会成为什么样的人等，并一步步在孩子身上验证，使其体验每次独立完成一件事情的成就感。幼儿园中班时我和瑶瑶达成一致，用一个生日蛋糕完美解决分房独自睡这个难题，还成了她自豪的小资本；让她学习如何整理自己的房间、书柜，和同学分享整理房间的小窍门；教她做几道家常小菜，朋友小聚、节日时小露一手，让她知道学有所用。第一次独自乘地铁上下学，回家后向我描述她如何解决地铁卡刷不出来的问题，如何跟同学描述自己独自上下学，看到我对她的肯定后，她眼里透出的光让我看到她又独立了一小步。

上小学后，瑶瑶的认知宽了，视野广了，她主动选择自己最喜欢的一句名言"见善则迁，有过则改"作为自己的座右铭，把老师这份神圣职业作为自己的理想，把我国伟大的教育家孔子作为自己的偶像。我和她共同谈论独立的重要性，上到国家，下到家庭中的个体，使其树立正确的独立价值观。每次沟通我都会以朋友的身份、从她的视角出发去交流。当瑶瑶认真跟我反馈时，我都会放下手中的事情,专注地倾听,让她从我专注的态度里感受到我对她的重视和尊重,她就会对我畅所欲言。

记得瑶瑶6岁时的春节,因特殊原因需要她独自一人乘坐飞机回北京,我和她妈妈轮流做思想工作,倾听她的顾虑,并一一解答,演练了无数次流程,最终让她卸下了思想包袱,克服了心理障碍,当她平安落地,打电话向我们娓娓道来这次神奇之旅时,我知道她又成长了。8岁那年父亲节,我无意中看到她微信给我的备注不是长辈而是"好朋友",我心中无比自豪,这也许是最好的父亲节礼物。

我们是孩子的良师益友,是这个世界上最爱孩子的人,但我们要深知,孩子才是他们人生的主角,如何使其具备独当一面、承担一切的独立能力,才是我们家庭教育和学校教育需要共同解决的难题。

点睛之笔:孩子的心理发展过程是一个由量变到质变的过程,所以培养、塑造孩子的独立能力要一步一步来,俗话说,冰冻三尺非一日之寒,滴水穿石非一日之功,千万不能操之过急。在我们与孩子的相处中,多用爱去包容孩子的不完美,给孩子成长的空间、自我完善的机会,不断培养孩子良好、健全的人格。否则,就会出现孩子"假独立"和"闹独立"等问题,这会导致孩子产生脾气暴躁、情绪不安、性格固执、缺乏自信等负面人格。

做一个有孝心的好孩子

昆明理工大学附属小学　周楷博爸爸　周云松

孝是中华民族的传统美德。《论语·为政》有言:"子游问孝。子曰:'今之孝者,是谓能养。至于犬马皆能有养;不敬,何以别乎?'"先哲孟子更是用一句"老吾老以及人之老"言尽人间孝道之本。从古至今,有孝感动天、鹿乳奉亲、涌泉跃鲤、卧冰求鲤、董黯奉亲以及千里背母上学的刘秀祥等孝子的动人故事,华夏儿女把孝老爱亲的美德一代代永续传承着。

从楷博出生到现在,我家都是三代人生活在一起。我们作为中间一代,一言一行都会影响孩子,孩子既在学习着我们,也在"监督"着我们,所以我和孩子妈妈一直注重对待父辈的言行。总结孩子身上的种种表现,潜移默化之中,楷博对长辈的感情很深,应是把对家人的爱与孝藏于举手投足之中了。

孝,传承于一起运动之中。 由于年迈体弱,爷爷的运动量越来越少,走路腿越来越没有力气,总是待在家里不愿出门,先是不想动,慢慢地,就是想动也吃力了。下班回家后,我会约着楷博一起带爷爷到楼下活动,利用小区里的健身器材,帮爷爷做一些简单的肌肉恢复练习,一起做一些力量训练,蹬蹬腿、拉拉身、扭扭腰。楷博很乐意,时不时地还要叮嘱几句,讲一下要领,示范一下动作,随时在旁边做好保护,防止摔伤。爷爷也很配合,孙子提出的要求尽力去完成。有时楷博也会秀一下自行车车技,来个原地漂移或是下个台阶,看得爷爷提心吊胆,孙子却忙着不停耍帅。有时楷博也会与爷爷比比身高,唱两句"走调"的歌逗乐一下,或是讨论一下篮球竞技心得,或是讲讲学校的小菜园,与爷爷分享一下种菜心得,爷孙俩玩得不亦乐乎,这一幕幕让我和爱人深感欣慰。

孝,潜藏于一句问候之中。 今年三月外公生病住院,四月爷爷又查出重疾,每月都得到医院住院治疗,两位老人的呻吟使得整个家庭氛围非常沉重。我和妈妈下班就要往医院跑,对孩子学习生活的关心相对减少。家人生病是不幸的,但我们又是幸运的,遇见了附小,遇到了孔老师。孔老师发动同学给楷博各学科都安排了帮辅小老师,监督辅导作业。楷博对患病的家人也表现得格外关心,主动打视频电话问问今天打了几瓶针水,好点儿没有,吃饭没有。虽然每次问的都是那几句话,但老人心里乐滋滋的。爷爷奶奶一直住在农村,多年来我们一直保持每周至少让孩子通一次电话的习惯。现在孩子的表现,应是心里住着家人、挂着家人、念着家人。

把身边一件件小事做好就是孝。 我想,做到孝老爱亲,其实很简单,就是把身边一件件小事做好。学生阶段,主要任务就是学好知识、健康成长,所以,首先是要好好读书、强健体质,让父母少操心;其次,要热爱劳动,力所能及地帮助父母做一些家务劳动,比如,自己的内衣裤、鞋袜等自己洗,自己的房间自己收拾整理,吃饭之前拿碗筷,周末假日负责洗碗,等等;再进一步,平时细心观察父母的喜好,利用节日、父母生日这样的机会,给父母送一句祝福的话、送一件小礼物、端一杯热茶,表达对父母养育之恩的感谢。

向上向善、孝老爱亲,尊老、敬老、爱老、助老是我国的传统美德和中华民族的宝贵精神财富,是中国特色社会主义核心价值观的组成部分,我们要世世代代把这种美德发扬光大,继承下去!

点睛之笔: 中华民族的孝就延续在父母平时的言传身教中,父母对长辈的孝顺传递给了孩子,教会了孩子向上向善,孝老爱亲,尊老、敬老、爱老、助老。

兴趣是最好的老师

昆明理工大学附属小学　马天倚爸爸　马　涛

在如今这个快节奏社会里,相信大家都一样,平时工作、社交比较忙,很难做到全程无微不至地关照孩子,那么在这个环境下孩子学习、生活的能动性就很重要了,如果孩子的兴趣点对了,那么整个家庭也就更容易达到一个平衡,不会出现"不做作业父慈子孝,一做作业鸡飞狗跳"的情况。孩子的性格的确是天生的,但是我们后期给予的影响也是不容忽视的。

就现在而言,小马还是在正轨上,上完课回家赶着吃饭,上兴趣班,钢琴、围棋、英语兴趣班都要占用他大量的时间,晚上做作业的时间要比同学少一个半小时左右。虽然这三项都至少坚持了五年,但他没有什么抵触情绪,课内课外作业都能独立自主完成。平时闲散时间就看书,假期可以看一到两个小时家长指定动漫,除了电话手表基本不接触其他电子产品,平时也还算听话懂事,是不是听起来很不错呢?别急,还有不好的没说呢,比如,书写差、运动能力差等。所以,每个孩子都有优点也有缺点,我们从中看到的是,能坚持做得好的都是他感兴趣的,做得不好的都是自己没有兴趣或没有动力的,就如同身边爱玩手机的"一个朋友",让他拿手机学单词那是马上能睡着,要是玩游戏,那对不起,可以玩到禁赛为止,所以,兴趣是学习的原动力,这个应该不会错。

那么对于培养孩子的兴趣,家长有什么影响呢?咱回到小马身上,比如围棋和钢琴,他从小比较内向安静,连学走路时都没有摔过跤,喜欢围棋是性格使然。钢琴可能是妈妈有用没用的胎教音乐,也许是爸爸开车时候介绍给他的民谣、摇滚、爵士等不符合他年纪的音乐,他就在某个不经意的时候喜欢音乐了。他喜欢看书,这是学校导向跟家里氛围的双重影响。反面也是一样,比如书写,可能是在书法班的时候过于强调书法训练的枯燥和艰苦,需要他坚持下去,但忽略了让他寻找书法的美,所以渐渐失去兴趣,强行灌输式学习效果也不好,所以后面没能坚持下去,成了"出去不要说师父是谁"的那种学生。体育也是,本来运动能力就弱,加上父母以前很少陪着他运动,所以没有形成兴趣。

那孩子的兴趣家长怎么影响呢?

一、全身心陪伴

简单来说就是在有限的跟孩子在一起的时间内全身心投入,自然地扮演好自己的角色,这个词在我最开始接触知见心理学的时候也是不以为然的,认为就是企业培训讲师喂的鸡汤,其实这些年被动接受下来发现,还真不是,我们工作一天很累,回家躺在沙发上玩手机肯定是舒服的,但是与此同时孩子迷上手机也是有极大可能的,如果孩子不在也就算了,在的话咱们换个休闲模式跟孩子一起喝喝茶看看书聊聊天是不是会好一点儿呢?

二、发现、鼓励

孩子的兴趣点需要我们自己去发现,每个孩子都不一样,类似的电影大家都看过不少,我们不说电影情节,今年浙江一小女孩九岁破攀岩世界纪录,她小时候可是幼儿园都不想收的,上蹿下跳,得亏她妈妈发现了她的兴趣点。小马羽毛球、篮球虽然打得不好,但经常以玩的名义跟班上小朋友约着打场球,现在也慢慢表现出对这两项运动的兴趣了。

三、处理好情绪之后再谈事情

这是我深有感触的,自己年轻时候其实脾气不好,很多时候是凭着自己的脾气以及父亲的这个身份来压制孩子以达到我们想要的效果,孩子小的时候可能觉得还好,其实也是有隐患的,大了那就更是逆反,感兴趣的也在父母的情绪影响下变得索然无味。

点睛之笔：提升孩子对事物的好奇心与兴趣，才能提升孩子自身的能动性，从而让孩子在今后的人生道路上走得更稳。

培养孩子持之以恒的优秀品质

昆明理工大学附属小学　江懿洲爸爸　江　炎

"持之以恒"这个成语出自曾国藩《家训喻纪泽》，他在家书中反复提到"有恒则断无不成之事"这个道理，遇到困难和挫折的时候大多数人都会选择临阵退缩，很难做到持之以恒，所以从小培养孩子持之以恒的意志品质是非常重要的。在与孩子的日常沟通及教育中，我非常注重培养孩子做事情有始有终、坚持到底的习惯。持之以恒，不抛弃、不放弃是一种极为可贵的意志品质，我觉得它也是可以从小养成的习惯，甚至可以变成一种信仰。

一、培养孩子持之以恒的优秀品质，需要给孩子更多的鼓励

在上学的这五年中，通过许多次坚持不懈的练习，江懿洲也慢慢养成了不轻言放弃的习惯。在他上幼儿园的时候，我一直觉得他是一个性格内向、有点儿胆小的孩子，每次送他去上早教班，他都远远地躲在一个角落里，不爱说话，我就默默地陪在他身边，给他鼓励。上小学了，我也担心过他不适应新的环境，我们也经常去找孟老师、杨老师交流和请教，得到的反馈就是责怪孩子肯定是没有用的，只有通过不断的练习去培养，怕回答问题就多去回答，越怕上台表演越要找各种机会上台锻炼。鼓励他不管再难都要坚持下去，平时找一些小短文让他背好了先对着镜子自己表演，然后再给家里人表演。

二、培养孩子持之以恒的优秀品质需要坚持不懈的练习

上二年级的时候，老师给了他国旗下的讲话这个上台发言的机会，而且还是用英文演讲。回到家里，他既兴奋又紧张，周末两天几乎没有休息，反复地背诵练习他的英文稿子，把稿子背得滚瓜烂熟。结果周一正式上台发言的时候，

因为紧张,发言全程磕磕绊绊,表现的就像事先一点儿准备也没有,让老师着实为他捏了一把汗。这件事情给孩子的触动还是很大的,努力了但是没得到自己想要的结果,我明显感觉到他的沮丧,但还是告诉他再难也一定要坚持,只有继续勤学苦练才能有收获。我们家孩子有一个比较好的优点就是"心大",不会因为遇到一点儿挫折就自暴自弃,相反只要稍微给他一点儿鼓励,他立马就会有拥有全世界的感觉。遇到挫折能坚持下来,拥有乐观积极的心态也是非常重要的。

三、优秀品质的养成需要孩子通过每一次的进步不断积累

三年级我们去了阳光心霖学习外语,这里的教学风格是非常热情洋溢的,每一个孩子都积极发言展现自己,我甚至怀疑他能否适应这里的学习节奏,但是后面证明是我小看他了,他努力地去适应,很快就成为班上最活跃的几个学生之一,这样的表现真是让我感到非常的惊喜。四年级的时候在心霖公社首届纸剧场演出中,他通过层层筛选,从3000多名孩子中脱颖而出,入选了最终的汇报演出,在200多人观看的演出剧场里,我们已经看不到孩子有任何的胆怯,有的是准确的发音、流利的表达和自信的表演,以及出色的肢体语言,获得了全场雷鸣般的掌声,很多家长来咨询我是不是让孩子专门学习过表演主持技巧呢!

五年级上学期江懿洲还担任了校运动会的主持人,用自信流利的主持圆满地完成了任务。所以,他从一开始连回答老师的问题都紧张的孩子成为今天能上台面对观众从容自信地展示自我的孩子,首先要感谢昆明理工大学附属小学良好的教育,同时也要归功于上学以来慢慢养成的持之以恒、不抛弃、不放弃的品质。

当然,持之以恒、坚持不懈也是一个漫长的过程。比如说在篮球这个运动项目上,一年级的时候我就每周都带他去USBA篮球学院训练了,他也表现得很积极,也很热爱篮球这个项目,可是球技就是进展缓慢。对此他也会觉得有点儿郁闷,但是他从来没有跟我说过要放弃篮球,我也鼓励他球技可以慢慢练,只要不放弃,坚持下去总有一天会突飞猛进的。每天无论学业有多忙,他总是

让我陪他一起去楼下练球,大把大把挥洒着汗水,脸上洋溢着篮球这项运动给他带来的快乐与喜悦,我认为这已经足够了。

点睛之笔: 我觉得培养孩子永不言弃的品质是非常重要的,也就是说在日常的学习生活中要求孩子把每一件事情都要做完,碰到挫折再难也要坚持下去,不管最后的结果如何,不要半途而废,不要轻言放弃,因为努力的过程远比结果重要。

坚韧的力量

昆明理工大学附属小学　李品欣爸爸　李　理

作为家长,在"如何教育好孩子"这个问题上,自己常常感到困惑和迷茫。由衷感谢学校和老师们为家长们搭建了这个交流、探讨孩子成长和家庭教育话题的平台。借此机会,我想围绕"坚韧"这个关键词,和大家交流一些孩子成长过程中的个人体会。坚韧是一种宝贵的意志品质,蕴含着攻坚克难、奋发进取的力量,但坚韧的品质不是与生俱来的。

一、对孩子"狠一点儿"

现在的孩子,从小生活条件都比较优越,身上最缺乏的是做事持之以恒和关键时刻咬牙坚持的"坚韧"的意志品质。我的个人体会是,在塑造孩子的意志品质方面,父母有时候需要对孩子"狠一点儿"。

我的孩子在一年级下学期开始练习跳绳,在代表学校参加 2018 年云南省校园跳绳锦标赛的整个赛前集训过程中,几乎每次训练完都累到全身瘫软,有几次在回家的路上,坐在车上竟然就睡着了,每每看到我都心疼不已。孩子自己也曾经多次动摇,表示不想再继续练了,孩子的奶奶、外公、外婆更是多次建议不要让孩子再继续练了。作为父亲,我内心其实是心疼孩子的,但我更懂得坚持的重要性,我只能做个"狠心"的爸爸,要求孩子坚持下去。我一直鼓励孩子坚持,不放弃,同时在每次训练后给孩子做腿部按摩、放松。庆幸的是,孩子很懂事,也很勇敢。她一直咬牙坚持着,在接下来连续几年的比赛中随学校跳绳队在省赛、国赛中取得了不错的成绩。2018年获得省级跳绳比赛一等奖、二等奖,"体育道德风尚奖"和"优秀运动员"等多个奖项;2019年获得省级三等奖3项;2020年获得省级三等奖2项;2021年获得全国联赛第二名2项。

孩子的班主任说,这次的"坚持"让孩子从一个小"学霸"蜕变为"全能型的学生",为孩子成为"三好学生"奠定了基础。

二、坚韧是战胜困难的"法宝"

人生路上,每个人都要遇到各种困难,在意志与困难的拉锯战中,坚韧可以使困难逐渐变小并让我们最终战胜困难。

还记得去年学校运动会前的一天,孩子告诉我,她报了立定跳远项目,但发现学校有一个女生在训练时每次都比她跳得远,她一下子对比赛没有信心了。我问她想不想提高成绩,她说想,但是仍然觉得临近比赛,短时间提高的可能性不大。于是,我请了一位当体育老师的朋友带她训练了一次并且帮她制订了一个短期训练计划,主要是跳台阶、卷腹跳等动作和拉伸、放松训练。开始,她兴致很高,第一天训练完都累得走不动了。第一天训练的艰苦程度大大超出了她的想象,孩子的意志明显动摇了,第二天就不想练了,几次提醒她去训练,她都很抵触,显然是想放弃。说实话,训练动作都是简单重复的,强度比较大,也很枯燥,我陪她练了一天,膝关节就出问题了,一连好几天走路都是一瘸一拐的。但是,为了培养孩子的韧性,我还是决定要对她"狠一点儿"。于是,我软硬兼施,外加做按摩、讲道理、奖励饮料等各种手段"刺激",她几乎是被我逼着,半推半就坚持下来的。两周后的运动会,孩子的成绩大幅提升,跳出了2.05米的成绩,拿到了第一名,孩子自己非常惊喜。孩子应该也从这次经历中体会到了只有付出和坚持,才可能有收获。

点睛之笔:我想,作为家长,让孩子多一些遇到困难坚持不放弃、不退缩的经历,才更有助于孩子成长和进步。在陪伴孩子成长的过程中,只有不弃微末、不舍寸功,拿出滴水穿石的坚持和耐心,才能培养孩子的韧性。

规则篇

爱与规矩同行　开启幸福人生

昆明理工大学附属小学　康译若爸爸　康　旭

古语有言"海阔凭鱼跃,天高任鸟飞",一架飞机从起飞到降落,这看似简单的过程需要经历两次塔台管制、一个或多个区域管制,过程中飞行员必须严格遵守管制指令,从航空器开车,按预订跑道滑行、起飞,按规定的高度、速度、航路机动飞行,最后平稳降落,作为一名空管人员,我深知每一次飞机的平安起降都离不开飞行规则的精准护航。生活中,遵守规则是必不可少的,尤其是小学阶段,家长都比较注重培养孩子的规则意识,帮孩子立规矩。建立规则往往很容易,但执行规则却具有极大的挑战性,有时候规矩立了,道理讲了,可是执行起来"谈条件"式的拉锯战还是反复上演。为此,我经常思考怎样才能与孩子达成省心有效的规则共识。

一、一味强调规则,反而引起孩子逆反

对于新奇的事物,人往往存在好奇心理和逆反心理。康译若小时候喉咙经常发炎,为此我禁止她吃任何上火的食物,直到有一天我在孩子枕头下发现了吃剩下的半块旺旺雪饼,顿时她躲在被子里悄悄吃东西又怕被我发现的样子浮现在我脑海中,真是又可气又好笑。我意识到,正是因为我单纯的强调禁止,反而让孩子不由自主地认为不让吃的是最好吃的。很多时候,孩子们表现出来的一些举动其实都源于好奇和逆反,父母越是极力制止,孩子越是忍不住想去尝试。因此,立规矩的时候,要跟孩子分析原因,让孩子理解其中的是非曲直,帮助孩子理解规则。

二、楼梯要一阶一阶地爬,规矩得一步一步地立

对于孩子来说,从"我想做"到"怎么做",再到"试着去做",最后实现"我做

到了",这是一个心理认知与实践结合的循序渐进过程,给孩子立规矩时可以借鉴爬楼梯效应。周末是家里固定的大扫除时间,每次打扫,我们都会叫上孩子一起参与,但是孩子总是三分钟的热度,敷衍一下就去玩了,最后都是家长代劳。之后,我们明确孩子就负责收拾打扫干净自己的房间,任务明确了,孩子就收拾得很干净整洁。慢慢地,我们不要求她也会自己主动承担任务了。俗话说:罗马不是一天建成的。立规矩的时候,孩子不可能一次就做到最好,要一步步引导孩子做得更好。

三、让孩子参与制定规订,成为促使孩子遵守规矩的队友

我们可以和孩子一起制定规矩,说明制订的依据,在孩子提出不同观点时,可以通过验证来定夺。康译若在学习舞蹈时很喜欢得到老师的表扬,但对于每天枯燥乏味的基本功练习却又很不喜欢。之前妈妈总是催着她锻炼打卡,她很抵触这样的催促跟练习。后来我们告诉她,没有定时定量地跟着老师的计划练好基本功,身体就反应不出好的训练结果,并且同意她中途尝试停止一周训练,结果周末上课她发现有的动作跟不上其他坚持练习的孩子,最终她理解了老师制订这个规矩的重要性,此后的课后基本功训练都积极主动完成,同时她也明白,父母并不是要针对她才立这样的规矩,只是在帮助她一起有效地遵守执行。

四、爱与规矩同行,让规矩更有温度

立规矩需要一定程度的坚定,但应该是以爱为前提。孩子违反了规矩,一味的批评无疑是选择了亲子间的对抗。作为父母,我们可以做更多有温度的选择,可以静静陪在孩子身边,倾听孩子的感受,理解并接纳孩子的情绪和诉求,帮助孩子解开心结。规矩不能够通过逼迫建立,而需要依靠爱、理解以及坚定的态度来赢得孩子的合作。

点睛之笔:规矩并不是单纯强调要孩子听话,而是让孩子理解规则,认同规则,并能够自觉地遵守规则,以讲规则来让孩子拥有通情达理的自主人格。爱和规矩并不冲突,爱与规矩同行更能促进孩子健康快乐地成长。人活一世,身有所正,言有所规,行有所止,才不至于行差踏错,悔恨终身。让我们与孩子一起建立行之有效的规矩,共同陪孩子守望美好的人生。

规　则　成　长

昆明理工大学附属小学　郭铜熙爸爸　郭继勇

我国自20世纪70年代开始推行计划生育以来,家庭结构发生了很大的变化,以"四二二""四二一"结构为主,致使孩子的成长出现了诸多问题,尤其是家庭教育方面。家庭是孩子生活的第一环境,是其成长的第一场所。习近平总书记指出:"家庭是人生的第一个课堂,父母是孩子的第一任老师。"家庭教育的基础性、长期性作用无可替代。随着社会、政府对家庭教育的重视,父母在孩子的养育过程中,可谓是"八仙过海,各显神通",但能够顺利到达彼岸的家庭却寥寥无几。今天,我就跟大家谈谈自己的粗浅认识,也是自己家庭教育的实践过程:任何事物只要有了相应的规则,就能正常运行。孩子的成长也是一样的,良好的规则可以充分释放孩子的自由,让孩子生理、心理得到健康发展,并充分培养孩子的自主性,形成"一劳永逸"的健康成长模式。

一、生活规则的形成——养成良好的生活学习习惯

孩子上小学后,一开始就告诉孩子:学习是自己的事情,所有的家庭作业都应该独立思考,自己完成,父母只是处于"指导老师"的位置。二年级开始,父母不再陪孩子写作业,根据孩子的能力制订规则,告知孩子在限定时间内按质按量地完成作业,其余时间自由支配,但是必须准时睡觉。至今,孩子每天都能保持7点起床,22点睡觉并独立计划和完成作业。整个小学过程,无论是周末,还是寒暑假,我们从来没有体会过"催作业"的艰难历程,因为他从内心认可了学习是自己的事。

二、亲子共成长规则——榜样的力量

我们生活在一个信息爆炸的时代,各种电子产品成了生活的必需品,或者说是依赖品,不要说孩子,就是很多成年人也沉溺其中,难以自拔。我们不能避

免让自己和孩子接触这些科技产品,因为这是社会发展的总趋势,是时代的主旋律。为了解决这个"全球性"难题,新手爸妈和孩子共同努力,一起制订相应的规则——把握好使用电子产品的尺度并在亲子间形成有效的监督。我们可以一起看电视,但要挑选节目;我们可以一起打游戏,但要限制时间。时间长了,润物细无声,身教大于言传,孩子终于养成了"一诺千金"的品格。

三、阅读规则——开阔视野

从孩子会看绘本开始,就有意识地培养孩子的阅读兴趣。儿子很小的时候问我:"爸爸,为什么你的眼睛上有两个圈圈?"对于这个简单的问题,我并没有立即告诉他答案,而是去找了相关的绘本来与他一起阅读。诸如此类的事情发生得多了,孩子形成了一个意识:书籍不但可以回答他的问题,还可以满足他的好奇心,慢慢地他就养成了阅读的习惯。随着年龄增长,孩子对书籍类别的选择有了一定的倾向性,很多是我们不擅长或是没有涉猎的领域,我们真诚地请孩子做自己的老师,为我们普及他从书籍中获得的知识。

家庭是孩子成长的重要温床,父母是这个过程中不能缺席的园丁。年轻时曾经看过这样的一篇文章,作者是这样写的:在一块绿油油的瓜地里,果实和藤蔓纵横交错,使人眼花缭乱,我按捺不住好奇,详细近观那肥硕的瓜如何悬于如此纤细的藤。细细看时才发现,瓜竟被藤蔓紧锁出清晰可辨的两条勒痕,如此多的束缚,瓜如何成长?一种莫名的冲动使我忍不住要为它打开枷锁,一条、两条……只听"砰"的一声闷响,瓜重重地摔在地上,为成长画上了句号。我有些迷茫,更有些惋惜,但猛然间却如触电般清醒。我笑自己的无知,竟会以为藤蔓是瓜成长的羁绊,其实这才是瓜生命的支柱。我曾断定瓜选择藤蔓是对自己的折磨和虐待,却不知这更是对生的渴望,是最正确的选择。

点睛之笔:生活中很多看似束缚我们的规则,其实是生活正常运转和继续的基石。就像动车有了铁轨才能高速飞驰,飞机有了航线才能安全翱翔于高空,孩子的成长过程中有了规则,人生的轨迹才不会偏离。

榜样篇

身心有力量　为人方有章

昆明理工大学附属小学　桓无过爸爸　桓　靖

初为人父,我一直在想,我希望我的孩子是一个什么样的人。我有过很多答案:小时候我希望他是可爱快乐的孩子,长大一点儿我希望他是乐观开朗的孩子,上学以后我希望他是个学习自觉努力的孩子……我想终其一生,我更希望他是个有力量的孩子。

一、克服不良习惯,从加强身体力量入手

近几年孩子经常下意识咬衣服,为了解决这个问题,我们想了很多办法:求助医生、衣服涂抹辣椒水、高频率的提醒、惩罚……都没能改善,甚至越来越严重,伴随而来的就是注意力不能集中,对自己的控制能力越来越差,亲子关系也一度受到了挑战。今年初,本着提高孩子运动能力的目的,增加了两个运动类的兴趣班,晚上增加户外运动时间。一段时间以后,虽然还是和以前一样瘦,但孩子的身体能力明显有变化,更加惊喜的是孩子咬衣服的行为在没有其他干预的情况下几乎消失了。

这件事让我们意识到,之前解决孩子的问题,我们采取的都是用"堵"的方法,忽视了"疏导"的作用。加强身体力量的过程,消耗孩子身体能量,让孩子发生积极的身体和情绪反应,帮助孩子调节情绪,减少焦虑,增强自信。

二、换个角度,内心就充满了力量

在一节英语课上,为了鼓励学生,课程结束时老师会把作为教具的水果和蔬菜奖励给表现好的小朋友,孩子是个水果王,对水果非常期待,课堂表现也非常努力,遗憾的是轮到他去选奖品的时候,只剩下土豆了。

回家路上,感觉他有些失落,我就说:"你的表现很好,没得到水果确实有些

遗憾。那你觉得土豆和水果有什么区别吗?"他说:"土豆没有水果好吃呀。"我又问:"对你来说土豆确实不如水果好吃,那想想和水果比,土豆有优点吗?"我提示他:"想想我们看过的一部电影。"他想起了《火星救援》:"哦,对啊,火星救援里面的土豆让马克活了下来。"我接着说:"如果和水果比较,土豆可能确实没那么好吃,但它可以是一颗'种子',一颗可以在火星上发芽的'种子',这颗'种子'让马克活下来啦!"……

逐渐深入的对话,让孩子失望的情绪一扫而空,我们约定买一个大大的花盆,把这颗土豆种下去,种出很多很多的土豆。

生活中不如意的事情很多,我们应该如何面对,怎样把不利条件变成有利条件,怎样在失望中寻找希望,怎么换个角度看问题,这是我们也是孩子们一生都要面对的课题。我相信,当土豆所象征的这种无论在多么贫瘠的土壤里都能生根发芽的力量时刻陪伴在我们的孩子左右时,他们将无往不胜。

三、赋予力量,先要接纳脆弱

孩子一直喜欢和我玩打架游戏,为了增强对抗的强度,每次游戏,我都故意控制:他每次都无法脱身,也就一直没打赢过爸爸。我一直没觉得这样有什么问题,直到有一天,我们讨论一件事,他说:"爸爸,这个我不行。"我问他为什么会这样想,他说:"有些事情我就是不行。"

有一天,又和他玩打架游戏,玩着玩着突然想到他之前说"有些事我就是不行",紧接着,一个想法让我惊出一身冷汗:每次我都以绝对优势压制着他,导致他觉得自己不行。我的出发点是通过这种对抗,赋予他肢体力量和刚强性格,却忽视了孩子的脆弱。后来,我偶尔也会"打不过",还表扬他"一招制敌"的某个动作,说他的拳头更有力量了。

这件事我最大的感受是,父亲不能只关注正面的"力量教育",还要发现和包容孩子内心的脆弱,因为获取力量的本质过程是理解脆弱、尊重脆弱,进而克服脆弱。

点睛之笔:"身体力量"就像是一名将军,一路披荆斩棘,和孩子一起战斗,面对困难、积极斗争、取得胜利;"内心力量"更像一名宰相,帮孩子明事理、辨是非,辩证地看待人和事,学会接纳、学会思考、学会创造。要相信,只要我们的孩子"身体健康有力量,精神富足有力量",就能拥有属于自己的,获得幸福生活的能力和章法。

做个温柔如水的爸爸

昆明理工大学附属小学　叶子路爸爸　叶国华

一个看似寻常的夜晚,做完一天的科研,回到家我看到女儿在电视旁徘徊,便问:"作业写完了吗?"女儿说:"还没开始写。"听到这个回答,一股怒气急速窜入胸腔,声音不知不觉提高了好几个度:"那还看什么电视,赶紧去做作业!"女儿转过头,静静地看着我,足足有十几秒后说:"爸爸,你怎么这么凶?"随后转身进了她的房间。

我留在原地,女儿那句话虽然很轻,却如利刃刺向了我的心窝,声音如此之近,猛烈地敲打着我的内心。不知何时开始,我不知不觉用吼的教育方式对待女儿,耐心仿佛都在外面的世界耗光了。科研压缩了我陪伴她成长的时间,而在这不多的陪伴时间里,与女儿对话时,我像是站在云端呐喊,声音虽大,气势虽强,但是始终不能抵达女儿的内心,反而让女儿和自己越来越远。

一、对情绪保持觉醒

我们常常陷在周围的事情所引发的情绪涨跌中,忘却了坏情绪最不应该留给我们最亲最爱的孩子。关键原因在于我们的想法决定了我们的情绪,觉醒缺席,情绪控制了局面。

工作和生活的平衡点需要我们去探索,而在这一过程中对情绪保持觉醒是关键的一环。我们必须成长,才能陪孩子成长。我们需要设法意识到我们的情绪,体验它们、承认它们、与它们共存。这不仅能够让我们自己做情绪的主人,而且能够潜移默化地让我们的孩子学会掌控自己的情绪,而不是被情绪所掌控。

体会到这一点后,我慢慢开始察觉我的情绪。每当我带着适度的好奇心来留意不耐烦,它的性质就会开始发生变化,它的动能就会莫名减弱,它对人的控制就会放松。我逐渐开始控制了我的情绪,不被它所左右。此外,我抽空就会和孩子一起运动,或打球,或跑步,在挥洒汗水中释放压力,转换情绪。在运动过程中,也拉近了与孩子的距离。

二、与孩子有效沟通

说活方式可以改变父母和子女的关系,甚至可以改变世界。如果父母习惯了对孩子苛责怒吼,孩子长大后就容易把所有挑战、压力、批评,甚至一点点讨价还价,都视为道德问题,误会别人说的话、做的事,误认为对方的动机是不尊重自己。

因此,和孩子实现有效沟通对于改善家长与孩子的关系、更好地陪伴孩子成长等具有关键性的作用。而实现有效沟通的方法之一便是予以温柔。父母如果能学会温柔地讲话,而不是发号施令、指责怒吼的"大棒"方法,对处于第二次叛逆期(7~9岁之间)的孩子的健康成长会有莫大的帮助。

自从改变了和孩子的沟通方式,遇到冲突时,我会调动自己先处理好氛围和情绪,温柔地说出孩子此刻的感受,表达对她的理解,慢慢地就实现了有效沟通,孩子更愿意跟我交谈了,也更加上进了。

三、做个温柔如水的爸爸

在孩子成长过程中,大部分家庭都是母爱温柔如水,父爱坚毅如山,而经过情绪的觉醒,我决心做个温柔如水的爸爸。孩子,尤其是女儿,童年时期对父亲有一种油然而生的"崇拜",父亲对孩子的影响是根深蒂固的。正如著名"宋氏三姐妹"的父亲宋耀如,他对三个女儿做足了温柔,也正是他那种不粗暴、温柔细腻的性格培养出了20世纪中国最显耀的女孩。

给孩子以耐心,给时光以温柔。现在我和女儿逐渐进行着有效沟通,我也正在努力并享受着做一个温柔如水的爸爸。水消失于水,温柔有不一样的力量和光彩。沿着光的台阶,才能照亮孩子的内心,更好地见证孩子的成长。

点睛之笔：在适应现代社会的过程中，家长需要给孩子的是知识、耐心和爱。要有耐心，先改变自己，让自己变成一个会好好说话、有温柔态度、能发现别人的亮点，能给予别人鼓励、温暖和爱的人，给孩子做一个好的榜样，向孩子传递正能量，帮助孩子树立正确的人生信念。

做一个引领孩子的好爸爸

昆明理工大学附属小学　陈煦扬爸爸　陈　乾

我们每一个人的成长过程中，都会受到一些人或事的影响。所谓"近朱者赤，近墨者黑"，好的榜样可以激励我们的斗志，指引我们的人生方向。

我的孩子陈煦扬只是个普通的小学生，但身边的同学各有亮点，有的自信，有的乐观，有的独立，有的爱阅读，有的会交往，我常常跟他说，如果你能从身边的好榜样中吸收这些优良品质，那你一定会非常优秀。

一、外公外婆对我的影响

小时候，因为爸爸妈妈工作在外地，十岁以前我一直是跟外公外婆住在农村，外公外婆文化层次不高，没有教我什么大道理，也没怎么指导过我的学习。现在回忆起来，除了外婆经常念叨的那句"村子太小啦，你长大以后要出去看看"，我甚至已经想不起他们还对我说过什么了，但外公的勤劳、执着、坚韧，外婆的温暖、豁达，我至今记忆犹新。后来我走出农村，去西安读大学，去厦门读研究生，去上海找到一份可以经常出差的工作并一直干到现在。这些年一路走南闯北未曾停歇，都源自于外婆的那句"长大以后要出去看看"。其中艰辛可想而知，但每临困境总能迎刃而解，这些都离不开外公外婆那些优秀品质对我潜移默化的影响。长大以后，每当想起外公外婆对我的影响，我都深怀感激，也会暗暗对自己说，一定要做孩子的好榜样。

二、我对孩子的影响

我现在的工作是帮助企业上市融资,客户在哪里我就去哪里,所以经常会出差到全国各地,坐飞机、住酒店,陈煦扬就特别羡慕,他从小就特别喜欢出去旅游,很喜欢坐飞机、住酒店。去年暑假,我找了个机会带着他一起出差,一路去了杭州、西安、银川等地,回来以后我又拿着中国地图告诉他昆明在哪里,我们去了哪里,让他看到祖国多么辽阔,我们走了多远。他非常兴奋,就说长大以后就要做跟我一样的工作。然后我就跟他说:"儿子,你是不是觉得爸爸这份工作特别好?"他回答说:"是的!"我又问:"那么一份工作如果大家都想去做,应该选谁去做呢?"他思考了一会儿没说话。我就跟他说:"如果大家都想做这份工作,那是不是要选择其中最优秀的人来做这些?"他想了想,同意我的观点。然后我就接着跟他说,如果他想长大以后选择自己想做的工作,就需要现在多努力一些,好好学习,考上一个好大学,那样才会有更多选择命运的能力和机会。

从那以后,我发现陈煦扬学习、阅读各方面都比以前自觉了。陈煦扬还有个弟弟,以前如果我们不管,他们俩一有时间就在一起玩,自从陈煦扬开始主动学习、阅读,弟弟似乎也长大了一些,在哥哥独自学习、阅读的时候,他也会自觉去温习他的功课。每每看到这些,我还是感觉很欣慰,自己终究没有给孩子做一个坏榜样。有句话说"父亲是孩子最好的榜样,决定了孩子的人生格局",我一直牢记在心,在日常生活中努力展现最好的自己,发挥我的榜样力量,引领孩子成长。

点睛之笔:孩子的一生很漫长,榜样的力量也很巨大,老师是学生的榜样,父母是孩子的榜样,哥哥是弟弟的榜样,上古先贤是中华儿女的榜样,有榜样的地方就有进步的力量,就有梦想在飞翔。在漫长的一生中,我们要有一双发现美的眼睛,学习、吸收并传承榜样的力量,以微小之己身,创宏伟之未来。

我们一起长大吧

昆明理工大学附属小学　马王博涵爸爸　王　磊

2014年的11月4日,我的名字从这天起被马王博涵爸爸取代了,他的到来让我既激动又忐忑。他是早产儿,小小的他睡在保温箱里,看着瘦弱但哭声洪亮的他,我和他妈妈都相信,这会是一个乐观开朗的男孩子。

一、责任与担当

4岁之前的博涵,因为先天性鳃裂瘘管,经历了2次手术。为医治孩子,妈妈几乎暂停了工作,每次手术切开引流时博涵妈妈都紧紧抱着他,我知道博涵妈妈内心也是崩溃的。作为他们的支撑,我包下了一切家务,工作之余到医院陪着他们,在病房里完成工作,第二天又从病房回到工作岗位。那段时间很累,但是我很感恩,孩子在我们的陪伴下,没有因为疾病有过一丝的害怕,他能自己走进手术室跟我们挥挥手,勇敢地对我们说:"生了病吃了药就好啦!"也会跟我们说:"以后我要和妈妈一样做一个医生,要治疗全家的疾病。"

二、学习与坚持

6岁的博涵开始对天文学感兴趣,我买了很多书给他,那些知识都很难懂,我带着他一起做模型,坚持自己先学会再用简单易懂的语言告诉他。星系、黑洞、夸克、粒子、反物质、时间箭头,每天我都坚持学一点儿,他都坚持听,一遍不懂听第二遍,现在他能骄傲地说:"爸爸,我学了很多妈妈都不知道的知识呢,妈妈听都听不懂呢!"

听得多不如看得多,我们给他买了天文望远镜,这个东西真是看着简单操作难,我也是研究了很长时间才能对准星星,只要天气允许,我们就在阳台或者小区下面记录看见的星球,第一次看见环形山的博涵高兴坏了,他把看见的行星都画在本子上,他告诉我这个要作为他的第一个科学实验记录。

坚持在博涵幼小的心灵中开始发芽,现在才7岁的他,只要选择的事情,无论是学习还是课外活动,他都会坚持,虽然过程当中会有想放弃的念头,但是最后他会对我说:"爸爸接着做呗!"

三、生活里寻找阳光

学习是孩子生命中不可缺少的重要组成,但是健康和快乐才是父母对孩子最大的希望,我很重视孩子性格的养成。我是一个临床医学检验设备应用工程师,大多数时候对着的都是枯燥的机器和数据,可是在与儿子的沟通中,我会带着他寻找乐趣。博涵妈妈给他讲免疫系统的故事,我带他在显微镜下看白细胞和红细胞的形态,小朋友的世界被打开了,他知道了显微镜下的世界有多精彩,知道免疫细胞的作用,发烧的时候,他不发愁,他想着我的白细胞、中性粒细胞在和细菌病毒打仗呢。因为发现学习里面的乐趣,所以才能更坚持。

四、建立规则

博涵从小就很贪玩,于是从上学开始,我们就共同制订作息制度。我告诉他,爸爸也会贪玩的,工作累了也喜欢玩游戏,听到爸爸也贪玩,博涵轻松了,说我也要玩和平精英,我马上和他制订半小时游戏时间,时间一到,妈妈就把各自的平板电脑收起来,如果超时就要做家务。一开始,博涵很难做到半小时就停下来,妈妈去收平板电脑也很困难,孩子一哭,妈妈也就心软了,这样规则就不起作用了。一次,我故意多玩了十分钟,然后把平板电脑交给妈妈,自己去扫地。经过了几次,博涵知道了,要学会遵守规则,慢慢地他自己会看着墙上的时钟,时间一到就放下平板电脑去做其他事情。

这个调皮的小男孩,还有很多毛病,但是我很欣慰,他不说谎、讲规则,虽然调皮但依然坚持他的梦想。这个调皮的小男孩,在学习上比我努力,他说他要考清华大学,要和妈妈一样读博士,和爸爸一样做榜样。我很感恩我有这样的儿子,是他让我做更好的自己,让我真正地把榜样的力量成就在自己儿子的身上,修正自己的很多毛病,希望在未来的日子,我一如既往地当一个榜样爸爸,当一个温暖爸爸。

点睛之笔:父亲勇敢独立,孩子就学会了坚强无畏,父亲意志坚定,孩子就学会了百折不挠,父亲俯下身子,孩子就学会了探索未知;父亲是非分明,孩子就学会了坚持原则。榜样父亲,更是温暖的父亲。

父亲该有的样子

昆明理工大学附属小学　董舒浩爸爸　董　伟

在家庭教育中,父亲的力量是强大的。一个父亲应该要做孩子的人生导师,成为孩子的榜样。对待男孩子时,父亲要带领男孩子积极探险,给他们树立勇敢的榜样。养育孩子应该家庭全员参与,夫妻双方应该共同承担孩子成长的各个部分,分工明确,这是一个正常且完整的模式。对于孩子来说,如果父亲陪伴太少,容易缺乏安全感。一家人其实是一个集体,如果父亲角色感不足,会导致孩子和父母之间的关系不平衡。

首先是积极向上的生活态度。当遇到问题时,父亲是怎样对待、思考、处理的,会对孩子形成影响。父亲对事情的积极乐观的态度也会影响到孩子。当家庭遇到困难时,爸爸是愁眉苦脸、怨天尤人,还是积极主动承担、解决,这对孩子的影响是巨大的。没有父亲的陪伴,孩子会没有榜样的带动,或者说对孩子没有引领,孩子自己就不知道是非对错,在成长过程中,也得不到来自父亲的认可评价,孩子自己的自我价值感就会降低,就会容易迷恋于某一种或某一项事物。其次,父亲带孩子没有很多条条框框的要求,因为父亲一般更倾向于去冒险,所以能让孩子更乐于去接受挑战,尝试很多没有做过的事情,时间长了孩子的性格就会比较开朗、外向。

像我们在陪伴孩子学习的过程中,有时候孩子会有厌学的情绪,孩子妈妈会忍不住发火,在这样的氛围下,我的情绪也会被影响,就跟着发脾气。但是事后看来,孩子只有一肚子的委屈,我们的所谓教育也没有起到多少作用。后来,经过思考,我觉得自己要有耐心,静下心来科学地引导孩子。孩子的母亲也认识到了这一点,总是会耐心地教育孩子。

在现实生活当中,很多妈妈独自承担着教育孩子的责任,而爸爸整日忙于工作,导致父爱严重缺席。越来越多的研究发现,爸爸在孩子的成长过程中是一个不可替代的重要角色。妈妈的爱细腻温柔,而爸爸的爱一般比较粗犷深沉,两者表达的方式不同,孩子的感受也会不同。因此,家庭教育不只是妈妈的事,有父亲参与的家庭教育才算完美。我认为以下几个方面比较重要。

一、把握父亲的角色定位

在孩子的成长过程中,父亲所特有的独立、自信、宽容、坚强、果敢等性格,在很大程度上影响着孩子的情绪管理、自我认同、身体协调与运动、探究与专注等,会潜移默化地影响孩子性格的形成和人格的发展。

二、重视父亲的教育力量

心理学家格尔迪曾说:"父亲是一种独特的存在,对培养孩子有一种特别的力量。"在孩子的成长过程中,父亲的存在和无声的父爱是孩子心理和个性发展的重要力量。再好的母亲也无法替代父亲在孩子成长中的重要作用。

父亲对孩子的教育主要体现在两个方面:一是规则教育。与母亲相比,父亲往往更注重立规矩,即孩子会从父亲那里学会如何建立规则。二是形成性别意识。在成长过程中,男孩会模仿父亲的角色和行为,形成自己的性别意识。在孩子的成长过程中,父亲的存在不一定体现在时时刻刻,而是在孩子人生的重大时刻"在场",或者给孩子最大的支持和理解,或者引领他们走出更加精彩的人生。因此,"当一位好父亲,不仅需要激情投入,更需要教育理论的武装,教育方法与教育艺术的锤炼"。

三、发挥父亲的影响力

作为孩子生命中的"重要他人",父亲的格局决定着孩子未来能够抵达的高度。父亲粗犷的爱,是孩子认识世界的价值取向;父亲的男子汉气概,是影响孩子性格形成的关键因素;父亲广阔的视野、丰富的知识,是孩子认知能力发展的重要源泉;父亲的言谈举止、举手投足,含蓄地传递着对子女的关爱和影响。

所以,一位合格的父亲一定不要缺席孩子的成长,要带领孩子去认识更广阔的世界,成为他在艰难时刻的坚强支撑。这是父亲在孩子成长过程中应有的作用。

四、父母相互补位,发挥优势,互相扶持

父母在教育孩子过程中的角色定位不一样,各有分工和职责,但相互补位

却是非常必要的。比如,母亲在教育孩子的时候喜欢晓之以理动之以情,而父亲更喜欢用事实和行动来验证一件事的可行性,看起来更加理性,两者互相配合与补充,则可能发挥"1+1>2"的效果。

点睛之笔:这是一位智慧的父亲,从角色定位、榜样引领、言传身教、父母补位几方面给了孩子积极正向的影响,在孩子眼中就是一位"力量爸爸"。

做孩子成长路上的榜样和引路人

昆明理工大学附属小学　田梓涵爸爸　田国才

父母是孩子最好的榜样。从孩子出生起,父母的言行举止就成为孩子模仿的对象,对其一生有深远影响。父母持续完善、言传身教、以身作则、率先垂范成为孩子成长路上的榜样和引路人,这就是最好的教育。

一、言传身教做行为习惯和品格养成的引路人

良好行为习惯是学习和健全人格的基础,更是走向成功的阶梯。我们一直注重孩子行为习惯和品格的养成,注重言传身教,注重与孩子共同学习、相互监督、互相促进、一同进步。生活是最好的老师。我们注重从生活点滴、身边小事、名人轶事和典型事例中引导和培养田梓涵待人接物的态度、生活技能、良好行为习惯和品格。从她小时候起,我们就实行了行为习惯养成晴雨表制度。我们一起讨论制定要求、奖罚细则及各项分值,把孩子最想获得的东西如玩具、货币、陪伴、美食、旅游活动等根据价值量化设定为不同心愿,当孩子积分达到对应分值就可以实现相应心愿。通过这些方法,她逐步形成了自己能做的事自己做、自己的事情自己做的行为习惯和良好品格,同时也体会到了收获成功的喜悦和付出努力的艰辛。

二、以身作则做勤奋学习持之以恒的好典范

我们坚持用自己的行动给孩子做典范,引导和培养她的学习能力和持之以

恒、锲而不舍的毅力。坚持给她最好的陪伴,尽力做到每天接送她并陪伴学习。每周至少留出一整天空闲时间陪伴她,或一起学习不断提升,或阅读分享交流思想,或外出踏青亲近大自然,让她感受生活的美好,进而激发学习兴趣,让她爱上学习。我们为她营造了一个相对独立和安静的学习环境以及父母带头、共同学习、一起进步的学习氛围。坚持做到远离电视、手机等电子产品,与孩子一起专心学习、阅读和探讨相关问题。我们及时更新知识体系,加强与老师沟通,及时掌握学校班级动态,拉近与她的距离,做她生活中的"贴心人",心中的"百事通"和眼中"无所不能的蜘蛛侠"。在她遇到困难挫折时,我们告诉她不要害怕,不要放弃,父母和老师永远是她坚强的后盾,引导她主动思考并共同想办法解决问题。粗心是她最大的问题,考试成绩经常与她自己的实力相差甚远,但试卷拿来她立刻就知道错在哪里。对此,我们告诉她考完结果就定了,这是无法改变的既定事实,后悔伤心都没有用,唯一能做的就是找到问题根源并消灭它,今后不再犯。随后,我们一起分析涉及知识点、解题思路,整理成顺口溜,锲而不舍地整改。这样一来,她成绩和自信心有了提高,收获了学习方法,学会了如何面对和解决问题。

三、率先垂范做细致严谨敢于担当的表率

我将自己多年来形成的坚持原则、勤奋踏实、细致严谨和认真负责精神,自觉地融入了她的教育中,体现在她学习的各环节。捏笔、占格、一笔一画、整齐规范等都细致要求,逐一示范、反复演练,不达要求决不放手。开始她觉得很痛苦,但当付出获得老师们的肯定和表扬时,她非常开心,也明白了父母的用心。这让她更加认识到只有付出才有可能成功,形成了认真做事、负责到底的行为自觉。当她犯错时,坚持原则,要求她勇于承认错误,自愿接受惩罚并协助她改正。如果父母错了就当面主动认错改错并接受她提出的合理处罚,让她心服口服,做敢于担当、知错就改的榜样。

态度决定一切,细节决定成败,行动成就未来。现在做的一切,在未来都会有所体现。父母应该不断完善自己,做孩子成长过程中的好榜样。滴水穿石,非一日之功,持之以恒,方能善始善终,孩子的教育永远在路上,与大家共勉。

点睛之笔：父母是孩子的镜子，孩子是父母的影子。父母是孩子成长过程中的榜样和引路人。在孩子习惯和品格养成、学习态度和方式、待人处事等方面，父母的言传身教、以身作则、率先垂范是对孩子最直接和最好的教育。

榜样是最好的教科书

昆明理工大学附属小学　殷朱辰爸爸　殷勤红

榜样是最好的教科书，蕴藏着无穷的激励力量。在给陕西照金北梁红军小学学生回信时，习近平总书记嘱咐孩子们"多向英雄模范人物学习，热爱党、热爱祖国、热爱人民，用实际行动把红色基因一代代传下去"。在家庭教育中，我们要用好榜样人物这本"活教材"，教育引导孩子向先进人物学习，向榜样模范看齐，让德育真正融入家庭教育之中。结合朱辰的成长路径，下面主要从四个方面介绍如何帮孩子树立学习的榜样。

一、利用学校向身边优秀者学习

在幸福附小，在阳光四班，我们有幸遇到了一群优秀的孩子，他们每个人都是朱辰心中需要学习的榜样，有聪明伶俐的"机灵鬼"，有乐于助人的"热心肠"，有慧心巧思的"小天才"，有矫健敏捷的"小飞侠"，个个都身怀绝技，出手不凡。作为父母，难免会把班里优秀的同学当作努力追赶的榜样，这需要我们掌握好技巧，拿捏好分寸，千万不可单纯地对比孰强孰弱，尺有所短，寸有所长，每个孩子都是独一无二的，每个孩子都有自己的闪光之处。在给孩子树立学习榜样和赶超对象之时，一定要正面鼓励与正向激励，让孩子正视不足的同时更能自信地找到努力的目标与方向。在一年级的时候，一次偶然机会看到同班小杨同学的书法作品，我们都大吃一惊，大为赞赏，并鼓励孩子书写要注意空间布局和笔锋变化，书写水平肯定可以更上一层楼。之后的三年里，朱辰努力向小杨同学学习，从握笔姿势，到运笔细节，一步一个脚印，扎扎实实，坚持不懈，个人的书写水平得到了极大的提高。

二、利用时事向杰出奋斗者学习

学习奋斗精神,弘扬爱国情怀,树立远大理想,展现自信阳光。2022年6月17日上午,中国第三艘航空母舰、首艘弹射型航母福建舰横空出世。这一刻,我们都热血沸腾。利用时事热点,我给朱辰讲起了我国最年轻的航母设计师、被誉为"国宝级天才"的王硕威科技报国的感人事迹,讲起了仅用10年时间就掌握了美国用21年时间才掌握的世界最尖端电磁弹射技术、最年轻院士马伟明科技强国的动人故事。听完福建舰背后的小故事,朱辰也明白了一个道理,这些先进榜样是她应该学习的楷模,才是她应该追的"明星"。

三、利用热点新闻向时代楷模学习

榜样是一种力量,彰显提高;榜样是一面旗帜,鼓舞斗志;榜样是一座灯塔,指引方向。2021年5月22日"杂交水稻之父"、中国工程院院士、"共和国勋章"获得者袁隆平在湖南长沙逝世,引全体国人悲恸。当天下午,我们一起收看了央视电影频道播放的电影《袁隆平》,告诉孩子要努力学习,报效国家,将袁爷爷的禾下乘凉梦实现并延续;晚上,我们一家三口在餐桌上聊起了父辈经历缺衣少食的年代,告诉孩子以前的生活有多么的不容易,如今的幸福生活又是由多少老前辈勤奋研究所铸就的。自此以后,孩子每餐都会好好吃饭,绝不剩饭。

四、利用红色资源向革命前辈学习

党的百年历史,波澜壮阔,历久弥坚,多了解中国革命、建设、改革的历史知识,多向英雄模范人物学习,才能更好筑牢孩子的理想之基、信念之塔。寒暑假期间,我们旅行的每一个地点,总有一站是红色教育基地。回到武汉,我们一定会到"八七会议"旧址瞻仰;回到安顺,我们一定会到王若飞故居参观;来到北京,我们一定会到天安门广场参加升国旗仪式。周末空闲时间,我们也会带着孩子来到昆明抗战胜利纪念堂、云南陆军讲武堂、国立西南联合大学旧址、朱德旧居等地,一路游、一路学、一路受教育,让孩子也更加珍惜时光,努力学习,将来做对国家、对人民、对社会有用的人。

榜样的力量是无穷的。榜样是一种向上的力量,是一面镜子,是一面旗帜,有了榜样就有了努力的方向,让榜样真正成为孩子前行的灯塔,让精神灯塔照亮孩子前行的道路!

点睛之笔:千里之行,始于足下。每个人的生活都是由一件件小事组成的,养小德才能成大德。榜样的力量是无穷的,孩子们要把榜样树立为心中的标杆,向他们看齐,砥砺品德,陶冶情操,引导孩子们扣好人生第一粒扣子,成为建设美丽家乡和伟大祖国的有用之才、栋梁之材。

以诚律己　以信育子

昆明理工大学附属小学　钱嘉宁爸爸　钱文斌

曾子烹彘

《韩非子·外储说左上》

曾子之妻之市,其子随之而泣。其母曰:"女还,顾反为女杀彘。"妻适市来,曾子欲捕彘杀之,妻止之曰:"特与婴儿戏耳。"曾子曰:"婴儿非与戏也。婴儿非有智也,待父母而学者也,听父母之教。今子欺之,是教子欺也。母欺子,子而不信其母,非所以成教也。"遂烹彘也。

两千多年前,师从孔子的曾参用一头猪的代价给儿子上了一堂关于诚信的课。几十年后,曾子的儿子曾申收了一个学生叫吴起,后因吴起拒绝为母奔丧,曾申以违背孝道为由和吴起断绝了师生关系。又过了两百多年,韩非子记录了这个故事。这只是曾子诚信育儿的一个片段,却传承了两千多年,足见家庭对诚信教育的重大影响。

诚信是一个大课题,从字面拆开是"诚实"和"守信",这是两个不同逻辑的词汇,在家庭教育上需要区别对待。

一、诚实

教育小孩诚实,首先要清楚小孩为什么会不诚实。

有一天,钱嘉宁把应在学校做完上交的课堂作业带回了家,说老师没有收,过了几天,老师在家长群里说有同学经常完不成课堂作业,希望家长配合教育。在我的追问下,她承认作业没做完,怕我生气惩罚她,就说老师没有收。

我梳理了这个事情:因为没做完作业怕惩罚才隐瞒,因为习惯性拖延导致没做完,而拖延又是因为没有时间观念。生物都有"利己意识",当外界因素可能对自己产生不利影响时,生物会用利己行为来保护自己,钱嘉宁只是想保护自己不被惩罚。

所以,教育小孩诚实,不能一味强调"要诚实,不然惩罚你"或灌输诚实的道理和故事。要深入到小孩的生活、学习中,帮她解决各个环节的困难,当她面对这些困难可以保护自己时,就不会隐瞒了,从而达到教育诚实的目的。

二、守信

守信也就是说话算话,从行为逻辑上是先承诺,然后兑现承诺。但因为年龄太小,小孩的承诺很少考虑必须完成的责任心和能否完成的评估。经历了很多不成功案例后,守信的教育我总结为:一不二坚持。

"一不"是不要刻意强调守信。

过度强调守信,小孩会理解偏差。某天钱嘉宁跟我说,第二天她要和同学一起去公园玩,但她第二天要去上兴趣班,在我拒绝以后,她反问,不是你教我要说话算话吗?所以在对责任心、是非对错观、执行能力等方面还需要多方教育的前提下过早强调守信,会造成小孩概念混乱,适得其反。

"二坚持"是坚持以身作则和坚持用引导的方式去培养守信。

坚持以身作则,在面对孩子的时候尽量信守承诺;要么不答应,答应就一定兑现。我对钱嘉宁基本做到了守信,说好的奖惩从不忘记、敷衍。而她妈妈,在奖励上会选择她觉得合适的兑现,惩罚上更多是说大于做,有时候于心不忍就算了。两种方式并行几年形成了一个现象:同一件事情,妈妈要说半天,钱嘉宁才会去做,而我很快就能和她达成共识。所以坚持以身作则就能和小朋友形成一种良性的默契。反之,你再三做出无法兑现的承诺,小孩并不会觉得你是对她好,而且还会学到这个"技能"。

坚持用引导的方式去培养守信。一直以来家里采取了很多激励方式来引导孩子,以期达到对生活学习习惯的调整,但收效甚微。后来受学校执行的"思学币"启发,我们设立了"家庭币"。规则的奖惩覆盖了她这一阶段所需要培养的绝大部分学习生活习惯,钱嘉宁在明确做到什么可以得几分,没做到会被扣分之后也表现出了极大的兴趣,在学习生活上表现出极大的积极性,以前答应却没做到的事,现在不仅做到了,还会超出预期。

点睛之笔:诚信是一道光,照亮了几千年的中国历史。诚信是道德的体现,不诚信却是家庭教育缺失的体现。孩子体现出来所有问题都是家长教育的成果,小孩对诚信知行程度,取往往决于家长的诚信高度。我坚信只要家长以身作则践行诚信,孩子一定能"以诚待人,以信立身"。

做一个有责任的"力量爸爸"

昆明理工大学附属小学　潘昱彤爸爸　潘　辉

我们家的孩子在昆明理工大学附属小学读五年级了,在不知不觉中,孩子长大了。晚上,孩子的妈妈盯着我的脸看了半天,冷不丁冒出一句话:"你怎么搞的,怎么胡子都变白啦?"话不重,但确实吓了一跳。是的,胡子都变白啦!看着我愣神儿的样子,孩子妈妈扑哧笑了:"难怪,孩子长大了,你的胡子也陪伴着孩子变白了。我觉得挺好看的,没事!"

往事历历在目,陪伴孩子一路走来,确实很辛苦,但心里甜甜的。不知道爸爸妈妈们有没有感触,每天陪伴着孩子忙忙碌碌,都不记得当初自己的模样了。个人爱好也只能先放一放,朋友聚会也只能是见缝插针,一句话,为了孩子!我们家人挺忙的,特别是孩子的妈妈。作为一名医务工作者,很多时候,她的时间都留给了医院,留给了患者。陪伴和教育孩子是爸爸妈妈必须要尽到的义务和责任。"扣好人生的第一粒扣子",话虽不长,但包含的内容实在是太多太多。作为爸爸,虽然有些粗枝大叶,也有些马虎大意,但爸爸可是男子汉!于是乎,接送孩子、洗衣做饭、拖地抹桌、刷锅洗碗……太多太多,一时半会儿还真记不住了,但也是风风火火、义无反顾,痛并快乐着。最重要的是需要陪伴孩子成长。

记得孩子刚读一年级的时候,是那么的活泼可爱,瞪着两只黑黝黝的大眼睛,一天问这问那。记得有一段时间,孩子和妈妈给我取了个外号——"十万个为什么"。哈哈,你们可不知道,作为爸爸的我,身后藏着一本书呢! 对了,有魅力的爸爸是会收拾家务,把家里打扫干净的爸爸,还是一个能讲故事,随时找到袜子、文具、画板、头花、玩具、衣物的全能爸爸。于是乎,每天凌乱的家务,储物盒、收纳箱、抽屉、书柜、衣柜……孩子找不着的东西,爸爸全包了!

随着孩子年龄的增长,陪伴有了新的内涵,"力量爸爸"也需要升级改版啦。我们家是小女孩,看着孩子一天天长大,想法一天天多了起来。生生"小闷气",发发"小脾气",还学会了赌气不理人。作为爸爸,有的时候真是"两眼星星",一筹莫展。孩子的妈妈要求是严格的,从小就给孩子定下规矩,告诉孩子想要的东西必须要靠自己努力才能得到。潜移默化中,孩子也逐渐明白了劳动的辛苦,勤俭节约的光荣。每天妈妈才到楼下,孩子就会到楼梯口等着妈妈,打招呼,抱抱妈妈。当然,在孩子不听话的时候,妈妈基本是板着脸,一就是一,二就是二。这个时候,爸爸可不能闲着,基本是唱唱"红脸",缓解下气氛,勇敢当个"炮灰"。最终的目的,是要让孩子明白错在什么地方,明白爸爸妈妈的良苦用心。同时,在孩子成长的道路上,家校共育也是重要的一个环节。昆明理工大学附属小学的老师是充满事业心、责任感和爱心的专业团队。学校经常性地组织开展讲座、学习、交流,教师经常性地家访和沟通,让爸爸妈妈能够及时了解孩子的在校情况,及时了解孩子在家里的学习情况,让孩子在良好的育人环境中茁壮成长。这个时候,爸爸的笔记本总是满满当当,密密麻麻,"力量爸爸"可不好当。在日常生活中,作为爸爸的我没少被孩子的妈妈教育,时间长了,孩子也会教育爸爸啦! 有的时候想想,是不是孩子长大了,爸爸变小了呢? 当被批评的时候,作为有担当、负责任的爸爸,可要耐住性子、俯下身子、当好"孺子牛",谁叫咱们是爸爸,而且是有力量的爸爸。

最后,忽然想起孩子上学期写的一篇作文,《父爱也是伟大的》。孩子写道:"把母爱比作是一枝盛开的百合,在每个角落盛开着迷人的芬芳。父爱不是这样的,父爱如同一枝茉莉,在角落中默默地吐出清新的气息。"在作文中,孩子大胆地把她眼中的爸爸做了一个客观、真实的展现。作为爸爸的我看下来真是脸红耳赤、汗流浃背。最后,孩子写道:"伟大的父爱让我不怕困难,勇敢前进。爸爸,我爱你!"此时此刻,看着孩子情真意切的话语,自己真是心潮澎湃,情难自已。老话常说,父母是孩子最好的老师,作为爸爸,也许我们在陪伴孩子的路上需要清醒地不断充电和调整自己。但是,看着孩子快乐、健康、茁壮地成长,再苦再累,我觉得都是必需的,是值得的!所以,要成为孩子眼中的"力量爸爸",就需要不断地加强自身学习,提高育儿本领,时时刻刻陪伴孩子跋山涉水、翻山越岭、勇敢前行,用自己的一言一行,做一个有力量的好爸爸!

点睛之笔:时间都去哪儿了?在不经意间,孩子长大了,父母变老了,这是自然规律。父亲在文中写出了自己的所见、所闻、所思、所感,情真意切,孩子的健康成长就是"力量爸爸"最好的体现。

家教好方法　培养好孩子

昆明理工大学附属小学　黄宇睿爸爸　黄　韬

宇睿现在是一个开朗、自信、爱学习的孩子。可是四年前的他是另外一个模样:不与他人沟通、爱发脾气、没耐心。为什么孩子的表现有这么大的反差?请大家来听听我们的故事。

一、父亲不懂教育,孩子状态差

时间回到四年前,孩子还在上幼儿园小班。一天下午,我去接孩子放学,宇睿的老师跟我反映,孩子在幼儿园不跟老师和其他同学讲话,太内向,希望我们家长能够重视。老师讲完这个情况之后我陷入了深深的焦虑……为什么孩子会这样?要怎么改变?

我开始在自己身上找原因,回忆和孩子相处的一幕幕:记得有一次,带儿子外出,开车回到家,儿子拿着玩具飞机在车身上滑行,车漆上出现一道划痕,我见到这幕,心疼车漆被划伤,很愤怒,走过去抓起儿子的衣领,威胁儿子:"你再敢这样我就收拾你。"孩子被吓哭。

还有一次,我们一家外出返回到车库,车停好后,让儿子下车,儿子不下车,依然坐在车里,看到儿子不听我的,我极度生气,又没有办法,"咚"的一声!我把车门重重地关上,发泄对儿子的不满。这样做完之后,冷静下来,我也挺后悔的,我反问自己,我就只能用这样简单粗暴的方式的来教育儿子吗?摔完车门,冷静下来后我走回去看儿子,我看到儿子一脸茫然、不知所措,看到我时,眼神极度冷漠。

我意识到,虽然我在工作上表现很棒,但是对于教育孩子,我是个门外汉,甚至无知。孩子不和老师、同学讲话的原因就在我身上。

二、改变孩子,父母先改变

也是从这个时候开始,我决定要学习好的家庭教育方法,让孩子的状态好起来。于是,我走上了学习成长之路,利用业余时间学习家庭教育(上课和看书)。就这样,持续学习了3年。

慢慢地我变了,变得比以前有耐心、情绪稳定、懂得如何跟孩子说话(哪些话该说,哪些话不能说)。慢慢地孩子也感受到爸爸比以前温和、耐心了,他自己的状态也好起来。

三、运用好方法,培养好孩子

通过学习,我发现,原来要把孩子教育好是有智慧的,而且要把这些智慧运用到生活中:

(一)父母情绪要稳定

父母情绪稳定的好处是:首先孩子会模仿父母处理问题时的样子,想要孩子有好的人际关系,父母首先要让自己有一个稳定的情绪,情绪稳定下来了,面对关系和问题才能找出理性、合适的方法。孩子表现好的时候父母情绪稳定容易做到,但是孩子表现不好或犯错误时,有些父母会暴跳如雷,跟父母自身缺乏心理营养以及原生家庭有关,需要给自己补足心理营养。

（二）多陪伴孩子，关注细节

父母最好和孩子生活在一起，这样父母能及时观察到孩子的情况，在他需要支持的时候给予帮助，在他有不恰当行为时及时纠正。这样孩子会成长得更好。

（三）父母要找到孩子的天赋，并给予支持

父母帮助孩子找到天赋特长的意义在于，能把孩子的优势和特长最大限度地发挥出来，让孩子通过不断练习，在某个领域越做越好，不断获得成就感，这能增加孩子的自信心。

（四）父母做好身教、境教

人们常说：身教大于言传，孩子会模仿父母的行为，我在孩子面前看书、画画、写字，经常这样做之后，孩子也爱看书、写字、画画。人是环境的产物，在什么样的环境，人就会做出与之匹配的行为。做好境教（在家里布置书柜、多摆书、放字画），孩子受熏陶，自然爱看书、学习。

点睛之笔：成为父母，给了我们第二次成长的机会。发现自己的不足，是一种觉察，也是一份觉醒：我们给不了孩子自己没有的东西。想要孩子更好，父母需要先成长。经过一番努力付出，收获一份教育的智慧：情绪稳定、耐心、陪伴、支持是给自己和孩子最好的滋养。

陪伴篇

与孩子共同阅读

昆明理工大学附属小学　杨沄赫爸爸　杨春立

阅读！是我们平素生活的常态。

持续、大量、精深地阅读，其重要性我们都知晓。我们幼儿时期就开始阅读，从拼音、字母、数字到汉字和其他语种单词的卡片，再到各种形式多个语种的绘本,直至多语种的、形式多样的纯文字书籍,人的一生都在阅读,只是阅读量和持续性及精深度各有不同。在孩子的儿童阶段给孩子培养阅读习惯,给孩子输送阅读的力量非常重要。

怎样给予孩子阅读的力量？父母与孩子共同阅读,是妥帖有效的方法,父亲与孩子共同阅读更重要,孩子在内心深处认同父亲是伙伴时,更喜欢与父亲共享时光。与孩子共同阅读的时段要早,创造阅读环境是必要的,还要选择规范的阅读方式,更要快乐地阅读。

一、共同阅读的时段要早

幼儿时期爸爸每天要坚持给孩子读故事,爸爸的声音更能吸引孩子。绘本阶段尤其重要,每天坚持同孩子一起阅读,不是读给孩子听,一定要声情并茂,一人一句地互动着教读,顺便也能让孩子多识字。从单一故事绘本到系列的、成套的绘本,逐步完整地阅读,逐渐增加文字多的绘本,绘本阶段要持续到小学乃至更久,为纯文字阅读铺路。进入小学尤为重要,一定要坚持一起阅读,随着孩子的长大,终会把阅读变成习惯。

二、创造阅读环境

要多带孩子去书店,参加读书会、新书发布会等与书相关的有益活动。家里的书量要大,摆上书架。孩子房间必须有一个书架,管理权要交给孩子。不能太高,以孩子身高为参照即可,以免给孩子高不可攀的感觉。有书香,也有读书的环境。说到读书环境,孩子的学校把学生阅读能力的培养定为立校之本。尽其所能为孩子们营造阅读环境,这是所有在读学生和家长的幸事。当孩子班主任邢老师向我征询让孩子领养书吧时,我的心中充满欣慰和感激！小书吧大智慧！让孩子爱上读书,首先要有书,要有读书的环境。我们家长一定要阅读,孩子随时在模仿我们,家长也是环境！

三、与孩子共同规范地阅读

从最简单的绘本开始不能拿过来就读内容,要先让孩子看装帧、纸张,再读作者、译者、出版社、书号及出版日期。接着读作者、译者简介、摘要、荐言,最后读内容及后序。全面细致地读一本书,有助于理解这本书的意境。在孩子读完一本书时,一定要与孩子共同分享这本书的主旨、意境、精彩的段落和自己的体会等,切忌读过即过!

听书——我认为不能对孩子汉语书籍阅读起到帮助,因为汉字是形、音、义兼备的,听书对孩子理解字、词、句的意思有害无益。

电子书——我认为不适合孩子,目前的电子书籍载体太不规范,对一个心智还未健全的孩子来说,附带无益软件太多,影响孩子阅读的心境,专注度会逐渐削弱,很难在阅读中建立起系统的知识体系。

让孩子养成规范的阅读习惯,是对知识的礼貌,对学习的尊重。

四、与孩子共同快乐地阅读

读到能让孩子发笑的段落,多读几遍,并与孩子一起笑,让孩子感受到快乐,享受文字的魅力。孩子有记录能力时,要把这些段落及好词、好句同孩子一起摘抄下来,时不时与孩子互换摘抄本,把读书的快乐用行动输送给孩子。我女儿在读《窗边的小豆豆》时,"图书室"这一章让她笑得前仰后合,我们一起把其中段落摘抄在记录本上,时常拿出记录本看,每次都能开怀大笑。

点睛之笔:"父善教者,教于孩提"!古代智者对于爸爸教育孩子的时段给出了明确的指引。孩子需要从爸爸这儿得到的力量是各个层面、各个方向的。如何给予孩子力量无法获得定式,但是一定要去做,不逃避,不懒惰。做一个有力量的父亲,因为父亲的职能就是让孩子获得自我认同感和力量感!

陪伴是孩子成长道路上最好的礼物

昆明理工大学附属小学　王一涵爸爸　王修昌

石梦媛校长曾在一次家长会上以《做智慧父母,遇见更好的孩子》为题与家长分享,提醒家长,家长的主要功能是陪伴成长、监护成长,家长要学会与孩子说话,不要轻易否定孩子,对孩子要多一点儿理解,少一点儿责备,要与老师保持良好的沟通。

我们家在孩子成长的过程中,更多的是陪伴宝宝快乐健康成长。

一、做有效的高质量陪伴

陪伴不等于陪着,也不在于陪多长时间,一定要做到有效的高质量陪伴。从孩子小时候起,我就坚持睡前给她讲故事。上小学开始,我基本都陪着她写作业,她写作业,我在旁边看书或用电脑工作,而不是玩手机或打游戏。现在坚持一周一次爬山或游泳,每周至少三次谈心,倾听她在学校的见闻,高兴的事情或不开心的事情。由于工作原因我有两年的时间至少两周或更长的时间才能回家一次,不能陪伴在她的身边,只能通过视频和孩子沟通,基本保持两天通一次视频电话,检查指导作业,听她说她感兴趣的事情,在学校发生的趣事等。在时间允许的时候,我总是想尽办法回家多陪伴她,陪她梳理一遍知识点、吃一顿饭、打一场羽毛球、弹几首古筝曲、画一幅画、爬一次山、逛一次公园等,让她感受到父亲的存在和父爱的力量。虽然我做不到满分,但对于孩子始终保持竭尽全力的态度,尽可能地做到自己能做到的最好。

二、陪伴的过程是与孩子相互了解、建立信任

孩子对家庭以及父母的依赖是与生俱来的,因此更需要通过父母的陪伴来获得安全感,陪伴的同时也让亲子关系更为紧密,形成相互之间的信任。

我记得小时候给一涵买的一些需要拼装玩具或者家居用品,一涵就会说,等爸爸回来的时候再装。说明在她的心目中,爸爸才是这方面的能手。同时在我拼装的时候,她会在旁边观察,帮忙找零部件,这对于她来说也是一种锻炼。

我总是和孩子一起学习,学着从他们的角度看待问题,然后一起成长,让她不觉得自己被排除在外。我最近发现每次考试结果不太理想的时候,她总是怕我责备她,想用题单没带回来等理由搪塞过去,我说:"孩子,考试结果不是最重

要的,我们必须搞明白还有哪些知识点你还没有掌握好,在以后的考试中才会得心应手。"

当孩子得知我可能要去新校区上班的时候,孩子对她妈妈说,"我们那边的房子是不是到期了,收回来让爸爸平时住在那边,周末回来陪我们。"此时我感到非常温暖和欣慰。

三、陪伴是最好的礼物

无论是生日还是"六一"儿童节,陪伴都是送给孩子最好的礼物。今年的"六一"儿童节我未能陪伴孩子,就给孩子购买了书籍。孩子也很高兴,在视频通话的时候,孩子说,爸爸你要是在家就更好了。

在做作业的时候,孩子有时候会给我出题,因为时间太久,有些题目首先想到的是用方程的方法去解,但是孩子说她有更简便的方法,我就让她给我讲解,讲完以后会问我:"会做了吗?"如果我会了她就会很自豪。

在孩子成长的过程中,陪伴也是双向的成长,只要父母驻足,看着孩子成长,用爱和陪伴呵护孩子的纯真,孩子就能从成长中获得爱、陪伴和惊喜,成为路上最耀眼的光芒。

点睛之笔:世界上最好的爱是陪伴,对孩子最好的教育是陪伴。陪伴不只是简单的在一起,它是有血有肉、有温度、有内容的。要和孩子交流,要和孩子一起度过有意义的时光,要尽量不错过孩子的成长。

陪伴与男孩共成长

昆明理工大学附属小学　吴沅龙爸爸　吴　鹤

德国哲学家弗罗姆说:"父亲是孩子的导师之一,他指给孩子通向世界之路。父亲虽不能代表自然界,却代表着人类存在的另一极,那就是思想的世界、科学技术的世界、法律和秩序的世界、阅历和冒险的世界。"

男孩是需要父亲的,他们需要从父亲身上看到自己的定位,他们需要父亲的帮助和引导从而获得自己的"人生目标",使自己成为男子汉。

只要时间和天气允许,我们两人都会和孩子一起步行半小时送孩子去上学。虽然可以开车、乘坐公交地铁等,但这是我们一家坚持了四年的习惯。路上孩子总是一只手牵着爸爸,另一只手牵着妈妈,问各种各样奇怪的问题。

一、与孩子一起成长,培养良好习惯

父母共同参与孩子的成长,是我们家的日常惯例。与孩子一起运动、一起搭乐高、一起打扑克等,不论什么样的运动,都会让男孩学习到爸爸的很多优点,有助于培养孩子的思维、语言、交往等能力。一起阅读,共同提高,小时候,给孩子讲绘本故事、睡前故事,随着孩子识字能力的不断提高,从亲子共读到交换阅读,我们一起看儿童读物、看科技书、看名著,背诵古诗词等,在与孩子共同阅读的过程中,一起进步,共同成长。与孩子一起建立规则,三年级时,我们在孩子房间挂上了学习生活自律表,通过与孩子共同制订计划,指导孩子按照要求实施,培养孩子的规则意识。鼓励前行,创造美好体验,通过与孩子建立一些标志性的行为或动作,让孩子感受到爸爸对他的鼓励和关爱,当孩子自信心不足时,通过和孩子一起顶大牛或对他说一句加油的话语给予积极的鼓励。

二、支持孩子参加校内外的集体活动和公益活动,培养孩子对集体的责任心

社会公益活动是一种直接服务于社会和公众的义务活动,是培养孩子讲文明和大公无私精神的基础。通过与孩子一起到敬老院奉献爱心,向贫困地区捐赠图书,对社区一线抗疫人员、民警、城管及环卫工人进行慰问等活动,帮助孩子树立乐于助人的社会责任感。

三、鼓励孩子参加各类比赛,提升孩子的竞争意识和抗挫折能力

让孩子参加各种比赛,可以建立并增强孩子的自信心,有利于孩子克服胆

怯和自卑心理,激发孩子强烈的求知欲望,提高孩子的耐挫能力。从一年级开始,只要有机会,我们总会让孩子去参加各类比赛。除积极参加学校安排和组织的比赛,还利用课余时间参加英语比赛、跳绳比赛、机器人比赛、作文比赛等。虽然每次比赛都会占用家长和孩子大量的时间,但我们一直很享受与孩子一起准备比赛、参与比赛的过程,既让孩子得到了肯定,树立了孩子的自信心,又能够锻炼他"在哪里跌倒就从哪里爬起来"的精神,培养面对挫折时的承受能力。

在陪伴孩子的过程中,还应注意以下几点:

(1)陪伴孩子时,不应总是"我说了算"或"总是随他",爸爸应在不挫伤孩子心灵的前提下设立必要的界限。

(2)在一些问题上应与孩子一起找出解决问题的办法。

(3)爸爸对孩子的期待要合理,不可过于性急或脾气暴躁,应有耐心,等待孩子成长。

(4)应将信任和爱的信息传递给孩子。

点睛之笔:在陪伴孩子成长的过程中,只要耐心陪伴,用一颗守望之心去帮助孩子成长,对待孩子多一些理解与宽容,相信孩子会走得更从容。

培育科学素养　领略生活之美

昆明理工大学附属小学　古浩铭爸爸　古　青

科技创新给孩子以自信,科学让师生视野宽广,创新让孩子拥有拥抱未来的能力。国务院印发的《全民科学素质行动规划纲要(2021—2035年)》提到科教兴国要从小抓起,科技创新亦是个人获得未来幸福生活的必备技能。作为孩子的父亲、儿童的守护者和榜样,同时作为一名基层的科技教育工作者,我更加重视孩子的科学启蒙教育。为此,我做了以下三个方面努力,借此机会与各位分享其中的经验得失,希望能给对孩子科学启蒙教育有兴趣的家长朋友们一些帮助。

一、身边的科学真有趣

著名发展心理学家皮亚杰曾说:"儿童就是科学家。"儿童天生就对周围的世界充满了各种好奇,出于这种好奇,孩子们会主动去探索和发现。我的具体做法包括以下三方面:

使用玩具体验科学。爱玩是儿童的天性,同时也是儿童探索世界和体验科学的重要途径,而玩具是儿童科学素养培养中的重要载体。与书籍一样,玩具必须经过严格的筛选,选出适宜儿童身心发展的"好玩具",并辅以亲子共"玩",才能充分发挥玩具的正向教育价值。在儿子儿童时期的玩具中,有一些我个人觉得有益的玩具,如:科技系列拼接积木(全学段,STEM+思维培养)、图形编程积木(7岁至12岁,编程思维培养)、轨道玩具(全学段,科学思维培养)、科技体育器材(全学段,STEM+思维培养)和趣味科学小实验(全学段,科学思维培养)等。

在大自然中感受科学。身处"动物王国,植物王国和有色金属王国"的我们,十分幸福。我们常常会带孩子到公园、草原、湖边、高山游历,让孩子亲近自然,在感受自然之美的同时,引导孩子探索大自然,感悟科学的魅力。

科普游学领悟现代科技的神奇。昆明有着悠久的历史和文化,昆明在中国近代科技史发展中占有一席之地。每年我都会带儿子到云南省博物馆、地质博物馆、昆明理工大学、云南大学、中科院植物所、中科院动物所、中科院物理研究所和中科院天文台等科普基地参观,为孩子营造科学氛围,满足孩子对科技的好奇心。

二、守护好奇心,引导形成批判性思维

钱学森、邓稼先、霍金、爱因斯坦等伟大科学家在孩童时代就踏上了科学之路,都是源于孩童时对科学的好奇。反观当下,越来越多的孩子患上"脆弱知识综合征",我们经常会发现年龄越小的孩子眼中越是充满了好奇的"光",而年龄大的孩子却眼中无光,心中无力,直至成为"无聊的大人"。如何呵护孩子内在

的好奇心,培养孩子独立思考的能力值得我们思考。我的具体做法有:**创造有神秘感的体验环境,让孩子充满发现的乐趣。**

关于"为什么"的提问引导。面对孩子"十万个为什么"般的好奇心,我常用复述提问和"重思考,轻结论"的反问等探究式提问方法,培养孩子观察和思考的能力,将好奇心向求知欲转变。在引导过程中,例如,"你是如何想到这个问题的呢?你发现了什么有趣的现象呢?"孩子:"为什么漾濞槭的种子会飞?"家长:"你觉得是为什么?有没有证明的办法呢?"

向孩子提问,引导孩子深度探究。对孩子提出的问题简单处理或过多地刺激体验和诱惑都会使孩子的注意力分散,不易专注,不利于科学思维的培养和知识的深度学习。因此,在孩子提出问题后,我通过对问题不断反问和追问,激发孩子深度学习的兴趣,引导孩子自己去观察和思考,并在必要时提供辅助,表达我对这一问题的见解,使探究深入,让孩子专注于每一个问题,避免分心。

三、培育创新思维,创造美好明天

以智能化时代为代表的第四次工业革命的到来,让我意识到了凡是程序化和模块化的职业,未来必将会被机器取代。因此,创新能力对孩子的未来发展至关重要。现以儿子发明的"户外用太阳能自加热多功能保温杯"实用新型专利为例,简述我在培养孩子创新思维方面的做法:

(1)从新闻报道中,确定研究的问题和目标:孩子从中印边境的新闻报道中了解到驻守边防的解放军叔叔缺少便携的热水加热瓶,由此确定了研究的目标。

(2)指导孩子查新并用缺点列举法发现改进的方法:查新后发现可以使用黑色的玻璃杯(无盖)加热,发现杯子如加盖持续加热会有爆裂危险的问题(改进方向)。

(3)创造性观察和移植创造:孩子通过观察温感马克杯的颜色变化,创造性地提出移植应用替换黑色油墨的解决办法。

(4)帮助孩子制作模型和实验验证:购置热敏变色油墨等材料,与孩子共同完成模型制作,并指导孩子完成初步实验,验证想法。

(5)再设计和完成发明:通过实验验证发现问题后,引导孩子再设计,直至完成发明,并帮助孩子完成专利申报。

点睛之笔:科学素养是孩子未来适应社会发展的核心素养,和爸爸一起"玩"科学,"做"发明是对孩子最好的陪伴和教育。

第四章

母爱似水
如影随形

第一节　母爱有度　温暖人生

每个人一生中,母亲的影响总是巨大的,一个母亲是否有文化,是否品行端庄,是否教子有方,会直接影响孩子的一生。母亲是孩子最早的启蒙老师,她的一言一行,一举一动影响孩子思想观念的形成。纵观历史,那些有建树、有成就的名人,大都深受其母亲思想之熏陶。

爱迪生就是一个很好的例子。一天小爱迪生放学回家后给母亲一封信,说老师交代只让妈妈打开看,妈妈打开后边看边流泪。爱迪生问妈妈老师说了什么。妈妈就大声地念出了信的内容:您的孩子是个天才,可惜这个学校对他来说太小了,没有足够优秀的老师能够培养他,请您自己教育吧。爱迪生听后特别高兴!多年后,他的确如母亲说的那样,成了20世纪最伟大的发明家之一。他的母亲把别人认为的智力有缺陷的孩子变成了一个天才。

母亲教孩子学习知识可能没有老师教得好,但是她们对孩子生活习惯的影响是巨大的。母亲的教育对孩子的影响有多大?大家可以观察一下孩子的日常行为习惯。这样你就可以知道母亲的教育对孩子的影响有多大了。孩子的学习重要,有一个好的学习习惯更加重要。

第二节　魅力妈妈　育儿案例

榜样篇

做身体力行的好妈妈

昆明理工大学附属小学　李哲成妈妈　高　倩

孩子出生的那一刻,我多了一个新的身份——妈妈,这是世界上最伟大的称谓。母亲,平凡又坚强,是孩子成长道路上的第一位导师,如果我们自身没有做好,那么这一切的后果都会在孩子的身上体现。当我们责备孩子的时候,其实更应该做的是反省自己。妈妈是孩子模仿和学习的对象,只有做到身体力行,才能成为孩子的榜样,才能在孩子心中树立威信。

一、以身作则,展示榜样的力量

守时,是我教给孩子的第一课。富兰克林曾说过:"你热爱生命吗?那么别浪费时间,因为时间是组成生命的材料。"唐代诗人李白也写有诗句:"光景不待人,须臾发成丝。"

有一次上学的早晨,闹钟已响,却迟迟不见孩子起床,进屋找他的时候,他说:"妈妈,我想再睡 20 分钟。"我回答道:"好的。"二十分钟后孩子起床了并完成洗漱,这时我说:"背上书包,我们上学吧。"孩子一脸惊讶地看着我:"妈妈,可是我还没有吃早餐呀。""因为你赖床导致失去了吃早餐的时间,所以今天我们都没有早餐。"孩子没有再说话。下午放学回到家,孩子用略带生气的语气说:"妈妈,为什么今早你不让我吃早餐呢?上课的时候我的肚子都饿得咕咕叫。""因为你没有守时,你赖床了,所以你没有吃早餐的时间;因为我答应让你继续赖床,所以我也没有守时,而我也失去了吃早餐的时间,我们都要为自己所做的事承担后果。虽然我也没有吃早餐,但今天上午我依然尽心努力工作,而你却没有好好学习,对吗?做每一件事都应该遵守相应的时间,守时对于我们每一个人来说都非常重要,这是一个人最基本的品格。如果一个人缺乏时间观念,随性、懒散,那么也将毫无诚信。任何人的时间都是宝贵的,遵守时间就是尊重自己,也是尊重别人。""妈妈,对不起,我错了……"孩子默默低下了头。从此以后,赖床的问题再也没有出现过,孩子也明白了守时的重要性。

二、言出必行,成为孩子的"权威朋友"

父母是孩子的第一任老师,教育孩子不仅要言传,更重要的是身教,一次有效的行动可以胜过千言万语。

孩子学习跳绳时,我说:"走,我们一起努力,比比谁更厉害!"孩子说:"妈妈,你跳得真好,你可以教我吗?"

孩子做手抄报时,我说:"嗨,朋友,我有个好的想法,可以给你提提建议吗?"孩子说:"太厉害了,妈妈你的涂色真漂亮,你可以教我吗?"

孩子准备广播站播音稿时,我说:"加油,你的声音真好听,播音的时候要像妈妈这样声音洪亮、吐字清晰,让大家听到你的好声音。"孩子说:"妈妈,你读得真好,我也要和你读得一样好。"

三、做身体力行的好妈妈

在家庭教育中,我们不能总是对孩子说"你不应该这样""你不能这样做""你自己去做吧",孩子成长的每时每刻都无比珍贵,作为父母,我们不能成为高高在上的"指挥官",而是要做他们成长道路上的伙伴和榜样。我们要求孩子言行端正、品德优良,就必须先从自己做起,参与孩子成长时光中的每一分钟,做身体力行的好妈妈!

点睛之笔:身体力行的妈妈是站在孩子的视角思考问题的,身体力行的妈妈将孩子当作一个有思想的完整的人,身体力行的妈妈总是在孩子犯错时反省自己。少说教,多行动,相信你也会成为一名身体力行的好妈妈。

成人之道 在于利他

昆明理工大学附属小学 卞自在妈妈 姚媛媛

卞自在同学上学放学大多都是乘坐公交车,在这段乘坐公交车的时间里,卞自在产生了一个据我所知他一生中最早的职业规划。

有一天,他说,他以后要当一名公交车司机。

当时我很好奇,他是如何对这个职业心生向往的。他曾经告诉我公交车司机每天至少可以赚100元,原来他是通过乘车买票,看到了上车就要付钱给驾驶员的"商机"。为此他很开心。这个学期数学课开始讲使用人民币了,他现在开始对钱这个事情感兴趣,虽然暂时还停留在有钱就可以买饮料的阶段。

可是又过了几天坐在车上,他突然有些失落地说:"看来,我要考虑换一个工作了。"

我就问他:"为什么呢?你是不想挣钱了吗?还是有别的工作需要你?"

他说:"那倒不是。"他又点了点车上的人,说:"可是这个老年卡、学生卡,那么多卡不要钱,一车挣不了100块,划不来。"

我想了想,问他:"那你付钱了吗?"

我想告诉他的是,你要是把赚钱当成工作或者做事情的唯一目标,那一定无法把事情做到最好。因为乘客上了公交车,卡一刷就可以走了,为什么驾驶员叔叔一定要等老人、小孩坐好才走?为什么一定要为这些乘客提供免费服务?

所以公交车拉乘客,不光是为了赚钱,更重要的是为大家提供了一种便利、环保、安全的出行方式。驾驶员叔叔为什么每次有乘客上车都要提醒扶好,等老人和孩子坐好了才启动车？为什么要提醒大家给有需要的人让座？就是为了能够照顾大家的安全，提醒大家帮助别人。

有句话说："与人方便,自己方便。"城市专门开辟了一条公交专用道,为所有乘坐公交车的人提供便利。我们国家的好多公共设施都是以为人民服务为目的,这就是利他之心。其实,我也不知道孩子能明白多少,但是我想教育应该就是这样,在点滴生活中不断形成、匡正和坚定孩子的价值观。

我们不要去传递一些负面的价值观给孩子,如果事事都只以自己的利益为先,那就会失去别人的信任和尊重。善良如果会被欺负,帮助他们利用每一次被"欺负"的机会,保护和壮大自己善良的能力；由于老实而吃亏的时候,请帮助他们确定、坚定自己的信念。

这个世界不管到什么时候,不管是好人还是坏人,都喜欢好人。这是很鼓舞我的一句话。不是说我们要以活成别人喜欢的样子为目标,而是可以看到人人都希望被善待。如果有一天我们手握资源和机会,我们会选择把它交给谁？如果有一天我们身处逆境,我们会指望哪一种人来雪中送炭？如果有一天我们可以为孩子们选择朋友,我们会选择谁？如果我们的孩子自己都不是懂得利他的人,他又如何会吸引这样的朋友？

点睛之笔：当我们的娃还小的时候,当我们对他们还有一些影响力的时候,我们做些什么能使他们以后路走得稍微顺畅一些呢？我想至少要常怀利他之心,将来我们的孩子们才可能成为一个值得托付的人,值得一件事情托付,值得一个人托付,值得我们的国家托付。

一场双向奔赴的教育

昆明理工大学附属小学　杨寓丞妈妈　马晓垠

关于家庭教育,我和孩子爸爸一直认可这样一个观点：良好的家庭教育就好比一匹上好的锦缎,有了这匹上好的锦缎,学校教育才能锦上添花。一旦家庭教育出了问题,这匹锦缎便会布满破洞,那么学校教育就只能忙着补破洞。

可见,良好的家庭教育之于学校教育是多么重要。在家校共育的过程中,需要爸爸和妈妈组合出拳,这一定是一场双向奔赴的爱的教育!

一、父亲的格局和立志能赋予孩子极大的力量

曾国藩是晚清时期著名的政治家、文学家、教育家,在他写给儿子的书信中,藏着许多教养儿女的道理。他提到,处多难之世,若能经风霜磨炼,苦心劳神,自能坚筋骨而长见识。

我们家的爸爸认为男孩子就要耐摔打多吃苦。杨寓丞2岁时在爸爸的带领下开始骑平衡车,有一次没有戴头盔,冲坡时摔得鼻青脸肿。2岁多的他连话都说不利索,却已是满脸伤痕,着实让我心疼,但我从不质疑爸爸的这个观点。爸爸的处理方式是第二天带着杨寓丞戴上头盔找到摔跤的地方,总结经验继续骑行。杨寓丞2岁多就能一天骑行8公里,且养成了面对困难不轻言放弃的性格。每次他遇到问题,爸爸都会引导他认真分析原因,找出解决问题的方法。

二、母亲的智慧和情感是孩子道德发展的源泉

奥地利关爱女孩协会有一个非常著名的提问:如果一个家庭有一双儿女,但只有一笔教育经费,你投给谁? 他们的答案是:投给女孩。因为教育了一个男孩,你只教育了一个个体,而教育了一个女孩你就教育了一个家庭,教育了一个民族,教育了一个国家。

我作为母亲,一直是这个小家的指挥棒,掌握着整个家庭行进的方向。杨寓丞2岁开始我便做出爸爸主管儿子,妈妈主管女儿,父母分工合作的决定。因为我长期从事学生工作,所以只要涉及孩子的思想问题一般都是我出马。

杨寓丞开学第一天因表现出色被班主任任命为临时体委,可没过多久他在做体委这个事情上出现了困惑:不知道怎么当好体委。班主任私下跟我沟通,看看能否给杨寓丞一些好的意见建议。我首先问杨寓丞想不想做体委,杨寓丞的回答是肯定的。接着我抛出第二个问题:体委要做些什么你知道吗? 杨寓丞说知道,老师跟他说过了。"那你告诉妈妈现在遇到的难题是什么。"杨寓丞说:

"同学们都不听我的,我也管不住自己。"目标明确、做法明确、问题明确,接下来就是解决问题达成目标。我首先让他明确体委的职责,每天需要做的事情;其次一定得管理好自己,做一个各方面都优秀的人,成为榜样人物;最后一点,也是很重要的一点,与别人相处一定要不怕吃亏。做一个品德高尚、学习优秀的人才会让别人信服。不久,杨寓丞告诉我:"妈妈你说的是对的。"自此他遇到类似的问题、难题都会跟我讨论,让我给他出主意。

当孩子遇到问题时,父母要做的是帮助孩子搞清楚他的问题所在,同时鼓励孩子努力想办法描述和解决他们所面临的问题,这样可以培养孩子自主解决问题和独立思考的能力。

点睛之笔:生活是场马拉松,学习亦然。每个孩子的花期不一样,作为父母,不传递焦虑,不攀比伤害,秉承同样的价值理念去引导他们,静待花开。他强任他强,清风拂山岗。我想咱们理工附小的孩子是一粒粒饱满的种子,只要有足够的阳光(力量爸爸)和雨露(魅力妈妈),定能在理工附小这片肥沃的土地上生根发芽,开花结果!

家庭教育要有合力

昆明理工大学附属小学　王若然妈妈　王沙沙

家校如同一车两轮,只有同向运转,才能促进孩子的发展。一个孩子的出生代表一次变革,孩子给祖辈和父母带来的快乐是任何事情也不能代替的。在三代同堂的大家庭,我们更是需要谨言慎行,共同给孩子创造良好的家庭氛围。

一、爸爸的爱是沉默、宽广的

从茜茜上幼儿园开始,早上都是爸爸送她上学。上一年级时,有些不适应,每天早上都哭着去,而这时刚刚满月的弟弟又住院了。爸爸晚上陪在医院,早上6点从医院出发,回家喊她起床,陪她洗漱,送她上学,一直到弟弟出院。

爸爸从来不为孩子设置障碍,第一时间满足孩子的需求,所以孩子从小不会因为想要东西而哭闹,任何事情都可以商量着来。

二、妈妈的爱是温暖的、耐心的

我会坚持生活中一些小小的仪式感。每年孩子过生日的时候,我会布置简单的场景,为她拍照,也记录日常生活中的一些趣事,年底做成一本书,留作纪念。

从她懂事起,只要关于她的东西,小到玩具衣服,大到卧室的设计,都让她自己做决定,培养她的审美能力及独立思考能力。

陪伴她学习,但是不纠结分数,告诉她"比起你的分数,我更在意你是否掌握了知识,不和别人比,只和自己比"。

三、爷爷的爱是赞许的、欣赏的

爷爷鼓励孩子在保证安全的情况下去探索、去冒险。茜茜3岁多时,爷爷就把她放到双杠上,在下面护着她,让她锻炼臂力,因此她手上起了厚厚的茧子。4岁半时,在西双版纳望天树景区,有一条高约34米、长约500米的悬空吊桥,爷爷带着茜茜全程走下来。

爷爷陪同孩子去博物馆参观学习,逛书法展、画展,给她分析作品的好坏,让她形成判断能力。2021年的暑假,茜茜通过学习、考核,成为昆明市博物馆一位合格的小小志愿者讲解员,拿到了昆明市博物馆的聘书。

家里有两个孩子,爷爷从来没有对茜茜说过"你是老大,要让着弟弟",而是会告诉茜茜"弟弟现在有点儿小,你保护他一下,等到弟弟长大了,让他来保护你"。

四、奶奶的爱是平和的、坚持的

奶奶会留意好的手工作品,带着她一起剪纸、做手工。

偶尔偷懒想请假奶奶就会说:"既然选择了,还是要坚持去完成。"所以茜茜一直努力坚持不缺席。

五、家里人那么多,会有冲突吗

茜茜刚上一年级的时候,参加了班长竞选,没选上,虽然孩子没有表现出不开心,但是爷爷依然安慰道:"没事的,不当也挺好的,爷爷做了很多年班长,当班长会影响学习的。"我听完没有说话,知道爷爷是好意安慰茜茜的。但是我一想,这是"典型的酸葡萄心理",这种心理要不得。之后我跟孩子爸爸商量,得到他的肯定后,有一天在饭桌上,我就聊起这个事并跟孩子说:"宝贝,能当上班长肯定是很棒的一件事情,但是你现在能力达不到,所以落选了。没关系,以后还有机会的,下一次继续努力。"孩子认可了我的说法,并表示以后有机会可以再试试。

奶奶一直特别想让茜茜学习跳舞,可是我们其他人觉得没必要,因为孩子不喜欢,但是奶奶很坚持,并联系好了舞蹈老师。于是爸爸先带孩子去试课,孩子试下来觉得还可以,就开始学习,一开始我们还不怎么情愿,但是看到孩子在舞蹈课上洒下的汗水,顿时觉得这样子锻炼身体也不错呀。2021年小荷花杯艺术校园舞蹈大赛中,团队舞蹈节目《木鼓声中的佤娃娃》获得特等奖,孩子很开心并把舞蹈坚持到了现在。

就是这样,我们家里的每个人,都发挥自己的优势,在自己擅长的地方,给孩子最好的教育。家庭形成了一股合力,共同托举着孩子,希望孩子全面发展,既可以飞得高,也能飞得远,未来能够拥有一个幸福的人生。

点睛之笔:家庭教育就是合力的艺术,就像交响乐里的管弦齐鸣,任何一件乐器也许都不是决定性的,但又都是不可或缺的。有了合力,才有优美的乐章,才有直达人心的优秀作品。家庭教育的华彩乐章里,自然也需要这样的合力。

言传身教,家庭教育的核心

昆明理工大学附属小学　周思睿妈妈　蒋蕊鞠

父母是孩子的第一任老师,家庭是孩子的第一所学校。家长的言传身教是家庭教育的核心,因为家长的行为和社会活动都在无形中影响着孩子的言谈举止与学习状态。在养育孩子方面,我一直坚信:希望孩子怎样成长,父母身行一例胜似千言。

一、言传身教——培养表达与沟通

我家的小男子汉现在是位阳光的暖男,会帮老师做事情,和同学们和谐相处。但其实儿子小时候很羞涩,尤其上幼儿园的第一个学期,每天都是哭着进学校的。因为担心他不适应幼儿园,我积极参加学校组织的各种活动,包括文艺表演、节目主持、家长进课堂等。这样不仅可以多进校园帮助孩子适应环境,而且也给孩子做了表率,向他传递了"妈妈能在老师、同学面前大方地表达自己,他也行"的信息。

渐渐地,羞涩的小男孩开始大方地展示自己。篮球比赛、书法比赛、演讲比赛等活动中,都能看到他的身影。我相信每一次活动都是一次锻炼机会,孩子都会有满满的收获。

二、言传身教——培养学习的内驱力

进入小学阶段,学习成了孩子们生活的主要部分。为什么要学习?知识是培养孩子好好学习内驱力的前提。通常我会从自身说起,给孩子讲妈妈小时候学习的故事,介绍我们的工作。我是一名疫苗科研人员,他在幼儿园时就知道我是研究疫苗的,和病毒做斗争。

在新冠肺炎疫情暴发时,大家都居家隔离了,但那时却是我最忙的时候,几乎没有陪孩子的时间,偶尔我会给孩子讲那些抗击疫情的感人故事,带孩子一起开国际会议,看科学家是怎样为人类健康做贡献的。在这些过程中,不仅给了孩子学习的动力,同时也让他体会到了学好外语的重要性。

三、言传身教——培养勇敢坚毅

男孩的勇敢和坚毅有时是从"我比妈妈还厉害中"中培养起来的。一次我们到游乐场游玩,到过山车项目时,因为太刺激,一起去的三个孩子都退缩了。

爸爸们先去尝试,结束后告诉大家其实没那么可怕。但孩子们还是一脸的恐惧,不敢去尝试。第二次,一位妈妈勇敢去尝试了,下来也告诉大家真没那么恐怖。于是,我也开始动员儿子。他说:"你去我就去!"我说:"那就走!"可是,到上车时,他还是恐惧,没上车。我就和孩子他爸上车了,开始的时候我也紧张,闭紧了眼睛,准备害怕就大声喊出来。下来我就和儿子说了真实的感受。他看到我都敢去坐,就鼓起了勇气,勇敢地去挑战了。

四、言传身教——提升父母自身

人无完人,虽然我们已经做了父母,但身上也会有些小毛病,小缺点。一不小心就会被孩子学去,孩子就像我们的一面镜子。比如,有时我会有点儿拖延,出门时半天出不去,孩子有时也会拖拖拉拉,出门不是书包没收拾好,就是东西忘记带。另外,作为独生子女的我们,对父母有些依赖,我们的孩子在生活自主能力方面也不好。每当这些时候,我会思考:其实不是孩子错了,得从孩子那看到自己的不足,并及时改正。不能只一味严格要求孩子,却放松了对自己的要求。

五、言传身教 Tips

言而有信:要想取得孩子的信任,让孩子把诚信作为立家立身的根本,就要把对孩子的承诺说到做到,不撒谎。

自律:要求孩子做到的父母必须先做到,在日常生活中和孩子一起制订规则,共同遵守。生活规律、有节制,一起形成守时、守纪的好习惯。

倾听和理解:在与孩子的交流中,少发言多倾听;多站在孩子的角度去理解他们,少指挥多建议。

积极乐观:热爱生活,乐于助人,追求真善美,尊重自由。

点睛之笔:陪伴是最长情的告白!在携手踏上人生旅途的日子,父母是孩子的旅伴,但不是孩子的主宰。父母给孩子最好的教育,就是言传身教。真正影响孩子的,是我们展现出的最好的生命状态!幸福的原生家庭会让孩子更加自信、独立和阳光。

生命因热爱而生

昆明理工大学附属小学　杨景一妈妈　杨　愚

我是一个咖啡寻豆师。工作的主要内容是寻找品质咖啡豆、寻找好喝的咖啡。另外,还在不同城市做咖啡评审的工作,选拔出这个城市最好的咖啡师。这是一个无比浪漫的职业,在远山树林里,在城市转角的咖啡店里,就完成了我的工作。

在我生命里有更浪漫的事情——养育孩子,那是人与人之间深情的交流,是无与伦比的体验。因为他,我得到了有趣的、突破自我的生命体验,是他赋予我生命的意义。我也勇敢去做所热爱的事情,做到极致。我希望成为孩子的一束光,让他看到,当一个人极其热爱一件事的时候,整个人生都在闪闪发光。我期待他长大之后,能从事他热爱的工作,带着好奇心去创造美好。

我常常鼓励孩子,想做什么都可以,大胆去试,做错了也没有关系,妈妈陪着你多试几次,慢慢就做对了。我希望他是一个勇敢的人,能直面自己的人生,并为之付出全部的努力。我和他之间发生了两件事,让我感受到热爱是多么重要。

第一件事:选择一件热爱的事情,并做到极致。

作为妈妈,我希望用我的认真、努力,和孩子一起成长,让他看到"热爱"的价值。

工作和家庭,是占据我们时间最多的两件事情。我们在有天赋和喜欢的事情上,总是不由自主地倾注更多时间。我喜欢咖啡,总是沉浸地研究咖啡,迭代细节,和不同的人,不同的城市链接,不断升级自己,去遇见更好的自己。十年的时间,我从一个热爱咖啡的人,变成这个领域的专家,成为自由而深入地行走在咖啡世界的人。

他喜欢乐高,从小开始,就像有天赋一样,能够以极快的速度,构架好一个复杂的乐高。于是我们定期每周进行一次专业的训练,让他接触与乐高相关的电影、书籍、视频和竞赛等。他从简单的构架开始,到复杂的编程,越来越得心应手。他热爱乐高的时候,投注的时间量巨大,当他有点滴进步时,也能去迎接更大的挑战。之后,他开始参加大型的乐高比赛,和队友并肩作战,取得了好成绩。这都是他的热爱带来的,也让他在钻研中明白了热爱带给人无限创造力,因为热爱而有强大的抗挫折能力,因为热爱而去探寻世界上的美好。

第二件事:先遇见美好的自己,再传递能量。

我们都是不完美的。可是,我们又是那么独一无二。家长不是完美的人,孩子也不是,所以喜欢自己,接纳自己,是多么的重要。我们比别人多一些机会被看见,并不是我们比别人优秀,而是我们真实接纳了自己,在同样的时间里,犯了比别人更多的错,经历了更多而获得了成长。所以我会鼓励他去尝试,如果想做,不妨试试看,第一次不成功,多试几次就成功了,从不同的角度去思考,看见之前看不见的未来。

我会给孩子做示范。实际的行动会比口头碎碎念的教育更有影响力。我会和他在一张书桌上做作业:我专注地处理公务、阅读,他在书桌的另一端写作业、阅读。最开始的时候,孩子做作业是跳脱的,不专心,我并没有极力劝阻他,而是始终在书桌的另一端专注地工作学习,渐渐地,他也受到影响,会安静下来,跟随我慢慢进入平稳的状态。去年,最大的成就是他每周能阅读 2 本 30 万字左右的书,他的阅读速度在提高,专注力在提升。孩子热爱阅读,在文字之间感受着历史与现在,那一刻我知道,他在按照他的内心节奏成长。

因为热爱,他在从容地构建他的人生。我希望,他的人生旅途,是他自己规划的,他保持热爱且笃定。

点睛之笔: 因为热爱,才有足够的内驱力。优秀的背后绝不是只对成功的渴望,最重要的是热爱和努力。用心去感受看似微小平淡的瞬间,努力去实现大大小小的期待,唯有热爱,才愿意日复一日坚持做好喜欢的事。人生百般滋味,需要微笑面对,愿我们保持热爱,奔赴山海。

以身作则　身教重于言教

昆明理工大学附属小学　赵桐瑶妈妈　付莉琴

家是一个人快乐的源泉,我认为家庭教育是非常重要的,特别是在学习阶段,在家庭内部受到良好教育的孩子在学习方面,或者说在生活方面,会取得巨大的进步,这样不但能促进孩子身心健康,而且孩子将来在成功的路上会少走一些弯路,从而培养孩子正确的价值取向,所以说家庭教育是非常重要的。

一、身教重于言教

作为家长,你知道我们对孩子的影响有多么大吗？教育家苏霍姆林斯基说过,在学校的复杂教育过程中产生的一切困难的根源都可以退潮到家庭。人的全面发展取决于母亲和父亲在儿童面前是怎样的人,取决于儿童从父母身上学习的怎样认识人与人的关系和社会环境。身教重于言教,是由青少年的特点决定的。对于孩子们来说,家庭和邻里就是社会,父母的一言一行,一举一动无不给孩子以熏陶感染。相反,父母的口角、家庭中的争吵、参与邻里纠纷、过分小气、毫无理由的愤怒、无故拿孩子撒气、缺乏一致的教育方法、父母自身言行的前后矛盾等,都会破坏父母的权威。举个例子:我家大宝已经五年级,现在孩子都很喜欢拿着手机玩,这根源在于父母也经常拿着手机,虽然我们的工作很多时候需要在手机上完成,但是我们应该尽量避免在孩子面前常拿手机,因为我发现,用语言告诉孩子玩手机的坏处,基本没有效果,我是这样做的,在孩子面前尤其是学习的时间段不拿手机,也不再反复和孩子讲手机的危害,等孩子完成作业之后转移孩子注意力,可以陪孩子运动一下,这样一来,孩子忘记了手机,学习更积极主动了。

二、多考虑孩子的感受

在树立孩子自信方面,我做得不好。记得学校举行篮球比赛,我家孩子参加了,她只是替补,基本没有上场,我每天放学后总会追问她,上场了没有,她只是淡淡地回答,没有,我接着补上一句,同学们优秀是他们平时付出得多,我们也要向他们学习,终于在决赛时,孩子非常高兴地告诉我,她能上场了,大概有30秒的时间,才上去传了一个球,比赛就结束了,看见孩子兴奋的样子,我知道她前几天的失落,虽然是半分钟时间,对孩子来说已经很满足了,过了几天,单位工会举行排球比赛,凭着身高和爱运动我报名了,我也是替补,我在场边为大家加油,此刻,孩子跑到我身边问我:"妈妈,你怎么不上场呢?你怎么也当替补啦?"此刻,我的心是纠结的,难受的,我终于明白我伤害了孩子,这样的伤害又从孩子这里转到我身上。从此,我知道了在和孩子的沟通交流中,一定要尊重孩子的人格,考虑孩子的感受,给她更多的鼓励和支持。让孩子有自信心,孩子一定会成长得更好。

三、以身作则,展现榜样的力量

家庭教育中父母的言传身教、以身作则是家庭教育卓有成效的关键,因为"教育孩子的实质在于教育自己"。而自我教育则是父母影响孩子最有力的方法。要求孩子做到的自己先做到,如:记得我家孩子上幼儿园时,总觉得她不爱表达,见面不会主动问好,每次送到幼儿园门口,我总会提醒她要问好。孩子多数时候是被动附和,有时候根本就不开口,每次的见面问好也就在妈妈的提醒下敷衍而过,后来,我及时反思,改变了方式,每次到幼儿园门口,我主动大声地和保安问好,主动和老师说早上好,过了几次,孩子也学着我的样子大声地和保安叔叔及老师问好了。从这个例子中我真正体会到以身作则的重要性,自我教育是父母影响孩子最有力的方法。

点睛之笔:以身作则,言传身教,父母的表率对于孩子的成长具有潜移默化、耳濡目染的作用,对于父母而言,与其费尽九牛二虎之力,在后面推着孩子前进,不如以身作则,做孩子的领导者,带领孩子冲锋陷阵。

和喜自调　共乐有方

昆明理工大学附属小学　李贞熠妈妈　杨玉谦

家庭教育以双向互动的形式在每个家庭中真实地发生着,我认为家庭教育是终身教育,也是亲子互动的教育。大家都知道:世界上再昂贵的玩具也替代不了父母的陪伴与互动。我和孩子的父亲都是老师,还兼着繁重的行政工作,平时几乎没有足够的时间全身心陪伴孩子,但是我们仍然坚持和孩子平等对话,亲情互动。

亲子共读,培养眼界。从小培养孩子阅读的习惯,让孩子爱上阅读,孩子会终生受益。生活中很多父母,经常教育孩子要学好课本上的知识,要考高分;还有很多父母会经常给孩子买衣服、玩具,却很少给孩子购买课外读物。贞熠自从识字开始我们就注意引导孩子阅读,让孩子喜欢上阅读,现在他已经阅读了几百本课外读物。一开始他也不喜欢读,我们就和孩子一起互动,带着孩子一起阅读。父母多说不如多做,如果父母看手机,让孩子阅读,他肯定是逆反的;如果父母都在看书或工作,孩子也自然而然会看书的。贞熠现在已经爱上了阅读,会经常和父母交流书中的内容。

俗话说"读万卷书,行万里路"。父母一定要在空闲时间带孩子出门走走,开拓孩子的眼界,让他们的眼界不仅仅局限于书本。贞熠的爷爷家在山东沂蒙山区,疫情之前我们坚持每年回山东过春节,在回乡的过程中他体会到了赶飞机、乘大巴的艰辛,体会到了南北地域植被的差异,体会到了沂蒙的红色精神,体会到了儒家文化熏陶下的山东春节的礼仪。在一年级暑假的时候,我带他到泰国旅游了一次,在泰国商店都有汉字标牌,付款的时候可以用手机支付。他回国以后就十分骄傲地和他爸爸说,我们国家太强大了,泰国到处都是汉字,还可以手机支付,手机支付是我们的新四大发明之一,正在影响着世界。

树立榜样,共乐有方。父母是孩子的榜样,所以在日常生活中父母一定要注意自己的言行。教育孩子不必用过多的语言去告诉他怎么做,只要父母用行动去做，孩子自然就会模仿，就会向父母学习。所以在对孩子的家庭教育中，父母用自己的行动去影响孩子就足够了，尽量减少唠叨，否则孩子会逆反。

贞熠读小学以前外婆和奶奶带得多，老人也比较溺爱他，所以他动手能力比较差。读小学以后，基本上都是我和爸爸带他，我们鼓励他做家务，尽管有时他做得不到位，比如经常把裤子穿反、煎鸡蛋会把蛋打到垃圾桶造成浪费，但我们还是积极鼓励他。现在下班路上他经常主动帮我拎包或提重物，还说他是大男孩了，要帮助妈妈。家长都爱自己的孩子，但有时孩子并不领情。究其原因，就是父母缺少与他们的交流。贞熠读三年级的时候，有一段时间我和他爸爸都比较忙，基本上没时间和他沟通，结果那段时间孩子经常和他同学闹别扭，甚至还会打架，有一次因为一点儿小事就把同学头上打了两个包，教育他的时候他还振振有词。我们意识到了与孩子之间缺少交流与沟通。

孩子一天天长大，会有自己的想法，有的想法未必成熟，所以父母可以与孩子经常沟通，可以跟孩子聊聊自己工作上的事、生活上的事，与孩子聊聊学校的事、同学的事、他的成绩等。了解孩子的内心想法，进行平等对话，一起享受成长过程中的喜与乐。

点睛之笔：家庭教育是终身教育，贯穿孩子的一生；家庭教育常以平等互动的形式存在着，这种互动影响着孩子的一生；孩子如何看待世界，在于父母如何对待他。孩子的成长只有一次，希望我们做父母的都可以做到静待花开！

"身教"在前 "言传"在后

昆明理工大学附属小学　杨杨箓妈妈　杨　莉

苏霍姆林斯基曾说过："社会教育是从家庭教育开始的，家庭好比植物的根苗，根苗茁壮，植物才能枝繁叶茂，开花结果，良好的学校教育是建立在良好的家庭教育基础上的。"他还说过："每一瞬间，你看到孩子，也就看到了自己，你教育孩子，也是在教育自己，并检验自己的人格。"

作为老师，我深知家庭教育的重要性。在孩子的教育问题上，我毅然决然地把重点放在了习惯的培养上。有这么一句话,我们不能把握风的大小,但我们能调整帆的方向。

多年的小学教育教学经验让我对孩子的身心发展有了一定的预判,尤其是对于学习情况的发展和掌握。所以,大部分时间,我不会太看重学习成绩,即便遇到学习困难,也可以尽快调整,应对孩子出现的问题。所以,我和孩子爸爸商量一致,要把更多的精力放在习惯的培养上。

都说教育要做到言传身教,通过与孩子的多次磨合,我发现我们家需要"身教"在前,"言传"在后。言传又身教,教子亦教己。

一、"言传"效果不佳

在女儿的生活习惯培养过程中,我总是希望她能达到一种理想化的状态,希望呈现在眼前的是主动学习,书桌整洁,房间干净,所到之处皆美好。其实不然,大多数时候看到的都是学习主动性不高,收纳习惯欠缺,玩心较重。与自己的理想有差距。有时候会生出无名火,口头禅就是"怎么说了一万遍都还是这样呢?教了多少次都没有用呢?",又或者是"过来,我最后教你一遍,看着,这里……那里……"在这样的反复唠叨和斥责中,她当下做出了改变,但也总是表现出不接受、不耐烦。改变虽有,但教育的收获甚微。反复纠正,反复出现问题,距离理想化的好习惯还是差了一些。就这样,多次的"言传"指导,效果不佳,也让亲子关系出现了一些问题。我和孩子爸爸也在不断的反思中寻找更好的方法。

二、"身教"其乐融融

自己专心"身教",孩子悄悄改变。

搬新家已经有一年的时间了,我们大人有时候也改不了乱丢乱放外套的习惯,有一次去到朋友家,看到整洁的客厅,让人身心愉悦,跟她取经的过程中发现,保持确实很酷。于是和孩子爸爸约定,一定要时常收拾,天天保持。在每次收拾的过程中我和孩子爸爸并没有分工,却又十分默契地各自负责几个区域。孩子做着作业,我们也没有刻意将她放在收拾的成员当中,只是带着愉快的心情做着自己的事,她偶尔回头看我们一眼。就这样,我们坚持了两个星期,在一个周末,果果在书桌那里叮叮当当忙活了大半天,忙完之后,兴高采烈地告诉我,妈妈,你看看我的书桌收拾得怎么样?我怀着好奇心走过去一看,竟然达到了我之前要求的标准。当时内心触动很大。

晚上,我也与果果爸爸分享了孩子这个小举动。我们俩默契认为,我们的坚持不光让家里干净整洁,孩子也在整个过程中耳濡目染,慢慢模仿和改变。又到了一个周末,我们又在收拾和打扫,果果看到了,说了一句:"爸爸妈妈,今天我来分分工怎么样?"于是,我们欣然接受她的安排,按照分工,开始打扫起来,过程中有说有笑,有问有答,其乐融融。

有了这样的经验,我们在她的学习和生活习惯方面不断调整和升级"身教"的办法,让孩子越来越愿意去改变不好的地方,形成更多好的习惯。

点睛之笔:不动声色的"身教","身教"之后加入总结性的"言传"。让我们寻找到适合自己孩子的习惯培养方法。同时也让我们成人得到更深的教育思考。其实孩子眼里能看见的很多,当孩子有了一定判断能力的时候,她也向往美好的事物,会模仿和靠近美好。我们不用说太多,就专心做好对的事,让孩子看见,让孩子模仿和超越,这样做的收获往往比我们每天"唠叨"来得更有力量。

孝亲敬长　从小抓起

昆明理工大学附属小学　杨咏捷妈妈　邢晓芹

我们常说"百善孝为先"。孝亲敬长是中华民族的传统美德。

纵观历史,早有子路孝敬父母的故事:当时他的家里很穷,长年靠吃粗粮野菜为生。有一次,年老的父母想要吃米饭,可是家里一点儿也没有,子路想到可以翻过几道山到亲戚家借米来满足父母的要求,于是小小的子路翻山越岭走了十几里路从亲戚家背回了一小袋米,看到父母吃到了米,子路忘记了疲劳。

我出生在农村家庭,生活十分不易,父母供我和妹妹读书十分艰难,但从未放弃。从小我就知道要好好读书,长大后一定要孝敬爸爸妈妈。工作后,我始终和妹妹一起,带爸爸妈妈去旅游,去娱乐,去会老朋友等。这是我们的"孝"。"百善孝为先",孝亲敬长,是每一个家庭都应有的家风,尤其是孩子应具备的品德。

然而,我们会发现,目前的少部分家庭,父母们过多关注孩子的成绩,帮孩子报很多的培训班。但疏于对子女品格和孝心的培养,甚至会认为,孩子大了,就自然会有孝心了,不用培养。有的家长要么过于严苛,一味要求孩子"懂事""听话""顺从",体谅家长的苦心,将无条件服从家长的要求视为"孝";要么过分迁就,无限度地宠溺子女,使孩子形成"父母做一切牺牲都是理所应当、心甘情愿的"错觉,甚至已经很少在家庭生活中提及"孝"。我认为培养孩子孝心应该从以下三点着手:

一、树立孝亲敬长的理念

父母首先要树立"孩子不仅要学习好,还要具有孝敬父母的良好品质"的理念。

我的第一个孩子出生在 2009 年,现如今已经有 13 岁了,从小我就灌输一个理念给他,我是你的妈妈,你爱我,我也爱你;你的爷爷奶奶是你父亲的爸爸妈妈,你的外公外婆是我的爸爸妈妈,你应该尊敬他们,也和爸爸妈妈一起孝敬他们。要求他吃东西的时候,先递给长辈,自己最后再吃,即使长辈不吃,也要礼貌地询问。每年寒暑假,不管有多忙,一定要回老家去看望长辈。在家庭生活中,孩子不仅仅是一名有课业负担的学生,同时也是家庭成员之一,父母要督促孩子从家庭的点滴小事做起,在完成学习任务后适当承担家务;安排一些家庭活动,与孩子分工合作,强化其家庭成员的归属感和责任感;适当告知孩子家庭的财务状况,使孩子学会体谅父母工作的艰辛以及挣钱的不易,逐步培养孩子体谅父母、孝敬父母的良好品德。

二、树立榜样

"孝敬"这一品德的培养有其特殊性,它依赖于家庭场所和家庭成员之间的互动。或许学校能够向孩子传递"孝敬"的观念,但无法帮助孩子完成"孝敬"

的实践。在发扬孝道的路上,父母才是孩子最好的老师,在家庭生活中,父母对长辈的一言一行都会对孩子产生深刻的影响。因此,在家庭生活中,父母要以身作则,给孩子示范孝敬老人和构建良好亲子关系的具体做法。例如:在周末及节假日尽量抽出时间带孩子去看望家里的老人,与老人共享天伦之乐,尽到孝敬父母的责任与义务。长此以往,孩子耳濡目染,也能在潜移默化中逐渐养成孝敬父母的良好品德。

三、知行合一

1. 想父母之所想,关心他们的身心健康

当父母身体不舒服时,要关心父母,父母也要接受孩子的关心,不要拒绝。

2. 孝在当下,引导孩子帮父母做一些力所能及的家务活

父母要树立锻炼孩子的意识,不要事事包办代替,要有意识地引导孩子,他们也是家庭的一员,有义务为家庭贡献力量,作为妈妈可以带领他们做些孩子们力所能及的事,培养他们的责任感,同时也为孩子创造一些锻炼的机会。

点睛之笔:"孝"是中华传统文化的精华,发扬这一美德有利于调节亲子关系,塑造家庭文化,进而创造文明和谐的社会。然而,不同于父母之于子女的先天之爱,子女之于父母的"孝"或许需要后天培育。因此,家庭生活中父母应当有意识、有方法、有具体行动地发扬"孝道"。

共情篇

每一个努力的孩子都是闪闪发光的

昆明理工大学附属小学　尤迪生妈妈　王怡文

如何引导孩子健康成长,成为优秀出众的人?作为母亲,我一直在思考这个问题,一开始我以为只要自己努力就能培养出一个优秀、努力的孩子。后来我发现,一个努力的妈妈如果没有得当的方法,是无法培养一个努力的孩子的。

昆明理工大学附属小学石梦媛校长曾说过："做智慧父母，才能遇见更好的孩子。"所以作为家长只有努力是不够的，还需要不断学习增长智慧，接纳不完美的孩子和自己，发现并看到孩子的努力，这样才能遇见未来闪闪发光的孩子。

一、孩子没有被看见，家长再努力也是徒劳

在孩子刚上小学时，我一直秉持着"一年级不努力，将来就是开盲盒"的观念，于是我也加倍努力，每天为他吃什么样的早点绞尽脑汁，因为担心他的身体，所以不准他吃不健康的东西。为了让他不输在起跑线上，给他买各类教辅、习题，并且每天都给他"加餐"，他为了应付我给他布置的作业每天基本上要到8点半才能全部完成，也没有什么玩的时间。

除此之外，我还给孩子灌输低年级课业负担不重，钢琴不能落下的思想，要锻炼好身体再报个足球班……经过我的"填鸭"式训练后，客观地说，孩子的字确实写得好看了，做题的速度也加快了，钢琴也过了二级。那时我还暗自窃喜，我的努力没有白费。

渐渐的，孩子开始对做题、钢琴等产生了厌恶，整个人变得消极，他说："妈妈，我不喜欢弹钢琴，不喜欢上足球班，我很累。"针对孩子产生的这些问题，我和孩子爸爸反复沟通，最终得出结论，孩子是父母的一面镜子，因为他喜欢的我都反对，他不喜欢的我努力要他坚持，因此让他失去了努力的方向和动力，也给他带来了不少负面情绪。

但我们非常幸运，遇到了秉承"幸福教育"理念的幸福附小，遇见了能看到孩子的好老师。为了让孩子能变得更自信、阳光，班主任迟老师让孩子担任语文小组长，迟老师鼓励孩子说："你是我最好的小帮手，你收的作业最整齐，老师和同学都希望你每天按时来上学，因为我们都等着你来收作业。"因为有这样的认可和鼓励，他每天都想第一个到学校，去做老师的好帮手，这一学期他获得了"三好学生"称号，奖状被他视若珍宝。这也让我深刻感受到孩子要的是被看见，被鼓励，才会变得越来越好。

二、每一个努力的孩子都是闪闪发光的

拥有这段育儿经历之后，我也一直在反思，虽然我自认为是个努力的妈妈，但可能因为自己用错了力,不但把自己变得焦虑还让孩子失去了动力。在那之后我也开始加强学习,致力于做石校长所说的智慧型父母,并且定期参加一些家庭教育培训。

后来我尝试通过"换位思考"的方式站在孩子的角度与孩子相处,让他来做主,比如早点就按他的喜好来做,或者给他限定一个金额范围让他用电话手表自己去购买他想要吃的东西,在他做每一件事之前,都让他自己做计划,他说想学滑冰、游泳、登山徒步,就陪他去体验、去尝试,以他喜欢的方式陪伴他、鼓励他,慢慢地,他变得自信、主动、有力量了。

三、与大家共勉:正向引导让孩子更优秀

其实我们与孩子们共处的时光都是在失去的,与孩子相处的点点滴滴,都是一去不复返的,当你用流逝的眼光看待孩子,才能真正发自内心去爱他。当他起晚的时候我会说:你看现在你着急地换鞋,想要很快去到学校,说明你很重视上学的时间,我们快走吧。若去到学校没有迟到,我还会再多鼓励一句:其实妈妈一路上看着你有些困,但是你还是高效地把每件事都做得很好,说明你对时间是有规划的。我尝试运用这样的方法鼓励孩子,收获的是孩子变得更自信、更乐观,而且我与孩子的关系也越来越好了。

点睛之笔:教学就是一群不完美的教师带着一群不完美的学生一起走向完美的过程;育儿就是一对不完美的家长,带着不完美的孩子,一起走向完美的过程。

用心倾听孩子的心声 走进孩子的内心世界

昆明理工大学附属小学 竟逸然妈妈 孟 阳

倾听是父母和孩子建立良好亲子关系的一个重要环节,只有用心倾听,才能更好地了解孩子,走进孩子的内心,才能让亲子关系更加融洽。

一、倾听中学会与孩子共情,设身处地体会孩子的感受

真正的倾听应是共情倾听——共情,是一种能深入孩子主观世界并了解其感受的能力——设身处地理解孩子的境遇,将心比心地感受他的心理,感同身受地体会他的情感,并以恰当的方式表达自己对孩子的理解与尊重。只有当你打开心灵倾听,真正与孩子共情,才能了解他真正的需求。

当孩子需要被倾听时,父母一定要留在孩子身边,放下手中的一切,以尊重和理解的态度,真正站在孩子的角度,设身处地地为他们着想,家长的心和孩子就真正靠近了。心理学家认为,倾听有净化和治愈作用,当孩子有不良情绪的时候,父母要耐心地关注他的情绪变化,积极的倾听能够沉淀和过滤孩子复杂而奔腾的情绪,帮助他发泄不良情绪,让他进行自我疗愈。

我们可以仔细回忆一下平时与孩子的互动,我们真的"听到"孩子在说什么了吗?真的体会到他当时的切身感受和需要了吗?

有一天,我和爸爸带孩子去湿地公园的沙滩上玩儿,孩子兴冲冲地跑过来:"妈妈,你看这个小石头多好看,我刚发现的!"本来孩子是要和我一起分享他的发现,结果我说:"你看看你,弄得满身是土,看这小脏手,一会儿回家一定要好好洗洗!"我这样的回答让孩子顿时十分扫兴,不再和我继续交流。

这是多么熟悉的场景和对话啊!我们总是看到孩子做得不好的地方,看不到孩子自身的感受和需要。孩子有好的感受,才会有好的行为。想要解决事情,先解决心情。只有父母用心倾听,真正接纳孩子的感受,了解到他的需要,才能抚平孩子的情绪,帮助他调节心情,最终才能心平气和地一起去解决问题,这样的亲子关系一定会越来越和谐。

二、积极有效地倾听并提问可以发掘孩子内在的力量

倾听能增进孩子的安全感,让孩子自信自主。孩子只有在感到他可以自由表达自己的时候才会有安全感,才会放下心里的包袱,勇于坚持真我。我们在倾听孩子的过程中,可以积极有效地提问,了解孩子内心真正的想法,这样可以帮助他找到问题背后的资源,发掘自己的内在力量。

一天放学的路上,女儿告诉我,她想报名参加"花样少年"的演讲比赛。

"哇,真不错!"我摸摸她的小脑袋。我想了想,又问她:"对了,你为什么想演讲呢?"孩子明显思考了一下,说:"演讲的感觉非常好!"我再追问:"怎么会感觉演讲'那么好'呢?""就是我可以把我想说的表达出来,特别过瘾。"

"明白了,站在大家面前,把自己的想法大声说出来的感觉确实不错。不过这需要提前做好准备和练习,你打算讲什么主题呢?"接下来,我们就开始讨论演讲的主题。我的提问让孩子原本模糊的"想要演讲"的念头清晰化了,让她看到"想"的背后原来是她喜欢当众表达自己的想法,她喜欢站在讲台上的感觉。

来自周围人尤其是重要的人的反馈对孩子自我认知的形成非常重要。家长的提问会让孩子原本在脑中模糊的念头变得更加清晰,让他们能够当众表达自己的真实所想,这样的倾听是非常重要的,因为不仅聆听,还有引导,让孩子真正明白为什么这么喜欢做这件事。

点睛之笔:爱人如己,以己度人,真正的倾听是走进孩子的内心世界,孩子需要真正的倾听,倾听也会让你更加了解孩子。孩子需要真正的倾听来发现更好的自己,这样也能够让家长更加了解孩子,走进孩子的内心,久而久之,也能够在家庭中创造出积极温暖的亲子关系环境。

好孩子是"鼓励"出来的

昆明理工大学附属小学　陈俞燃妈妈　吴海燕

德雷克斯曾经说过,"孩子们需要鼓励,就像植物需要水",没有鼓励,孩子们这朵花就会枯萎,甚至是凋零。由此可见,鼓励对一个孩子而言是多么重要!

想要气球升天,就得给气球充气。充的气不够,气球上不了天;充的气过多,气球也许会破;只有充适量的气,气球才会飞得既高又远。这种现象给我们的启示就是,凡事都有一个度。家庭同样如此。为人父母也应认真严格地把握分寸尺度,最大限度地发挥作用。那么怎样才能把握度呢?以下是在教育女儿中的一些鼓励方法,希望能对大家有用。

一、用手势来鼓励孩子

用手势鼓励孩子们的表现,比如鼓掌。每次陪女儿上课,她回答问题都很积极,但每次回答完问题都转过来看着我,一开始我没有明白是什么意思,后来我给了她鼓励的手势,从那以后女儿回答问题更积极了,上课更认真了。

二、用奖励来鼓励孩子

用小礼物或小糖果、玩具等来奖励孩子。只要觉得孩子自己表现良好,就会得到同样的奖励,这样他们就会觉得自己受到了鼓励。然而,这种奖励存在依赖性,建议慢慢减少,直到孩子们不是因为奖励而去做事,而是自发地喜欢做。这点孩子的班主任王老师做得特别好,每个孩子们都有一个红花本,根据孩子的表现给予一定的奖励,积攒到一定数量可以去找老师兑换奖励,女儿有一次兑到一支钢笔,回来兴奋不已,她说:"妈妈,这是王老师奖励的钢笔,我一定要用它好好练字。"这样的鼓励让孩子主动去练字、主动去学习,往往效果显著。

三、用活动来鼓励孩子

如果你认为你的孩子做得很好,你可以带他出去散步或玩游戏。让你的孩子成为小老师,带头和你玩耍。孩子们会有很大的荣誉感,并将继续关注这件事。

户外活动,是孩子们最喜欢的事情,每周孩子按照约定完成相应的事积满小星星,周末就可以出去玩。去哪里玩,怎么玩,都由她来决定,她会安排好大部分事宜,我们只用负责她完成不了的部分,还有陪着她,这样可以培养孩子的条理性,先干什么,再干什么,能培养她的动手能力、收纳整理能力;出去玩,我要带着大家玩什么,怎么玩,孩子会去提前思考,提前规划,这类活动既鼓励了孩子也能让她们在活动中得到锻炼。

四、用语言来鼓励孩子

"没关系,下次再来!"当孩子失败时,我们应该用这句话,打消孩子的失败感。

"没问题,我相信你!"当孩子遇到不敢做的事情时,我们应该用这句话来让孩子鼓起勇气。

一次孩子检测成绩不理想,她小心翼翼地说:"妈妈,我这次没有考好。"看到她的成绩的时候我慌了,我也怒了,本想着会是一场狂风暴雨,这时孩子小声地说:"妈妈,我不舒服中途耽误了一会儿,后面的题没做完,我也没有检查,我不是故意的,妈妈你别生气,陈老师说:'这次考不好没关系,下次认真、仔细一定会好的。'"听到这里,我为自己刚刚的怒火感到惭愧,我俯下身对着女儿说:"孩子,没关系,妈妈知道你不是故意的,妈妈也相信你下次一定会更好。"这时孩子看着我,脸上露出了笑容。

父母对孩子不仅要从生活上关心,更要从精神上、心理上关心,不仅要关心其智力因素的培养发展,而且要关心其非智力因素方面的形成。对孩子的点滴进步应及时肯定,给予表扬鼓励。

点睛之笔:鼓励能够帮助孩子培养勇气,鼓励能够让孩子感觉到自己有能力,将来会对社会做出贡献,更加可贵的是,鼓励可以帮助孩子找到自己的归属感和价值,从而也不再害怕犯错,即使犯错了,也能够从错误中不断地学习。

一切美好　始于接纳

昆明理工大学附属小学　杨舒萌妈妈　叶　蔓

"当妈就是一个不断崩溃、不断自愈又不断强大的过程。"这句话适用于很多妈妈,特别是我。孩子上小学以后,我们家开启了"鸡飞狗跳"的常态画面:如履薄冰的她,怒发冲冠的我,和反对暴力的爸爸吵、跟心疼孙辈的老人吵……一次次的情绪崩溃和自我否定,像一个恶性循环,让整个家陷入阴霾。

而破局的关键,源于萌爸轻描淡写的一句话。我永远也忘不了那一天,他安慰着流泪的孩子,看着还在"冒烟儿"的我,说:"萌萌别难过了,妈妈也还是一个孩子呢。"我从错愕到感动。是的,我曾经也是一个充满问题的孩子,而他们就像接纳一个孩子一样,包容着我这个不成熟的妈妈。接纳的力量,让我的怒气烟消云散,开始反思与改变。

一、接纳就是不忘初心

还记得初为人母,我对着襁褓中娇嫩的她轻轻地说:"宝贝,只愿你健康快乐地长大,妈妈会一直爱你、保护你。"是的,孩子健康幸福是所有父母的初心。然而,随着孩子长大,父母的要求越来越多,亲子关系日益紧张,初心渐渐被遗忘。

学习接纳就从不忘初心开始,提醒自己对孩子的爱和好本就是无条件的,也要让孩子知道。我跟萌爸约定家人间要更多地亲吻和拥抱,尤其是孩子起床和入睡时,都要亲亲她抱抱她,说:"早安/晚安萌萌,妈妈/爸爸爱你。"即使有时没忍住发了火,也要说明不是因为不爱她,而是不喜欢她的某种行为。孩子自然是明白的,笑容和安全感也与日俱增。

二、接纳是改变的开始

心理学家卡尔·罗杰斯表示:"稀奇的悖论是:当我真正接受了自己,我反而可以改变了。"这个理论对亲子关系同样适用。接纳不是控制和对抗,更不是漠视和纵容,而是用平和包容的心态接受孩子的不完美,对行为背后的感受、动机和需求给予关注和理解,让孩子在温暖安全的氛围中被滋养、修复和成长。

知易行难,对此,我分享一下我用来疏解情绪比较有效的"三部曲":首先,当孩子的行为让你生气时,尽量语气平静地问一下"为什么",倾听会让孩子感受到你的理解与尊重,进而愿意信任你并且有表达的愿望,或许孩子的答案会让你改变视角,发现他们的行为其实也不无道理。其次,问孩子"怎么办",如果他不知道,就教他正确的做法,但不能伴有指责和唠叨。如果他能解决,说明他已经认识到问题并且进步成长了,请及时给予肯定,正面强化孩子的好行为。

三、接纳就是共同成长

"接纳已经是当代社会一项重要的生存技能,帮助我们获得内心的平静和幸福,在坚硬的世界柔韧前行并拥抱无限可能。"正如作家艾希莉所言,从决心接纳到践行近两年的时间里,我看到孩子的进步和自信,也收获了自身的成长。虽然很多时候还做不到无条件地接纳,还是会发脾气,但是我能够更快地觉察和纠正自己。当不能够带给孩子正能量的时候,我会选择安静地陪伴,把关注从孩子身上转移到自己身上。她写作业的时候我可以看书,她在兴趣班上课的时候我也可以一同学习或者做其他能让自己快乐的事。于是,两年不到的时间,我跟她一起学会了游泳、滑冰和滑雪,不但成为孩子眼中"多才多艺"的妈妈,也成为更加快乐的自己!

点睛之笔: 想真正接纳孩子,首先要接纳我们自己。当"焦虑、迷茫"几乎成了这个时代中年父母的代名词,请想一下你有多久没有倾听过自己的内心,关照过自己的情绪。认真地倾听吧,大胆地表达吧,像对待一个婴儿一般重新拥抱自己。

润物细无声

昆明理工大学附属小学　鄢子翔妈妈　朱松波

一、幸福比优秀更重要

我一直非常推崇昆理工附小幸福教育的理念:学得幸福,学了幸福。我们大部分人的生活注定是平凡的,在平凡的生活中拥有获得幸福的能力,就像是在瓦砾中开出花一样,能让我们有足够的勇气面对人生的不如意,以积极的态度享受人生的乐趣。

家庭教育是整个教育阶段的基础环节,亲子关系则是影响孩子成长以及家庭稳定的重要因素,孩子长大后成为一个身心健康的人,是家庭教育最基本的责任。孩子首先是一个独立的个体,父母以温和的态度对待孩子,给孩子更多积极的评价,那么孩子的态度往往是积极的,对周围事物的看法也是乐观和自信的,长大后也更容易温柔地对待这个世界。

二、温和而坚定

当然,我这里说的温和,并不是对孩子犯的错误不管不顾,消极面对,更不是对孩子一味姑息纵容,毫无原则地退让。而是"温和而坚定",也就是:态度温和,目标坚定。默默耕耘,浇水施肥,静待花开。现在的孩子都懂得不断试探家长的底线,我们一定要对事态有清醒的预判,对目标有清晰的认识,有要坚持的原则。不能被孩子牵着鼻子走,更不能被自己的情绪左右。父母对孩子的态度不仅影响孩子智力发展水平和学习,也影响孩子其他能力和人格的发展。我们要以平和的心态,再辅以正确的沟通方法,对孩子加以引导。

三、生活中并不缺少美,而是缺少发现美的眼睛

在昆理工附小这样一个优秀的大集体中,孩子们都很优秀,"别人家的孩子"是那样聪明、好学、勤奋、踏实……而自己的孩子却总是会有这样那样的问题。我的孩子由于粗心大意,有时会出现写错别字,或者数学题抄错数字的情况。赵老师的检查方法很好:做检查题,我给他贴在书桌上反复看,督促他反复练习。习惯的养成需要时间,正向的引导强化需要过程。我觉得从正向加以引导,在没有犯错的时候多进行鼓励会更有效。我们大部分都只是平凡的父母,在要求孩子之前,先要求我们自己。想要孩子改掉粗心的毛病,我们先改掉拖延的毛病,做到合理规划,这样做起事来条理清晰,孩子也会慢慢受到影响。静下心来想,其实我的孩子也是有很多优点的:他有很强的逻辑思维能力,能很快看懂机器构造,运行原理,说起各种太空知识头头是道;他的乐感很好,钢琴拿了很多奖,小提琴也小有成就……以平和的心态面对孩子的缺点,发现孩子的优点,营造良好的家庭氛围,这样有助于孩子自信地长大,勇于表达自己的观点,敢于坚持自己的选择,拥有获得幸福的能力。

四、做孩子最坚强的后盾

现在的父母们压力都很大,一直不结束的疫情,更为生活添了一些烦闷。要想一直对孩子保持温和的态度,确实不容易。在孩子上幼儿园小班的时候,

有天晚上我教他背《九月九日忆山东兄弟》,教了好多遍,他却连题目都背错,我忍不住吼了他。看着他哭的样子,我后悔了,我安慰了他,让他上床睡觉。第二天早上,意想不到的事情发生了,他清晰地把整首诗背了下来,他对我说:"妈妈,你吼我的时候,我的脑子里一片空白。后来我躺在床上,就记起来了。"孩子接受东西需要时间,回想我们自己受到批评或者面对糟糕态度的时候,是不是也会像孩子说的那样脑子一片空白,越急越使不上劲。这个时候对他大喊大叫,面目狰狞,长篇大论地说教甚至打骂,其实是起不到任何作用的,反而会影响他对你的信任。长期这样还会导致孩子逆反,影响亲子关系,甚至导致我们不愿意看见的结果出现。

点睛之笔:温和地面对孩子,给孩子更多的耐心,让家庭成为港湾,做孩子最坚强的后盾。只有在父母温和的态度下,在父母的鼓励和帮助下,孩子才能有更强的自信心,才能更好地发展自主能力、独立能力和其他社会能力,为一生奠定良好的基础。

宽容是一种力量

昆明理工大学附属小学　万子乐妈妈　罗　莉

"世界上最宽阔的是海洋,比海洋更宽阔的是天空,比天空更宽阔的是人的胸怀。"这是法国作家维克多·雨果说的话,也是我的座右铭。在我们心中,大海是那么的辽阔、一望无际;可当我们抬头仰望天空的时候,才发现天空是真正的无边无际。我们生活在不同的海域,可我们却生活在同一片蓝天下。可是,你知道吗?还有比天空更宽阔的,那就是人的胸怀。

我一直都觉得我们的老师是真"厉害",40多个"小不点儿"从幼儿园来到小学,年龄小、性格各异、自由散漫、不遵守纪律,想想都让人头大。但是到了老师这儿,孩子不仅变乖巧了,还学到了很多知识,越来越棒了!这当中老师除了用科学的教育方法来教导孩子之外,更多的是付出了自己的宽容和耐心。记得有一次开家长会,咱们一(7)班的"大家长"王兴华老师,在会上说了一句让我至今难忘的话:"同学之间要像兄弟姐妹一样相处。"听到这句话,我很感动。我也是生长在一个有哥哥的家庭,从小受哥哥照顾,什么都让着我,给我好吃的,带我一起玩,偶尔犯点小错都替我扛着。我深深体会到了哥哥对我的宽容和照顾。王老师让小朋友们像兄弟姐妹一样相处,同学们互相帮助,互相关心,整个班级其乐融融的。看着老师默默付出的背影,看着孩子们一天天成长,我想到了老子《道德经》中所述的"生而不有,为而不恃,功成而弗居",这不正是古人所遵从的"水善利万物而不争"的真实写照吗?

小朋友放学回来后,我们都会跟他聊聊每天在学校过得怎么样,有时候小朋友会跟我说:哪个小朋友不遵守纪律,哪个小朋友做错题……这种时候我都会让他讲一讲事情的前因后果,问问他:那这个小朋友有什么做得好的地方呢?他想一会儿,会说:嗯,他字写得好,还得到老师的表扬呢。他记性好,背书背得快……我就会告诉他:对,这些就是同学的优点,我们要多看看别人的优点,不要只盯着别人的缺点,这样才能学到别人好的品质,自己也才能进步。

有一次,儿子和同学在学校发生了小摩擦。放学时,小万自己找到同学妈妈,把情况说清楚了,两个孩子一个真诚地道歉,一个愉快地回应,"对不起""没关系",就这样,两个母亲还在纠结怎么处理,两个孩子就把事情解决了。我觉得这是一件多么美好的事情啊!因为相互宽容和理解,同学、家长之间的相处都更加和谐愉快!

人非圣贤,孰能无过?本着知错就改的原则,让宽容像阳光一样充满我们的内心,温暖自己,照亮别人。

宽容很重要,但是有一点也很重要,那就是:宽容是有原则的,没有原则的宽容是纵容。我们身边,无原则的纵容毁掉孩子的案例不在少数。所以,我倡导的,是一种换位的理解,一种坦诚的平和,一种尊重的沟通,让孩子每天都能秉持宽容之心取得点滴进步。

父母宽容,孩子的世界就不会狭窄。长此以往,我深信,孩子必然会拥有一片美丽的蓝天,为社会,为国家,做出自己的贡献。

点睛之笔:当我们在这有边界的空间里,与自己和解,与世界和解。接纳自己的不完美,接纳孩子的不完美。像水一样包容,将会产生一种无形的力量伴我们前行。宽容让我们的世界更和谐,宽容让我们的心更有力量!

幸福附小　幸福童年

昆明理工大学附属小学　和林洋妈妈　李素娟

昆明理工大学附属小学以"塑造健全人格,奠基幸福人生"的"幸福教育"为办学理念,以"明德尚美、自信阳光"为办学宗旨,这是我选择这所学校的初衷。我相信我的孩子,在幸福附小的摇篮里学习成长,定能明事理、自信且阳光。

杨澜女士说过一句话:"做一个妈妈,最成功的就是让你的孩子能够成功地离开你。"换言之,就是要让孩子有独立的能力。梳理了亲子关系的点点滴滴,我觉得我是一个"懒惰"的妈妈,我说过最多的话是"你让我很放心""你自己决定"。

2021年寒假,在回老家的动车上,上大班的和林洋在画册上看见了北海,随即确定幼儿园毕业之旅的目的地。我的答复是:"你自己决定,喜欢就好。但北海我没去过,你得自己想办法,安排好我们一家老小的行程,距离出发还有半年时间,我很放心把这件事交给你来完成。"

在她的吩咐下,我下载了三十来份北海自由行攻略,周末就当她的"朗读者"。那时的她还不认识汉字和拼音。读到第十几份的时候,她动摇了,所有的攻略都千篇一律。后来又把注意力转移到短视频上,协商好使用时间后,她开始刷手机。其实刚开始我很担心,怕她就此上瘾,还专门买了一个计时器。没曾想,计时器一响,她会乖乖地把手机还给我,还要求我充当她的"书记员",帮她记录一些零散的信息。

大概刷了三个周末的短视频,我觉得做"攻略"的方向有点儿偏离,就开始引导她。我告诉她,咱们出去玩,首先要明确去哪里、怎么去、去了之后住哪里,可以去哪些景点等,还提醒她酒店、车票等需要提前预订。她似乎也找到了方向,又开始指挥我把她积累的地名标注在地图上,然后帮她查询动车的时间点,她开始了她的计划。

记忆最深刻的是她选车次的时候,说弟弟习惯午觉,要么能在动车上睡,要么就避开这个时间点,并且,到目的地的时间不能太晚。我觉得很惊讶,不满六岁的她,居然能在这样一个小细节上照顾到2岁弟弟的习惯,那接下来的行程,我想我可以放手,让她大胆尝试。

最后,回想整个旅行,我只是"朗读者""书记员""付款机器人",说得最多的话是"我对你很放心、你决定就好"。她乐此不疲,我落得清闲。

涠洲岛的沙滩上,一茬儿又一茬儿的孩子在她的吆喝下捉螃蟹、堆沙堡、捡贝壳。是的,是一茬儿接一茬儿的孩子,她带领着。可能是前期功课做得足,她知道螃蟹躲在哪里,知道沙堡怎样堆才牢固,她还会跟小孩子们讲一些海洋生物的习性……她自信地带着甚至是高过她一头的孩子奔跑嬉闹的时候,我坐在太阳伞底下悠闲地喝果汁。

不由得反思,小心别摔了、不要去踩水、不要这样、不要那样……把"说教"挂在嘴边的我,真烦人。我应该站在她的角度来想想,她也怕摔倒,所以她会自己小心;她也不喜欢鞋子湿漉漉,所以她会绕过水坑……她已经长大了,我只需要引导她分析前因后果,决定权应该还给她,她是独立的个体。

相信她一次后,我才明白,这个孩子,是可以让我放心的,我应该给她足够的信任,肯定她,鼓励她。所以旅行结束后,我主动提出让她带弟弟自己到楼下玩。

再后来,邻居们见到我就开始夸,说她是屈指可数的可以自己带弟弟到楼下玩耍,并全程悉心照管的小孩。她会带着弟弟跟她的朋友一起玩,也会陪弟弟跟小一点儿的孩子一起玩。带弟弟在她看来,轻松自然。

我重新认识了跟我朝夕相处的女儿,她自信、独立,她应该有勇气面对她的人生。而我,只需要做一个少说教、多引导、多陪伴、多身教的"懒"妈妈。

点睛之笔:"你让我很放心""你决定就好",两句"神助攻",放手让孩子尝试,她能找到存在感,能更加自信,能积极阳光,她也能幸福地读万卷书,更能幸福地走万里路,奔向自己的世界!

幸福附小,幸福童年,感恩遇见!

爱和支持

昆明理工大学附属小学　赵泽瑜妈妈　聂婕婷

作为一个10岁小女孩的妈妈,我每天都充满了幸福和温暖,蜜桃就像我的小闺蜜一样,时时陪伴着我,甜蜜地滋润着我。我们之间无话不说,心情不好可以互相倾诉,有困难时一起想办法解决。那么在日常生活中如何给予孩子爱和支持?

一、在日常生活中,注入爱与温暖

2021年9月开始,因为学校工作安排,我到了楚雄州挂职,为期一年。刚来楚雄挂职时,我和蜜桃就约定好每天晚上视频聊聊天,分享一下当天的开心与烦恼。开始一段时间视频中的她都是以泪洗面,一个劲儿地告诉我她有多想我,想我回家陪着她,不想和妈妈分开,我明白她对我的思念,更多的就是说一些暖心的话去安慰她……慢慢地,视频里的她只是小眼圈红红的,忍住不再哭,因为她知道她有多想妈妈,妈妈就有多想她,为了不让妈妈担心和难过,她便学会了坚强。这时候我跟她的话题内容就丰富了许多,主动去问她在学校的情况,最近感兴趣的事物……再后来,她会主动跟我分享每天在学校发生的事,跟我说和朋友之间的小烦恼,跟我说她学习中点滴的进步,还会暖心地提醒我好好吃饭,早点睡觉,让我照顾好自己。在日常的沟通中,我更多的是倾听她说什么,关注她想什么,了解她需要什么,再给予反馈,所以蜜桃总说:"妈妈,你是我最好的朋友,因为你懂我。"

我们要在平常的亲子互动中,关注孩子内心的真正需求,而不是只站在父母的角度,指责孩子没有满足父母的需求。说起来轻松,但是要做到这一点并不容易,它考验我们对孩子的理解和包容程度。只有家长真正读懂孩子的需求才能和他们实现有效沟通,不要做出一副我努力尝试沟通了,要不要跟我聊随你的样子。父母要在生活中多积累那些让孩子感觉温暖的小细节、小瞬间,比如一个暖心的拥抱,一次亲子出游等,这些会成为日后孩子成长中非常重要的力量支持。

二、家长也要学会表达脆弱

孩子面前,父母无须伪装完美。当我工作疲惫回家时,我会告诉蜜桃:"妈妈今天真的好累,工作好辛苦。"她会跟我说:"妈妈辛苦了,快歇会儿,晚上睡觉前我给你做个按摩。"当我遇到解决不好的问题时,我会告诉蜜桃:"妈妈觉得很苦恼,因为遇到了难题,但是妈妈会努力想办法的。"蜜桃也会给我加油打气:"妈妈,我会陪着你一起想办法的!"让孩子感受到父母的喜怒哀乐,也是让孩子看见真实父母的一种渠道。

三、给予孩子必要的支持

当孩子表达了自己的顾虑和担忧之后,家长如何应对也很关键。四年级上学期时,蜜桃主动争取到一个给全班同学讲课的机会,授课内容是《纪昌学射》,当她兴奋地告诉我时,也表达了担心不会做 PPT,担心课讲不好的顾虑。首先我对她表示了肯定和鼓励:"妈妈为你感到自豪,因为你自信、积极!"接着一起查阅如何制作 PPT,因为让孩子主动去获取信息远比家长直接手把手地教她怎么做来得强。她在看了 PPT 制作教学的小视频课后,便迫不及待地打开电脑制作 PPT 课件了,整个过程她非常专注和认真。在电脑操作过程中需要指导时,我及时给予了帮助。PPT 制作完成后,她像是完成了一项大工程似的成就感满满! 最后,就是要解决如何讲课的问题,因为妈妈是老师,所以她自己想了个办法:"妈妈,你把你讲的直播课给我看看吧! 我记录一下教学的步骤。"我觉得这个主意真不错。观看的过程中,她认真地记录着教学的流程,还会给我提出一些建议。

点睛之笔:我们要坚信,每一个孩子都想成为更好的自己,并且他们也有能力做到。在给予孩子足够的爱和必要支持的同时,家长要用发展的眼光去看待孩子,关注他们行为背后的动机、认同他们的个性、察觉到他们的优势,这样才能更好地培养孩子拥有独立自主的人格,健全的自我价值体系。

爱的表达 心的分享

昆明理工大学附属小学 王若欣妈妈 曾见锋

教育,是一场漫长的修行;教育,是让孩子以自己的方式去发光;教育,就是心里有话能大胆说。而我们就在这里静静地守护,静待花开。我和我的孩子在教育路上,更像是一对无话不谈的朋友。

一、四个鸡蛋的故事

一天傍晚,我正在厨房准备晚餐,小欣说她想帮我打鸡蛋。我先示范如何敲鸡蛋再打入碗中,然后她开始打第一个鸡蛋。没想到的是,用力过猛,鸡蛋还没到碗里就掉在了地上。更没想到的是,同样的情况竟然重复了三遍!请各位家长想象一下,如果这个情景现在正发生在您和您的孩子身上,您会怎么处理呢?A.走开走开,别再给我添乱了! B.怎么回事?你刚才没看我是怎么弄的吗? C.行了行了,你还不如去做两道口算题! D.来,再打一个。

当小欣打的第二个鸡蛋又掉在灶台的时候,我语气有点儿不好地对她说:"你去那边打,我要擦这儿。"当我擦完起身看到地面上的第三个蛋液和一旁手足无措的女儿时,我转过身深吸了一口气,然后走到她身边用手臂轻轻地碰了碰她的手臂:"让我们再试一次吧!"终于,第四个鸡蛋成功进碗了。我收获了一个大大的拥抱:"妈妈,我之前好怕你会骂我啊! 我觉得你很爱我。"

孩子表现好的时候,我们会不由自主地向她表达"我爱你,宝贝",但当孩子犯错、跟父母有冲突的时候,请记住,依然要爱。

二、73855 定律

爱的表达方式多种多样,语言是最直接常用的一种方式。比如每天晚上睡觉前,我都会和小欣说:"我爱你,晚安。"

但在爱的表达和亲子沟通中,我们要尽可能多地使用非语言方式。什么是非语言方式呢？比如说眼神、微笑、点头、握手、抚摸等。从亲子沟通的角度来看，真正对孩子产生影响力的语言、语调、动作所占的比例，分别为7%、38%和55%，这就是73855定律。

每天晚上，我们会为彼此挤好牙膏并接满漱口水。有时我俩发生了小争吵，睡觉前发现对方依然为你准备好洗漱用品，心里就会涌起满满的爱意，怒意全无，只想赶紧刷好牙去搂着对方说："谢谢你，我爱你，晚安。"

三、"三个杯子"的故事

每个人的心里都有一个爱之杯，里面盛着我们的爱和能量。

当这个杯子里的能量和爱很少的时候，我们的状态可能是：焦虑，怀疑，害怕……当这个杯子蓄满的时候，我们的状态会是：满足，自信，快乐……

小欣的外婆离开我们已经快八年了。今年清明节假期，晚上快要睡觉的时候，小欣有点儿难过地跟我说："妈妈，我有点想不起外婆的样子了。"我轻轻地搂着她问："因为太久见不到外婆了是吗？但是妈妈知道，外婆一直都在你的心里啊。"她紧紧地抱着我哭着说："是的。妈妈，你不要这么爱我，我怕你太爱我了，就没有爱给外婆了。"

我也忍不住哭了。女儿的话让我明白，原来，爱是可以溢出来的啊！我的母亲当年给了我们满满的爱，这份爱虽然有点儿陈旧，但是没有消失，它变成了一种思念、分享、陪伴和成长。爱出者爱返，福往者福来。当我们日积月累毫不吝啬地去表达我们的爱，孩子心中的爱会越来越充沛丰盈，不会担心别人分走她的爱，并能把她的爱和能量传递给身边需要的人。

点睛之笔：爱孩子是父母的一种本能，也是一种能力，更是一门常学常新的必修课！我相信父母对孩子的爱一定是这个世界上最纯粹、最深沉的爱！爱孩子，如他所是，而非我所想。

感同身受 + 感同身"授"

昆明理工大学附属小学　杨翕麟妈妈　刘　敏

2022年1月1日,《中华人民共和国家庭教育促进法》颁布,这一年,我的孩子杨翕麟十岁,石校长说:"不管父母还是老师,想让孩子更优秀,首先应该做好自己,把自己活成一束光,才能去照亮孩子。"十年来,我和小伙子都不断调整状态,做更好的自己,更用心地扮演自己的角色。

一、教育的理论基石

每段关系,在我看来都是相遇的主体在某个时点和地点的相遇,之后一路同行,同行的过程中彼此理解和包容,并保持相对稳定的距离……

同行的结果大致有两种,一种是越走越近,另一种是渐行渐远,我们和孩子的相遇亦是如此,只是作为父母,我们要做到的是彼此的心越走越近,我们伴他们成长,最终让其独自翱翔……

同行时做到将心比心太难,但是感同身受是最基本的条件,对于我成长中的小伙子,我对自己的要求是"感同身受+感同身'授'"。

二、教育目标

养育一个孩子,就像开一个盲盒,每个孩子都是最美好的礼物,只是特点不同。我希望我的孩子可以做个自信的人。这样,在任何环境中都可以找到自己的位置,都清楚自己的得失,都能理性面对自己的选择,争取做到"不以物喜,不以己悲",按自己的方式来生活。这也是我对生活的态度。

三、教育方法

做个自信的人,这个课题好像太大不好入手,经过十年的演练,我采用的方法是"感同身受+感同身'授'",感觉好像还不错。

感同身受,重点在于站在孩子的角度发现问题,从孩子的视角来感知孩子的状态,之后用父母的视角寻找解决问题的目标和方向,最后用孩子可以接受的方式跟孩子沟通,循序渐进地影响孩子看待问题的角度和解决问题的方法。

感同身"授",重点在于站在自己的角度,在不断做好自己的路上,有任何发现和感悟都分享给孩子,带着孩子不断拓宽自己的认知和思维边界,这样,大家可以共同成长。

四、记忆中的那些事

在学习上,自从结束了学前生活,小伙子致力于研究如何偷懒,老母亲致力于实践如何通过"堵"住他的偷懒来提升他对知识点的理解并激励他提升偷懒技巧。

一年级上学期,期中考试数学 86 分,全班 65 个孩子,90 分以上 41 个。分析试卷发现偷懒偷出新境界,题目懒得动脑分析。于是乎,站在孩子的角度、用孩子常用的思维方式、引导孩子分析题意,经过一周两次的训练,期末考试数学 97 分。

四年级上学期,学习状态下滑,做阅读的时候对文章阅读深度不够、理解不透,主要问题应该就在于偷懒导致思考不深入。找到症结,我阅读文章后分析孩子答题的思考点,把原题目放在一边,重新提出针对性的问题并要求他重新作答,以此来打破孩子的思维模式,引导孩子从不同方面深刻理解文章。

在心理上,我们追求感同身受,在理解孩子的前提下,等待孩子用自己的方式适应环境,同时注意观察,适时且不动声色地推他一把。

五、展望

人是立体的、环境是立体的、孩子们长大后的社会是多样的、包容的,孩子在任何环境中都可以觉得自己还不错、环境还不错,这应该可以算他们体验这个世界的一个基本面,这个基本面做足了,孩子们就可以在人生中更有底气冲击自己想要的,更有勇气放弃自己不想要的,更有情怀坚守理想,更有柔情享受生活。

点睛之笔：与其说是我们教育孩子，不如说是孩子引领我们，因为想对彼此负责。用心地感同身受＋感同身"授"，是我们对孩子和对自己最用心的爱。

选择权交给你，我全力支持

昆明理工大学附属小学　王焓懿妈妈　付婷婷

"我想让你做任何你想做的事，这是你的选择，这是你的人生！"这句话出自电影《弱点》。影片讲述了一个黑人男孩从小无家可归，一再从领养家庭逃走后终于遇上了好心的陶西太太一家，在陶西太太的帮助下找到自我，最终成为美国国家橄榄球联盟的首批备选队员。这部电影对我的育儿观有很大的影响。在我初为人母时，我对于"要成为一个什么样的母亲？我能为我的孩子做些什么？"这些问题都感到很迷茫，直到有一天我看了这部电影，我开始明白：一个母亲要做的是帮助自己的孩子实现梦想，而不是为自己的孩子选择梦想。

一、谁说只有大人"all in"？小孩子才是真的"all in"！

我的孩子凡凡——一个对很多事情都充满好奇的"好奇宝宝"，他从天真无忧的幼儿园进入认知起航的小学初期，好奇心达到顶峰。画画、钢琴、跳绳、游泳、乐高积木、小主持人等，几乎是看到什么学什么，而且每一项都表现不俗，我和他爸爸都很惊喜，觉得凡凡简直是个"天才"。

有一天，凡凡对我说："妈妈，你不是说要带我去一位老师那里学书法吗？我们什么时候去？我已经等不及了。"我说："好，周末妈妈就带你去。"可是，说完后我就开始发愁了，想着已经很紧张的周末，我有点儿担心，最后，我还是把周六下午仅有的休息时间安排上了书法课。就这样，一到周末我们就开始往各个兴趣班"赶场"。

二、我的人生好灰暗！

慢慢地，凡凡有了一些变化，每天下班回到家，迎接我的不再是那个眉飞色舞的和我说着学校里发生的事情,然后笑得前仰后合的"调皮鬼",取而代之的是一个唉声叹气,做什么都提不起精神的泄了气的"小皮球"。一天晚上,洗漱完的凡凡伏在我肩头,我轻轻地拍着他的背,试图舒缓他的情绪。

"你最近怎么了?在学校遇到不开心的事情了吗?"

"妈妈,我觉得我好累啊,我有做不完的事情,我觉得我的人生好灰暗!"

我明白症结所在,又难过又好笑:"那你想怎么办呢?"

"我也不知道。"凡凡皱着眉头说。

"这些都是你的选择,而且你也很喜欢。"

"可是我没想到需要花那么多时间。"

"要不我们尝试着先放下一部分?"

"可以吗?你不是告诉我自己选择了的事情,再难也要坚持下去吗?"

"可以。坚持自己的选择很重要,但是,学会放手更难。"

"如果我不想弹钢琴了,你会生气吗?"

"不会。你选择你想做的事情,妈妈支持你。"

"妈妈,我真的很爱你。"

"我也很爱你,宝宝。"

三、"舍得"初体验

就这样,凡凡停止了钢琴、游泳、画画等兴趣的学习,把书法和跳绳坚持到了现在,整个小学阶段他在跳绳和书法方面取得了很多成绩,他自己也受益良多。值得一提的是,四年级下学期开始,他的书法学习达到一定程度后,书法老师带着他开始了国画的学习,他又拿起了他曾经放下的画笔。现在的他已经长大很多,国画和书法两项学习融为一体,接下来还要接触篆刻,这门兴趣得到了系统性的培养,他也从中体会到了什么是"舍"与"得"。而在这期间,我和孩子爸爸主要就是协助他,在他气馁的时候为他打气,在他迷惘的时候帮他分析利弊,在他开心的时候和他一起分享喜悦,在他取得成绩的时候第一时间为他点赞,从始至终都支持着他的选择。

四、选择权交给你,我全力支持

我相信很多父母都有替孩子做主的时候,从穿什么样的衣服,到做什么事情,有些甚至孩子成年后选择什么样的伴侣,都要横加干涉。我觉得父母在孩子人生的道路上做的更多的应该是"指引",教会他辨别是非,为他的人生道路照亮方向,而不是代替他做决定,把自己的人生"复制"到孩子身上。

点睛之笔:做孩子的"灯塔",为他指引方向,在他找到属于自己的一片天空后,放手让他自由自在地翱翔,这才是父母的"使命"所在。

电子产品=手雷 or 手电筒?
——破解数码时代的教育困局

昆明理工大学附属小学　黄予菲妈妈　张　瑜

今天我谈的主题是手机、平板电脑等电子产品,它们作为音乐、短视频、游戏、社交软件的传播媒介,给当下家庭教育带来许多问题。如何解构问题背后的底层逻辑,以及如何破解数码时代的困局是我近来常常思考的。

一、自我认同,但不故步自封

"要你管才怪?Woo,管我,管我,是天才还是鬼才。"当孩子从嘴里随意唱出这样的文字内容时,我突然发现她的自我意识,不知什么时候已然提升、强化到如此高度。这一首叫《要你管》的新歌单曲,她自己下载在我的手机音乐播放器里,很快就能跟着哼哼。

经常听见家长们聊天时说起,在这个信息爆炸的年代,电子产品就像是手雷,各式各样的软件提供给孩子各类解决方案,通过更多的渠道、海量的信息来认识世界,认识自己。而青春期的孩子抵御家长、老师和外界的质疑、批评、说教最简单的方式,就是从这些电子产品中找到她专属的内容产品,比如音乐、文章、卡通、游戏,最终实现个性化一致,打造自我认同。

数码时代,如果不理解孩子情绪背后的底层逻辑,不深挖孩子内心的真实需求,仅是凭借家长的经验和直觉,简单批评或是随意放过,都将给孩子造成负面影响,无法实现教育的目的。我想,要肯定他们自我意识的觉醒,同时引导他们拓展眼界,开阔心胸,切莫故步自封。

二、以小见大,洞悉社交需求

"妈妈,我的笔没了,我要买笔。"家里的笔花样繁多,可是还是嚷着要买。耐心沟通后才发现她要买的笔,其实用途和老师的日常要求没啥两样。看到她在微信群里和同学分享,才知道买笔不是完成使用属性,而是实现社交属性,彰显社群属性。电子产品就像是手雷,炸开时,孩子们在烟花四溅的火花里享受着社交群体中闪耀的共性标签,而家长们则被手雷炸得伤痕累累,疲惫不堪。

数码时代,如果不理解孩子情绪背后的底层逻辑,不深挖孩子内心的真实需求,仅是凭借家长的经验和直觉,简单满足或是粗暴拒绝,都将给孩子造成负面情绪,无法实现教育的目的。我想,家长们要在日常的细节中以小见大,借助"正确对待她们的社交需求"这个案例,找到孩子们每一次发声背后的真实意图。

三、洪水猛兽?引导人生目标

"妈妈,我长大了要当熊猫饲养员。"孩子看熊猫的视频快一个小时,冷不丁地喊了一嗓子。呃,又来,洪水猛兽啊!我那颗深恶痛绝的心,再次剧烈疼痛起来。

可转念一想,这一嗓子貌似指向了一个重要的人生目标,而且与好好学习的期望是一致的。于是我告诉她,要当熊猫饲养员,必须成为动物学的博士。她问我,如何才能成为动物学博士?我说,要好好读书,进入优秀的初中、高中,高考目标锁定动物学专业,并一直读到博士,而川渝地区正是大熊猫的生长、繁衍、养殖、科考基地。只有这样,才能实现人生目标,当上熊猫饲养员。这一刻,手机居然转变成指引孩子人生目标的手电筒。

数码时代,如果家长能及时抓住孩子诉求背后的底层逻辑,从中找到支点,那将会撬动正向思维,提振正面情绪,打造出好的学习氛围。我想,如何把洪水猛兽转变为甘雨润物,家长们不但要会倾听,还要善于思考。

四、我的思考

如此来看,数码时代的电子产品究竟是手雷,还是手电筒?恐怕已经无法简单地进行回答和判断,已经无法用"因果关系""线性思维"来看待,而必须学会使用"相关关系""矩阵思维"来理解。这就倒逼家长们,必须提高自身的认知水平,必须采取多维度视角来审视教育问题。要想教育好孩子,要想破数码产品的困局,根本上是要解决家长自身问题!"爸妈唯有好好学习,孩子方能天天向上"。

点睛之笔:拆掉思维里的墙,在当下多因素纠缠的复杂环境里,用全局的、多维度的视角重新审视自己,正确理解孩子,营造更加优质的家庭氛围和教育环境。

爱是陪伴,也是自由

昆明理工大学附属小学　吕筱山妈妈　刘　莉

吕筱山是一个很有个性,有自我想法的孩子,并非全能学霸,甚至一些学习习惯争议也很大。一方面,和他沟通时,他的思维会跳跃得很快,也会从很独特的角度看待问题;另一方面,他的状态会因情绪变化而天差地别。可他就是不一般的烟火,渐渐地,我也学会了接纳,由衷地爱着他原本的样子。反思孩子的成长过程中呈现出的较好的那一面,说明作为母亲,在与孩子的交流上也许做对了一些事。

一、及时牵手,陪伴不是陪着

孩子5岁时,提出了学习钢琴的要求。我并没有立即答应,给了孩子和自己一个月的时间考虑。在这个月里让他和正在学琴的表哥交流练琴的心得,并反复向他说明如果学琴就必须坚持每天练琴。一个月时间结束,我再次郑重地询问孩子,孩子坚定地回答"要学",于是我们踏上了漫漫学琴路。

第一年,孩子进步飞快。第二年,孩子开始有了课业,特别不适应,慢热的他每天放学后至少磨蹭2个小时,完全挤占了练琴的时间。不久,手生了,孩子就更不愿意练琴,甚至不愿上课。每天晚上,孩子都要说好几遍不想练琴……我没有强迫他去坚持,但在他休息的时间,我就播放他最喜欢的曲子,希望对他有所触动,果然,偶然间他还是忍不住在琴键上拨弄。由于练琴少,进度就停滞了。尽管焦急,但在和孩子多次探讨后,我依然选择让他"自由",我想,牵着他慢慢爬吧。哪怕每次上课都有一半以上的时间在练琴,但不能退让的是坚持陪他上每一次琴课。

就这样,牵着这只"偷懒的小蜗牛"爬了很久,逐渐每天见缝插针安排5至10分钟的时间练琴。有一天,孩子终于和我说:"妈妈,我认真想过了,我还是喜欢钢琴,还得练琴,我要弹自己喜欢的曲子。"之后,孩子也确实做到了。在重启练琴后,孩子又逐步恢复了学琴的进度并顺利地在学琴第4年通过了中国音协十级考试。

学琴更多是考验家长的坚持和耐心,孩子在经过短暂的兴奋期后,在枯燥、艰苦的练琴阶段往往难以坚持。作为母亲,更多是在孩子想要放弃时协助他寻找解决问题的办法,牵着他在坚持的路上再往前走走。

二、适时放手,关注不是关住

对孩子的未来,起初我是带有不切实际的宏大目标的。比如,在幼儿园时跟他聊鲁宾斯坦、聊自己喜欢但也没理解的斐波那契数列,刚上小学就为他备齐儿童哲学、实验百科、世界地理、门萨全书。然而孩子总会按照他自己的节奏成长,并不理会我的安排。

记得小时候给他读刘慈欣的儿童科幻系列时,其中有个情节把孩子吓得躲到被窝里,再也不肯听。看着孩子的反应,我也觉得可能这个时候早了些,于是放下手中这本畅销的书,转而读《尼尔斯骑鹅旅行记》。我想:"这是我小时候读过,教育专家也强力推荐的书,总没错了吧!"可现实往往与预设相差甚远。在我声情并茂念了半个月后,孩子忍不住给我摊牌了,"妈妈,能不念这本了吗?故事太长了,读到现在我已经忘了前面讲啥了!"于是,我们才开始皆大欢喜的绘本时光……

历经一系列挫败后我明白了过于拔高就是揠苗助长。虽然不再讲太多深奥的事物,但还是能用其中一些有趣的思维方式与孩子交流。比如我俩时常玩"1+1=?"的游戏。从最早"2"的答案,逐渐扩展到在急转弯时是11、猜字谜是10、单位不同时等于8……每过一段时间我们就要盘点一次有没有新的答案。我们总喜欢从不同的角度探讨问题,现在看来,孩子的思辨力也许是在这样的交流中受到了潜移默化的培养,那些不经意间埋下的种子,有一天也会发芽。

点睛之笔:蒙台梭利说:"当儿童还没有发展起控制能力的时候,让儿童想干什么就干什么是与自由观念相违背的。"自由不等于完全放养、不等于毫无规矩、不等于没有限制。相信孩子,相信他可以根据自己的内心和天性,追求和选择自己的轨迹。爱是陪伴,也是自由,放飞是父母最沉淀的爱。

共 情 共 心

昆明理工大学附属小学　冉锦沅妈妈　王　娟

儿子他们这一代毫无疑问都是照着书本养的,各种育儿宝典,从营养到生理,再到心理,我们都是竭尽全力去做到最好。养育过程中的迷茫和无奈、欣喜和抓狂,更是让我们痛并快乐着。今天想分享的是沟通,它在我们工作、生活中是多么重要,这是不言而喻的。

相信很多家长都看过亲子沟通的相关书籍,大家聚在一起也经常讨论各种沟通问题,比如聆听、尊重、分享、陪伴等。百家有百家的说法,我觉得最重要的一点就是用心陪伴。只有通过陪伴孩子才能和父母建立最温暖的桥梁,我们与孩子的对话才能生动、适宜、情感共鸣,也才能在遇到问题时找到情绪和情感的平衡点。

一、共情式沟通——用心陪伴

大约在儿子三年级的时候,我带领了一个新的团队,在与朋友谈及新团队的种种问题的时候,儿子在旁边突然结合他的班级管理的经验说起了他的想法。那一刻,我对他是刮目相看的,虽然有些想法不太成熟,但也说到了问题的本质,启发了我。从那以后,我会跟他讨论我工作中面临的问题,他也会跟我说他们班级的一些问题和趣事,我们就这样相互讨论,相互启发,在无数个时刻,我感觉我们两个之间不再是母子,我们是战友,我们是朋友。

我们的沟通有了好的开始,我们也在沟通中受益颇多。

五年级的时候我和儿子又面临同样的困惑,我换了工作单位,儿子也相应转学,我们都要重新融入新的团队中,适应新的环境,努力获得别人的认同,我们又在一个战壕里分享失落,我们再一次找到了共情点。我不停地给他打气,给他鼓励,告诉他妈妈也会一起努力,我们共同进步。很快,他融入了班级,学习成绩也有了进步。

有效的沟通就是共情。

二、青春期沟通——尊重差异

我们是父母,我们曾经也是孩子。很多时候我们都想把我们的人生经验、我们走过的坑跟孩子分享,让他们少走弯路,可是矛盾的是不走弯路又怎么成长。尤其是青春期,孩子会出现各种问题,我们也是这样走过来的,我想只要不偏离既定轨道,偶尔漂移一下是可以的,那也是一种青春的律动,切忌矫枉过正,适得其反。青春期不是洪水猛兽,家长的心态平和,孩子应该也会顺利度过。从孩子出生到现在的六年级,整整十二年,其实已经经历了几次"叛逆期",也是重要的成长期,他在这种所谓的叛逆期中形成了自己独立的思维,逐渐变成独立的个体。不藐视、不过度重视,相信我们也能在青春期找到一个好的交流模式。也许有时候只是我们不太适应他们变得独立了,变得跟我们的思维模式不一样了,我们急于矫正,而这个时候多数情况下会产生矛盾。如果孩子们的思维模式跟我们一样,没有任何变化,进步从何谈起呢? 只要不违背公序良俗,尊重差异化,我们与孩子之间就有了良好的沟通基础。

三、借力沟通——家校共育

也许由于我们和孩子之间的年龄差距很难找到这样或那样的共情点,培养孩子,有时候需要借助第三方的力量——老师。儿子的小学生涯是很幸运的,先后两位班主任,都是负责任和有爱的。在我每次教育孩子,希望沟通加持更多能量的时候,班主任都不遗余力地给予我帮助,一起鼓励孩子进步。正是学校和老师对他的殷殷期盼成了他努力向前的动力,家校共育才能开出最美丽的花。

点睛之笔:作为母亲,我一直努力着,争取一直做他的首席老师,严于律己、以身作则,与孩子一起努力,一起成长,每一步我们都彼此陪伴。家庭教育和学校教育有机结合,相互有力支持和推动,才能为孩子的学习及成长之路打好基础。

爱你所爱 共赴山海

昆明理工大学附属小学 李卓达妈妈 范正丽

时光荏苒,岁月如流,一转眼,我的孩子已经十岁了。他活泼开朗,喜欢踢足球、打篮球、打羽毛球和跳绳,是个十足的运动小达人。在过去的十年里,我们陪伴他成长、进步和收获,这期间有成功和喜悦,也有失败和艰辛。和所有父母一样,我们都想把最好的一切给孩子,希望他身心健康、品学兼优、兴趣广泛……一切,在开始的时候都是这么的简单。可这样的简单,也曾带给我许多困扰,走了一段弯路后才找到孩子成长的方向。

一、一厢情愿 偏离方向

回想起孩子刚出生时,那啼哭声异常响亮,产房里的护士都夸赞:"这孩子长大了可以当歌唱家!"果然"不出所料",孩子才牙牙学语,就会唱很多儿歌,虽然口齿不清,但音调却极准。2岁时,他已经能完整地唱完一首《歌唱祖国》,那有板有眼的小模样、清脆的歌声让我这个老母亲很是欣慰,于是决定从音乐方面来培养孩子。

孩子5岁时,我给他报了人生中的第一个兴趣班——钢琴班。第一天带他去试课,他坐在凳子上无所适从,一直在回头看我,老师讲了些什么,完全没听进去,显然,这次试课并没有激起他继续学习钢琴的兴趣,学钢琴暂且被搁置。

上一年级后,因为许多家长不能放学准点到校接孩子,所以学校为家长们提供了延时课服务,设置了丰富多彩的课程供孩子们选择。我没有征询他的意见,毫不犹豫地为他报了书法班和合唱团。理由很简单:写得一手漂亮的字是他该具备的本领,唱歌是他长项,应该没问题。半个学期过去了,某天与合唱团的老师聊起他的状况,老师笑着说:"达达在课堂上不是太积极,很少开口跟唱,每节课像个小观众,坐在凳子上晃悠着两只脚,这样的课对他来说感觉就是煎熬。"老师的一句话让我醍醐灌顶,回顾最初的起点,我总是凭借自己的主观认识,将我认为合适的塞给孩子,可这个"合适"却只是来自于我个人的判断。确实,比起未成年的孩子,我们在社会以及生活中都有着丰富的经验,而且都非常了解作为一个优秀的人所需要的"营养"。但是,我们却往往忘记了,这份来自我们判断的"合适",是否真的适合孩子呢?

二、尊重选择　培养兴趣

合唱团事件之后,我不再把自己的意愿强加给孩子,第一次正式征求他的意见。他喜欢踢足球,我给他报了足球班,我们一起制订学习目标,讨论在学习时可能遇到的困难,在之后的训练中,即便是摔倒、磕伤成了家常便饭,他从未有过一丝畏难情绪,每周末坚持训练,不论刮风下雨。后来,他成了足球队的队长,在他的带领下,队员们在联赛中一次次夺冠,他也多次获得"最佳射手"的荣誉称号。

二年级的某天,他突然又对我说:"妈,我想参加学校组织的跳绳比赛,您帮我报名吧!"要知道,这可是省级比赛,高手如云就不必说了。一年级的时候他要完成一个完整的过绳都困难,现在也只不过是刚学会跳,这怎么去参加比赛呢?他目光坚定地回答我:"我知道很难,但我从现在就开始练习,您监督我!"在老师的指导下,经过一段时间的训练,他与同伴们还真获得了一个好名次。三年级再次参加比赛时,又取得了省级第二名的好成绩。

四年级,他迷上了篮球,每天下课就与小伙们到球场上练习投篮,有时周末也会约上三两好友切磋技艺。今年学校组织篮球比赛,因为表现优异,他被选入了校篮球队。

运动路上,他越玩越开心,也越挫越勇。

三、爱你所爱　共赴山海

如今,看着孩子驰骋绿茵草地,奔跑在篮球场上与小伙伴们享受汗水肆意的快乐,更加坚定了我陪伴他走下去的决心。

点睛之笔:岁月漫长,晴雨交加,但若心怀热爱,亦能奔赴山海,静待一树花开。作为父母,尊重孩子的热爱,用热爱赶路并传承热爱,能激励孩子做"更好的自己"。

有一种力量叫妈妈的鼓励

昆明理工大学附属小学　肖怡乐妈妈　黄　晴

作为一个妈妈,我和大多数家长一样,也曾为如何培养孩子困惑过、迷茫过。鲁道夫·德雷克斯那句"孩子需要鼓励,就像植物需要水"使我茅塞顿开,找到了努力的方向。鼓励是一种神奇的力量,在孩子不够自信、不够勇敢时,能带给孩子自信和勇气。我比较了解我的孩子,性格温和、品学兼优,但心思敏感、不够自信勇敢,因此鼓励式教育就是我能够给予孩子最好的礼物和爱。

你有多努力,就有多幸运。孩子一直在外边学着英语,随着年龄的增长,难度也有所增加。临近期末,用在英语上的时间非常有限,老师布置的绘本阅读任务就被束之高阁。在老师发出回课名单后,我带着孩子一点儿一点儿地读,从发音、断句到流利度都给她提了要求,她一遍一遍地读,没有达标的,我就让她一直重复。读着读着,她的眼泪开始在眼睛里不停地打转,我鼓励她:"宝贝,要相信自己,你的理解能力、接受能力都是最好的,只要你肯花费时间去做,你肯定能行!"就这样哭着读着,读着哭着,整整花了一个多小时才读完。之后,带她去吃了最喜欢的海鲜自助,晚上回到家,她自觉地坐在桌前拿起了书本复习。第二天在老师的办公室里,看着别的小朋友那么流利地读着绘本,我心里非常忐忑。在轮到孩子阅读时,我径直走到门外,索性不看不听。几分钟后孩子得意扬扬地出来了。"妈妈,我得了 A。"我一把抱起了孩子,说:"宝贝,只要你足够努力,你就是最幸运的那个。"

你不勇敢,没人替你坚强。前阵子,学校组织了花样语言大赛,孩子高兴地报了名,我也挺替她开心。海选后进入了决赛。孩子参加过很多比赛,大多是集体表演,单独表演对她来说是一个挑战。我也曾试探她的态度,她希望能拥有一套漂亮的演出服,我欣然答应。决赛那天正值端午节,表演在一个商场举行,商场里人山人海,她一到现场就发怵了。等主持人点名后,我就一直在她的身后,默默地陪着她,为她加油打气。等前几个选手表演完后,她略有一丝紧张,上台前一刻,我鼓励她:"宝贝,妈妈不会要求你能拿到名次,只要你勇敢地站在台上,你就成功了。"那天比赛,孩子表现出出乎意料的淡定,大大方方走上台,发挥出了正常的水平,还取得了云南赛区三等奖的好成绩。适时鼓励,可以让孩子克服她心里的障碍,增加自信。

风雨过后定见彩虹。孩子六岁那年的暑假,我们去北京游玩,第一站就是长城。那天太阳火辣辣的,没有一丝风,前来爬长城的人们大都准备了毛巾,随时擦上一把。在长城脚下,我们慢慢悠悠,孩子还能跟上我们的节奏,等爬到了一半的时候,体力就跟不上了,感觉很吃力,不想继续爬了。我开导她:"宝贝,再坚持一下,爬到山顶,我们可以乘坐缆车下去"。孩子听了我的话,看着这条蜿蜒曲折的巨龙,心里很没有底气,并没有继续的意思。我只好停下来,指着山顶跟她说:"宝贝,你看,那个坡就是'好汉坡',爬上那个坡的人才能称为好汉,我知道你很累,但应该坚持一下,到山顶你就明白什么叫'无限风光在险峰'啦!""妈妈,爬上那个山坡我是不是也是好汉了啊?""那当然啦!加油,宝贝!"就这样,我们走走停停,一个多小时后,终于到达了山顶。站在最高处,孩子第一次体会到了杜甫那句"会当凌绝顶,一览众山小"的意境,那个自豪不言而喻。

点睛之笔:鼓励造就胆大自信的孩子。每个孩子都需要家长的鼓励,适时的鼓励能让孩子拥有自信、勇气和进取心,因此要选择合适时机及时引导,不能空谈或泛泛而谈,更不能夸张式鼓励,否则达不到目的。家长在鼓励孩子时,要多注重过程而非结果,过程比结果更重要,在过程中,家长的鼓励可帮助孩子克服心理障碍,增加自信,从而达到"正面激励"的效果。让鼓励伴着孩子,乘风破浪,筑梦远航!

营造家庭学习共同体

昆明理工大学附属小学　马子牧妈妈　马　佳

我想大多数妈妈会有和我有一样的感触:

孩子刚出生时,我得走在她的前面,为她披荆斩棘;

孩子学会跑了,我开始走在她的身后,鼓励她独立、鼓励她去探索;

再长大一些,我又能走在她的身旁,尊重她、理解她,与她平等相处;

到了小学高年级,幸运的话我还能搭着她的肩膀,和她一起讨论想法、一起解决问题。

一年级,鼓励孩子大胆提出问题,引导探索学习方法。

一年级学拼音时,孩子出现了明显的学习进度慢的情况,和老师交流后,我们决定动手制作一副拼音扑克。在一起制作的过程中,我们通过查课本、查字典、主动问老师等方式,逐步完善拼音知识。当孩子发现,她掌握的知识妈妈还不会时,小老师就立刻上线了,潜移默化地培养着孩子的"费曼学习法"。

二年级,合理使用学习工具,触发更多家庭讨论。

二年级时,孩子提出想要一个电话手表,我尝试去理解她的想法,引导她思考什么是自己想要的以及什么是自己需要的。和孩子沟通后我将手机介绍给了孩子:"作为一个生活在信息化社会的小孩,手机、电脑等都是你应该熟练使用的,但只有当你能够驾驭时,才是你能够拥有的时候。"

孩子用了一天时间专注地玩手机,在第二天骄傲地向家人展示了她已经掌握的手机功能,我们再为她补充了一些安装和查询功能后,孩子拥有了她的专属手机,我们对她的要求只有一个:合理使用。日常生活中,我们并不强调玩手机耽误学习这类的话题,而是正向引导孩子去使用电子产品。

高效的亲子时光除了户外、阅读、电影和游戏,我们还逐步增加了交流时间。比如二年级,我们经常会一边听三联的《少年》,一边吃晚饭,孩子会提出她的疑问,我和她爸爸也会主动提问或分享一些我们自己的见解。在这样的氛围下逐渐形成了家庭学习小组。

三年级,尝试主题式学习,解决日常生活问题。

三年级的暑假,孩子想收养一只小猫。

于是,在接下来的两天里,我们一起看了有关猫的纪录片;采访了三位身边养猫的亲朋好友,我用开放式的提问引导孩子,提前设计了采访提纲并做了采访记录;在基本了解猫的生活习性后我们做了一个预算以及饲养方案。最后孩子向爸爸和外婆讲解了她的养猫计划,征得同意后孩子拥有了她的"喵弟"。

四年级,紧扣校内学习主题,不断打磨学习方法。

进入四年级,孩子的独立思考能力逐步增加,我尝试鼓励她有更多的思考,我们不盲目地应付作业,而是思考作业背后老师的良苦用心是什么,以及自己喜欢的完成方式是什么。例如:国庆期间学校鼓励孩子们进行"我与祖国共成长"的活动,我们开展了一场主题学习。首先讨论并确定学习主题是"昆明解放史",从触手可及的事物入手,将历史知识转为真实的体验。搞清楚自己家乡的红色历史脉络才有可能触发爱国情怀。

温馨小贴士:

(1)跟随孩子的成长学习,并开诚布公地让孩子看见我的学习内容。

(2)用实际行动尊重孩子。不弱化我的能力、不遮掩我的缺点,尽量用孩子听得懂的方式告诉她她想知道的一切。学习是孩子学的,妈妈只给建议,不做要求。

(3)学会共情与倾听,只有与她一起面对同样的困境,才有可能找到分数低的真正原因。

(4) 最重要的一点——妈妈的自我关怀，我们用身心和孩子交流，妈妈自己的状态好，才能很好地陪伴孩子。

点睛之笔： 在亲子关系中营造开放、民主、平等的家庭学习共同体，让自己成为孩子成长的肥沃土壤，让孩子成为家长的学习伙伴，真正将孩子视为研究者、积极的社会参与者和协作探究中的主体人。正如德国教育家第斯多惠所说："教育教学的艺术不在于传授本领，而在善于激励、唤醒和鼓舞。"

尊重孩子 让孩子自信表达

昆明理工大学附属小学　孔维翕妈妈　王晓娟

孩子是一个独立的个体，我们不应该也不可能去订制一个自己心目中的孩子。孩子以他有限的对世界的认知在探索，探索着和我们沟通。他在用他的言语，告诉世界"我是谁，我是怎样想的"。在孩子向你发射信号时，给予积极恰当的回应，才能维护孩子持续向你表达的欲望，才能让孩子进一步向世界表达自己的想法，与世界建立良好的连接。

翕翕今年6岁了，他时常说出一些冲击到我的固有思维模式的话语。在他3岁时，我问他："你长大了以后想成为什么人？"他回答："我想成为我自己。"这个回答让我沉默了很久，作为一个在父母"高压政策"下长大的"90后"，我深知"不知道自己想要什么"的痛苦，初为人母时我便告诉自己，我的孩子最重要的是"知道自己要什么并为之努力"，但是随着孩子的长大，我却情不自禁把开始为他的未来做打算。那次的聊天唤起了我的初心，我下定决心，呵护翕翕"做自己"的信心和勇气。

一、做孩子的朋友

怎样才能呵护孩子表达的欲望和能力呢？静下心来想想，在孩子渴望表达的时候，是不是我们过于急切地替他表达了？在孩子表达得磕磕绊绊的时候，是不是我们武断地推理出了他的结论？在我们自以为充满热情的回应中，孩子看到了我们的急躁和不信任,是我们的过度关爱让孩子失去了这个能力。在翻看孩子的成长视频的时候,我时常惊讶地发现,原来自以为和蔼的语气中,有着急于求成的催促、患得患失的担忧和自己渴望尽善尽美的紧张感。我想孩子一定感受到了。

很多人都说要和孩子做朋友,但是事实上能做到这一点的家长很少,朋友的身份意味着你不能强迫孩子几点睡觉,不能规定孩子吃饭,不能严厉地告诉他什么是对什么是错。但是朋友可以约着孩子一起去读睡前绘本,一起约着品尝美食,一起讨论事情的对错。我尽量克制自己急于教会他什么事情的冲动,努力让自己成为孩子的一个大朋友。意外的是,在和孩子做朋友以后,我轻松了很多,因为我可以不做一个"优秀"的妈妈了,我可以因为他不和我一起睡觉而告诉他我很孤独,我可以告诉他我吃这么多蔬菜和肉是因为我还想长高,虽然希望渺小但是我想试一下。作为我的朋友,他表示愿意陪伴我一起学习,一起尝试。

二、高质量的陪伴——只属于彼此的时间

作为边工作边带娃的成年人,每天陪伴孩子最多的并不是我。孩子 2 岁时我听到孩子喊保姆"妈妈",我非常伤心,不能陪伴孩子的焦虑不安淹没了我。在看了很多育儿书,进行了很多尝试后,我找到了一个适合自己的方法:只属于我和孩子的每天的睡前 10 分钟聊天。在这 10 分钟里,我放下手中所有的事情,听一听孩子今天的发现,聊一聊今天开心的事。聊天过程中,我耐心去回答他的问题,不去评判他选择的话题,不会去干涉他的计划;聊天结束时,我会对孩子表达我爱他,和他在一起真的很开心,他也会对我说他很爱我。

三、不要吝啬说"爱"和"谢谢"

我会告诉他送礼物是爱,耐心等待是爱。这不是理所应当,这是因为爱。翕翕也经常对我说爱、说谢谢,会经常送我小花,会在幼儿园积满了小贴画后给我兑换卡通发卡。

《和另一个自己谈谈心》中有这样一句话:"妈妈凝视过你,你即能凝视万

物。"而我在陪伴孩子长大的过程里,感受到了更多的爱,也改变了对生活的理解;在凝视孩子成长的过程中,透过孩子,我重新看到了这个美好的世界。

点睛之笔:孩子和自己互相陪伴,彼此成就,这是一种幸福。让孩子成为自己平等的朋友,倾听他的声音而不是让他重复你的话语,尊重他的选择而不是让他替你弥补遗憾,和他一起成长而不是规划他的未来。

信任,让生命开出花来

昆明理工大学附属小学 张惠嘉妈妈 王兴华

写下这个题目,我的脑海里浮现出一个小故事,说的是爱因斯坦的母亲如何怼嘲笑儿子的人:"他不是呆,而是在沉思。你们不相信,是因为你们不了解他。"是的,爱的最好证明不就是信任吗?

对于女儿的教育,我和先生的观点始终保持着一致:相信她可以做好!愿望是美好的,但实施过程中,我们也走过一些弯路,曾经盲目地、无底线地信任,让女儿膨胀,我和先生也一度无措。但是很快,我们做了调整,目前,来自家庭的信任,让女儿成长得更健康。如今上四年级的她,拥有健康的身体,阳光的心态,既能享受成功的荣耀,也能从失败的经历中吸取经验。

那么,如何通过信任让孩子更加健康地成长呢?

一、信任,发掘孩子内在潜能

每个孩子都是他自己,希望在天地间找到自己存在的价值。我和她爸的工作非常忙,老人又不在身边,这样的家庭生活模式,决定了我们一家人既相互扶持,又彼此独立。我和她爸挂在嘴边的话是:"我就知道你有好办法。""我也不知道怎么办,你再想想。""哇,你怎么那么厉害!我都没想到!"小朋友比较爱吃"糖衣",在不断的精神鼓励下,她愉悦地承担了很多"工作"。现在,女儿的房间自己整理,外出行李自己收拾,第二天要穿的衣服自己提前准备好,还能帮助爸爸妈妈扫地、拖地、择菜、做饭等。这么说吧,现在让她独自外出,大人会比较放心,因为她有照顾自己的能力。这种能力的形成,无非就是相信孩子能行,多给孩子实践机会。

二、信任,让行为多点儿原则

信任需要原则管束,看似失去了自由,实则是一种爱护。这好比放风筝,风筝飞得高,是因为线的牵引。如果风筝觉得线是羁绊,离开线,要么被大风吹走,要么会直接坠落。四年级上学期,我们觉得孩子大了,也比较乖巧,应该给她一些自由支配的零花钱。于是,我们把钱放在固定位置,她需要就去取。虽然约法三章,比如花钱要有计划啦,花钱不可随心所欲啦,但是对于一个孩子,钱带来的好处太诱惑了:给朋友送礼物,一百元就没了;刚买了一支钢笔,过几天不喜欢了,又买一支。更夸张的是,到处可以看到她的零花钱,口袋里十元,裤兜里二十元,抽屉里五元,洗衣服都能洗出半截一元钱……我和她爸看在眼里,急在心头。过分的信任,变成了放纵。后来,我们通过理财视频,帮助孩子明白"钱是什么""钱能做什么",重新培养女儿的理财观,我们还在她的手机上下载了"手机银行",每个月定期存入 30 元,这 30 元她可以随意支配,但是超出限额,就要向爸爸妈妈提出申请。现在女儿依然有适当的、可支配的零花钱,有"大项"开支,也会和我们商量。这件事也让我意识到,小学阶段的孩子自律性不强,如果一味信任而缺少了原则,就会变成放纵。

信任,就是相信孩子能够自己解决问题或者承担某些责任。每个孩子都是独一无二的生命个体,要通过家长的智慧引领,激发出孩子内在的潜力。随着年龄增长,他们的自主意识会更加强烈,一味信任也会变成放纵,有原则的放手才是明智之举。

信任孩子,就是站在他们身后,让他们在被尊重的环境中学会自律与成长,愿每一个孩子,都能在信任的土壤中开出绚烂的生命之花。

点睛之笔: 裴斯泰洛齐在《与友人谈斯坦兹经验的信》中说道:"第一件要做的事,就是要赢得孩子们的信任和热情。假如做到了这一点,一切其余的问题也会随着解决了。"作为家长,智慧地给予孩子信任,让孩子在信任的土壤中开出绚烂的生命之花,也是我们为人父母毕生的功课。

做生活的主人

昆明理工大学附属小学　张琦岚妈妈　张卿慧

我的儿子现在是一个即将毕业的六年级学生,和同龄人相比,他少了一些叛逆,多了一些担当,回忆小学的六年生活,我想,我们从小就培养他做生活的主人,这或许就是原因。

一、参与家庭生活

除了从小就要求他自己的事情自己做以外,从小学一年级开始,孩子爸爸就一直培养他参与家庭事务。每周五爷俩的大扫除雷打不动,一起扫地拖地、一起洗衣服晒衣服、一起收拾屋子、一起做早餐。从最开始的爸爸安排、孩子参与到后来的孩子安排、爸爸参与。

现在,每周末他总是早早地起床,做好早餐以后再叫我们起床吃饭。参与家庭生活,做家里的一分子,做生活的主人。

二、创造"保守"童年生活

现在是信息大爆炸的时代,智能手机的普及导致不少学生刷手机、玩游戏,严重影响学生的身心健康。我和爱人一直想为孩子创造一个相对"保守"的童年。他从幼儿园开始就一直佩戴电话手表,但是到目前为止一直也没有手机,我们也不打算在他上大学以前给他购买手机,哪怕是疫情严重,只能上网课的时候,我们也没有放任他随意使用手机。孩子平时看电视、电影时,我们也会一直陪伴在身边,努力为孩子在这个比较躁动的时代里创造一个相对"平和"的空间。当从故宫回来的时候,我们一起看完了纪录片《故宫100》。进入六年级以后,为了帮助孩子了解历史,又一起看完了纪录片《中国》。闲暇时光,我们都爱到书店去逛逛,久而久之,孩子的娱乐方式也变成了逛书店。

现在,当不少家长被孩子玩游戏、玩手机这件事深深困扰的时候,我们家孩子最爱做的事情就是溜到书店看书,这是他最喜爱的"休闲时光"。

三、成为热爱生活的人

生活是多姿多彩的,充满了无限可能。

一有时间,我们总爱带孩子出去走走,每周六早上的"家庭爬山日"已经坚持了许久,也会一直坚持下去;每到节假日,全家人总要离开昆明,感受异地风情。在这一次又一次的行走中,孩子悄然长大,不会购买不合理的物品,从来没有无理取闹提一些不合理的需求;懂得关心爱护别人,总能主动地、力所能及地帮助家里人,比如帮外婆背包;体谅每个人的不易,不会做欺负别人的事情,也不会做不尊重别人的事情,当然,似乎比同龄人少了一些叛逆。

我们也和很多父母一样,为孩子选择了很多兴趣班,书法、游泳、足球、篮球、街舞、高尔夫、围棋、美术等。但最终大浪淘沙,根据孩子自己的爱好,最后只留下了书法和围棋,希望能一直坚持下去,成为他的终身爱好,他生活的调剂品。

点睛之笔:我们想用行动告诉孩子,生活是美好的,人生是有无限可能的。希望孩子能成为眼中有光、心中有爱、热爱生活的人。

种瓜得瓜,种豆得豆——爱与自由

昆明理工大学附属小学　赵星树妈妈　何　徽

育儿简直是"种瓜得瓜,种豆得豆"的最直接体现。因此,从一开始,我们就不得不认真对待,全力以赴。意大利著名教育思想家蒙台梭利曾说:"儿童只有依靠爱和自由,才能获得成长的全部能量,以便成为真正意义上的人。"爱和自由是孩子成长过程中两个最大的影响因素,尤其对于需要更多空间的男孩子来说,仿佛有了自由,才能呼吸,有了呼吸,才能成长。像这样需要自由成长的男孩,我家有两个,大树和小智。

不论作为母亲、妻子、女儿还是作为独立的个人,我都崇尚自由,建立在真正尊重基础上的自由。但我更明白,没有规矩,不成方圆。蒙氏教育中,需要孩子遵循的"规则"很少,不伤害自己、不伤害他人、不伤害环境。我们家的规则也只有三点:讲文明、讲礼貌、讲卫生。目前阶段,他们能理解能做到的规则,我想这三点就再合适不过了。

在孩子们成长过程中,我们发现了一个关于自由的有趣循环。

一、有自由,才有不断尝试

小时候,我们上树摘果、下河捉虾、雨天玩泥、墙洞捉蜂,在大自然中野着、忙着,那份自由如风的童年时光,是现在的孩子难以享受到的。对于城市里的孩子来说,从小区里的杨梅树上摘果子,就是他们最大胆的探险了。所以,在平常的玩闹中,他们想做的,只要不违反三原则,我们很少干涉。对于培训班的选择,我们也尊重大树的意愿。三岁的大树为自己选择了两个培训班,现在五岁半,虽然不太清楚他学到什么程度,但每周一次的课程是大树建立责任心的开始。每逢上课前,他都会早早睡觉,早早起床,整理书包,等着我们送他去上课。意外收获的责任心,让我满足,学到的知识反而觉得是馈赠。因为学习游泳获得老师的称赞,大树便更加热爱运动。自行车、轮滑都在两小时内自己学会;700多片的战斗机模型虽然惹哭他好多次,但依然在一个月内完成,比他自己规划的365天工期,提前了300多天。真为他感到自豪!

二、有尝试,才会发现兴趣

大树在各方面自由的尝试,让他慢慢有了自己的喜好,篮球、游泳、看书、围棋是我们每周必不可少的活动。他看的书主要是有关恐龙和探险,搭建和画画的主题基本是车,这可能是所有男孩子的最爱吧!有句情话是说,"你认真时的样子真美"。有时,真会见到令人心动的画面。他专心画画,满手的颜料,满桌的画笔,旁若无人的埋头创作;他搭建完一个作品,已经是晚上10点,仍然精力充沛;做完热身,一头扎进水里直接游上七八个来回。我想那些时候,他在自己的世界里,很欢喜。

三、有兴趣,才会热爱并努力

"兴趣是最好的老师",这句话一点儿也不错。因为搭建培养的专注和动手能力,他在一天内,废寝忘食地完成了 35 份小颗粒作品,第二天,又将这些单独的飞机战车改装成大型的装甲设备,并为他们取上帅酷的名字。那时候我真觉得,这小家伙说不定以后会成为工程机械方面的人才。

有自由,才有不断尝试;有尝试,才会发现兴趣;有兴趣,才会热爱并努力;有努力,才有自信和成就。他现在还小,没有成就可谈。只是因为自由,敢于尝试,让他有了爱好,并因为爱好逐渐形成了他性格的雏形,他能动能静,时而焦躁脆弱,时而冷静自信。未来很远,一切未知。作为父母,我们最大的期望便是他能因为自信和成就,获得幸福感。

点睛之笔:尹建莉老师在《爱与自由》中说道:"人唯有爱才有成长,关系里唯有自由才是成全。"只愿,我们真诚的爱,能成为孩子自由成长的一方沃土,传输给他们无形无穷的力量。

"平等"陪伴

昆明理工大学附属小学 杨恺妈妈 马会芬

在我的家庭中,对小恺的教育可以用"平等"二字来概括。儿童时期是培养健康心理的黄金时期,平等、民主的家庭亲子关系对孩子的认知能力、情绪发展、社会性交往、道德品质和行为形成等都具有重要的影响,陪伴过程中既不控制孩子的行动与思想,也不主动削弱他的自我追求与自我价值,构筑平等的、民主的、科学的亲子关系,能让孩子在爱与安全、信任中健康成长,只有在关系和谐的状态下,孩子才会尊重父母,才会乐于接受父母的教育,才能够感受到爱和教育的力量。

当孩子需要帮助时,我们家长老师要尽职尽责;但当孩子达到"独立年龄"时,母爱、父爱、师爱只会变成了内心的期盼。所以,我提倡一贯式的自由平等家庭关系,常参与孩子的生活,帮助孩子克服生活上的困难,生活和学习中做到以下方面。

一、培养独立能力

孩子作为家庭的一员,他们有责任一起承担家务,一起决定家中大小事宜。耐心聆听孩子们的建议,和孩子一起探讨解决自己最近遇到的麻烦事。采取多鼓励措施,鼓励孩子尝试做饭、炒菜、自己购物、洗澡、理发等,在安全可控的范围内自行上学,培养他的生活能力。

二、注重严慈相济

在中国,"不打不成才""望子成龙""望女成凤"等观念深入人心。事实上,犯错是成长过程中必不可少的一部分,孩子只有犯错,今后才能避免错误,家长对孩子在成长过程中犯的错误要有一颗平常心,耐心沟通和引导,让孩子认识到错误并加以改正。否则,家长的严厉苛责只会导致孩子畏畏缩缩,不敢尝试,以至于在人生道路上止步不前。我采取的方式是陪她一起找问题,一起努力,一遍不会就耐心地做无数遍,要有"静等花开"的心态。

三、尊重孩子

自信,来自自尊。一个人首先要有自尊,然后才能自信。而孩子的自尊,来源于父母的正确赞美,来源于父母从孩子的本身意愿出发。所以尊重他的选择,尊重他的喜好,不是依据父母的喜好、父母的想象、父母的意愿去被动选择。当他有自己的梦想、自己的心愿、自己的喜好时,鼓励他去奋斗,这样的人生才是有意义的,而不是为了别人的心愿去努力。所以,和孩子相处的时候,感情要真诚,想法要开放,在遇到具体问题时,站在孩子的角度,将心比心,考虑孩子的感受,这才是真正的尊重与接纳,不制造焦虑的气氛,孩子也才能按着自己的节奏成长。

四、及时沟通

父母与孩子之间的交流是培养孩子健康心理和健全人格的重要环节。父母与孩子之间没有正常的交流,肯定会影响家庭教育的效果,如果没有有效的沟通,父母会完全丧失教育的权利。平时多陪伴,多细心观察,与孩子沟通时气氛轻松、内容具体、时机成熟、就事论事、有的放矢、知情知心,建立平等和谐的亲子关系。在孩子成长过程中,把握孩子成长的每个重要节点,形成习惯性的真心交流,将亲子间的良好沟通,心理疏导持续下去。

五、高质量陪伴

在家长心中,孩子是家庭中最重要的存在。陪伴孩子,见证成长,是所有父母心中所愿。在生活和学习中遵循孩子的心理需求,不断鼓励孩子多学习游泳、骑车等技能,身教重于言教,与孩子共同成长;当他在学习中遇到障碍时,培养他遇事不退缩,上进努力不放弃。陪伴方式要多样化,多引导,少干涉,理解孩子的需求,加入孩子的行动,尊重孩子的想法,打开孩子的视野。

点睛之笔:珍惜与孩子的共处时光,努力培养良好的亲子关系,耐心倾听孩子的需求,积极关注孩子的情绪,从思想上接纳孩子,用实际行动让孩子感受到爱与被爱,与孩子一起成长,彼此成就,为孩子的心理健康发展奠定坚实的基础。

纠正孩子的攀比心理

昆明理工大学附属小学　王昱妈妈　石娉婷

嘟嘟最近一回家就会对我提出各种要求。"妈妈,悦悦买了新球鞋,名牌的,我也想要买。""明明家买了一辆新车,我们也买一辆好不好?"孩子的攀比心,从别人有的玩具我也要有,到别人有的文具我也要有,再到别人有的成绩我也要有,如何让孩子把攀比发展成合理的竞争,确实是一门学问。那么孩子这攀比心到底该如何教育呢?

一、转化孩子攀比的想法

家长不要让自己成为孩子攀比的"榜样"。有些时候可能家长不经意的一个动作就会成为孩子学习的目标,家长可以巧妙运用以下方法帮助孩子走出攀比的怪圈。

了解孩子到底想要什么。孩子在攀比的时候,最典型的理论就是"别人都有,为什么我没有?"在这个时候家长不要着急讲道理,首先你要肯定孩子想要的心情,跟孩子形成一个联盟,让他知道他可以跟你说他自己的想法,接下来试着问他:"这个东西到底哪里吸引你呢?"如果孩子的理由是"别人都有",那我们试着列举"可是爸爸没有,其他小朋友也没有啊",列举跟他有类似情况的例子,让他觉得有人"做伴"。如果孩子说因为那个东西看起来很贵,拥有了别人会羡慕,那么请直接告诉他,你不喜欢这样的行为。如果你的孩子非常坚持,那可以跟他约定可以用什么方式得到想要的东西或者用什么方式可以换到想要的东西,培养孩子自己争取的意识。

二、转移攀比的核心,发现孩子的闪光点

孩子有攀比心理,说明他内心是有竞争意识的,想要达到和别人同样的水平,甚至想超过别人,在这个时候,试着转移孩子的攀比心,让孩子把物质攀比转化为对物质内部某些内容的攀比。但改变攀比兴奋点并不是一件容易的事情,要机智地想办法,避免生硬转移。例如不比吃穿用度,而是引导孩子在学习、才能、毅力、良好的习惯等方面进行正向比较。让他明白物质带来的快乐是短暂的,只有成长和进步带来的快乐,才是持续和恒久的。

马斯需求理论将人的需求分为五个层次:生理需求、安全需求、社交需求、尊重需求和自我实现的需求。除生理需求外,其他更高层次的需求都离不开父母的认可和欣赏,毕竟渴望被认可是人类最原始的需求,孩子也不例外。例如一个孩子的作文写得很差,妈妈查看后发现确实写得不好,但是妈妈首先肯定了孩子:"我觉得你这个标题起得很好啊,妈妈一看标题就被吸引。"看到孩子惊喜的神情和凑过来的小脑袋,妈妈继续表扬:"妈妈很喜欢你写的这两句,比喻

和排比的手法都用上了,老师没有给高分的原因,可能是开头和结尾没有写得很好,整体的结构有一点儿乱,我们改一改就非常棒了。"只要孩子有一点点进步,妈妈就会大加赞赏,渐渐地,孩子的笔下有了灵气,作文成绩自然也就提升了。每个孩子都有他与众不同的闪光点,我们应该发自内心地认可孩子,最大限度地挖掘孩子的潜能。

三、纵向比较,制作成长记录册

爸爸妈妈可以和孩子一起制作成长记录册,每天进行对比,找到闪光点。启发引导孩子对自己要做的事情做规划,包括学习、生活、玩乐。可以拍下孩子精彩的瞬间,帮他将美好记录下来。成长记录册重点在于内容要丰富,包含各个方向,而不是仅仅记录孩子的学习。经常翻看成长记录册,在比较中,让孩子看到自己的进步和天赋,看到自己的内在品质,表面的攀比就更容易转移成合理的竞争。

点睛之笔:孩子的攀比心理对于孩子的健康成长危害极大,父母应该多一些正向的理解,采用正确的方式引导,让孩子把攀比发展成合理的竞争,理性对待差异,懂得合理掌控自我行为。

抓住关键期　养育健康孩子

昆明理工大学附属小学　李冯媛妈妈　李燕琼

清晨,鸟儿在鸣叫,闹钟滴答作响,按下暂停键,睁开睡眼,伸了个懒腰,准备起床。回头,女儿还在酣睡,白里透红的皮肤,像苹果,乌黑亮丽的长发,散落在枕间,均匀地呼吸,嘴角带着微笑,像是正在做香甜的美梦。我温柔地抚摸她的脸颊、后背、小脚丫,心中充满了无限柔情,今天是周末,就让孩子多睡一会儿吧。

女儿今年 10 岁,她努力上进,积极阳光,喜欢运动,性格很好。今天孩子有羽毛球、拉丁舞课程,注定是忙碌的一天,十年光阴一晃而过,她快快乐乐地生活、学习着,是个身心健康的孩子。然而回望岁月,谁知道曾经历过什么故事呢。

十年前孩子出生,体重不足 2 kg,哭声就像一只弱小的猫咪,医生抱给我看了一眼,就急匆匆地送去了 ICU,孩子在那里度过了 20 多天,那段时间不知我流了多少眼泪。

我紧张女儿的身体会不会有问题,焦虑能不能正常读书……我把该想的不该想的全部想了一遍。尽管心中有无限的担忧害怕,但生活还得继续,于是擦干眼泪、撸起袖子,开始了养育之路。

看了很多育儿书籍,自学了推拿,上了很多课程,走过捷径,也走了不少弯路,比起很多妈妈,也做得不够,但每当身边有朋友遇到类似的情况或是回想这段经历,也有些小小的心得能和大家分享。养育孩子,需要注意哪些关键点呢?

一、抓住儿童早期教育的契机

儿童出生后每秒钟能够产生 700～1 000 条神经连接,在孩子三岁前,大脑思考和学习的区域已经开始发挥作用。父母的语言是刺激大脑发育的最好教育资源。父母的社会经济地位并不影响孩子学业的好坏,而父母与孩子交谈的语言环境则决定了孩子日后的社会表现。众多研究已经表明,儿童早期的语言环境能够预测其日后的学习能力和性格特征。在和孩子对话时,有三个要点:(1)共情关注,关注你的孩子在做什么;(2)充分沟通,与孩子交流时使用大量的描述性词语;(3)轮流谈话,使用开放式提问,耐心等待回应。

无论孩子遇到什么问题,都不要灰心,特别是在儿童早期,只要父母用心,加上科学的养育,孩子有无限潜能。

二、情感引导,让孩子学会正确沟通和表达

很多时候父母在管理孩子时会说"你给我乖点儿,听话点儿",然而这样模糊的指令,孩子不知道自己要做什么。父母需要帮助孩子建立情感类词汇库,然后进行情感引导。情感引导的关键步骤:(1)播下种子,清晰准确地告诉孩子你的要求;(2)观察和判断,关注孩子,体察孩子的需要;(3)聆听,认真、用心地聆听孩子的心声;(4)体察并理解孩子的感受,反映孩子情感,说出孩子感受;(5)引导孩子解决问题。

情感引导,奠定父母与孩子一生的亲密基础,可以帮助孩子表达和调节自己的情绪,提高语言表达能力,促进沟通,尊重他人,加深情感,让孩子受益终生。

三、营造和谐家庭关系,助力孩子健康成长

当人长期处于压力状态下,身体会分泌大量皮质醇,皮质醇是种压力激素,当压力激素较高时就会弱化海马体,而海马体是负责记忆和学习的地方,如果一个孩子长期压力大,他的海马体会被弱化,学习就会产生种种困难。如父母关系不和,又或者给孩子很大的学习压力,长期处在这种状态下,一定会影响孩子,所以作为父母要给孩子营造一个安全有爱的环节,孩子有了满满的安全感,才能健康快乐地成长。

点睛之笔:心理学家阿德勒说:幸福的童年治愈一生,不幸的童年用一生治愈。童年对每个孩子是多么重要啊,希望所有父母都让孩子拥有一个幸福童年,让孩子们带着爱出发,带着幸福回馈、造福社会,希望每个父母抓住养育期,养育健康孩子。

沟通篇

负面情绪来了? ——堵不如疏的家庭实操方案

昆明理工大学附属小学　吴若萌妈妈　肖　涵

孩子成长过程中,家长是卫星?是太阳?我们常在两种角色中摇摆不定:要么全面代劳,成为铲雪者父母和巨婴的搭配;要么全面严管,成为权威者和服从者的组合。

对孩子和家长双赢的角色,应该是守护者,辅助者和托底者,负面情绪不可怕,处理核心是:接纳与肯定。

学龄期孩子大脑杏核仁发育不成熟,情绪激烈多变,难以自控。可是在孩子爆发负面情绪的时候,家长往往走向两极:要么溺爱(孩子头磕到桌子,家长心疼地一把抱起来:"坏桌子,我们打它,看它还下次还敢不敢撞宝宝。"导致孩子长大一切怪环境,为自己开脱);要么傲慢("我早和你说过……你就是不听,不听我的话就是要吃亏,现在开心了吧！你自找的！"导致孩子失去自信心,躺平或逆反)。看似相反的两极,却有一个共同点:急于越过情绪,解决问题。形成这种互动模式后,我们怎么能埋怨孩子总是关上心门呢?

当孩子遇到困难和挫折,新手家长有没有更快速上手的"操作套路"呢? 按以下四步进行不容易跑偏。

一、肯定情绪的存在,认识并表达情绪

可以使用这样的启发式提问帮助孩子理清事件与情绪的内在联系:

今天发生的这件事情,我看到你现在还有很强的感觉呢,你觉得你是高兴、兴奋、愤怒、生气、伤心还是……

那么,在你看来,事情是怎么开始的呢?

这件事你最不舒服的地方在哪里? 为什么?

当时你怎么觉得的?

你希望事情应该怎么样?

二、肯定动机

孩子的情绪被看见,动机被理解,负面情绪已经解决一半了。反之,我们常常会看到孩子无助的发泄:"我就是不高兴！就是脾气不好！我就是……"不被看见,只被要求的孩子,无法达到目标,只好自暴自弃。1~3年级的孩子最干净易懂,其行为背后的常见动机,是希望得到肯定,避免批评,而且肯定的优先级别常常是:老师＞家长＞同伴。

三、肯定做得好的地方

当表扬孩子的时候,请具体地表扬他的某个行为,在某方面让你激赏,而不

是空泛地说:你真棒,你真是好孩子! 表扬以总结结尾,把孩子闪闪发光地锚定在身份层:比如,我觉得,你真是个非常自律/细心/贴心的孩子啊!

而否定,请停留在行为,不要上纲上线。

某天,小萌因为和小朋友的争执生气,在讲述和接纳情绪中已经平和下来,外公说:"别哭了,哭什么哭?女孩子就是小气!"完了! 新一轮哭泣酝酿中,小萌指着门:"你出去,我不要你听我和妈妈讲话!"外公继续强势:"我就要听,养成这种小肚鸡肠的脾气,长大了社会会收拾你的,芝麻大点儿事就哭哭哭,以后要哭的事情多着呢!"这种场面有没有觉得很熟悉?

我抱着又开始号啕的娃,哭笑不得,脑海里飘来飘去都是:"批评不要上升到身份层。"当孩子处理得不好,本身已心怀委屈、愤怒、畏惧或羞愧的时候,批评就事论事就好,大概可以这样进行:

今天做的这件事,你觉得是……

我看起来的情况会稍有不同,是……

它让我觉得……有点儿可以进步的空间。

我感到……

你有什么看法?

就此打住,足够了。永远不要低估父母对孩子负面评价的力量,他会相信并全盘接受这种否定,并将其内化到自己的性格、气质里。

四、肯定可以进步的地方

每件糟糕的事里孩子肯定都想挽回,努力,别说:"你不要……行不行?"不要这样,那是要怎样才对呢? 孩子很难找到具体的方向。启发式引导可以这样:"我喜欢你,但我不喜欢你刚才……的行为,我希望你下次……""如果有甲、乙、丙、丁这些方法,你觉得哪种会好一些呢? 为什么?"这样,孩子在复盘事件后,是不是有更深的理解和进步呢?

以上,是我家庭教育学习中的认知。愿孩子,心里有爱,眼里有光,背后有你,一起前行。

点睛之笔:负面情绪不可怕,当我们觉察和看见情绪,蹲下来真正看见和引导,孩子必会充满力量,重新出发。

从容养育　静待花开

昆明理工大学附属小学　杨妙旋妈妈　南　奕

在育儿教育中,我也一直是一个探索者、实践者。

作为母亲,我一度对我的孩子有很高的期望,总觉得学习时她要安静沉着,团队活动时就得活跃开朗,要热爱学习、精通艺术、懂科学。在很多人看来我的孩子也是"别人家的小孩",我也很认可她的积极向上、努力勤奋。但是,在现实的养育过程中,我慢慢地控制自己的期许,更客观地陪她一起成长,这样,我就更加觉得她已然是个挺棒的孩子了。

一、事前努力,事后肯定

在她上幼儿园时,第一次参加讲故事活动,我信心满满地带她一起准备,她自己也很认真地背了一遍又一遍,在家演练也都还算顺利。我一直觉得,她会表现得很出色。活动当天,她勉强顺利地完成展示,结果没有预期那么好。我当时既难过又生气。但是,冷静下来,我突然发现,这是她第一次参加此类活动,她已经迈出了独自站在众人面前呈现自己的第一步。这难道不应该给她鼓励与肯定?同时,我也意识到,我的娃就是一个普通的孩子,只是我之前假想她是一个牛娃,我不能用大众评价体系下的"优秀"来要求激励孩子。

在此之后,我一直积极肯定她的努力与进步。

我和她一起商定计划、共同完成任务。在计划过程中听取她的想法,让她自主设定阶段计划,为她提供帮助;过程中,对她的努力及时予以肯定,在她遇到小麻烦受挫时,安慰的同时引导她想出解决办法。在任务面前,我不再给她设定目标,更不给自己心理暗示,只是陪她一起努力做任务。这样的结果就是,任何一种结果都是意外的惊喜。她不至于因为一次失利而沮丧号啕大哭,我也不会因为未达到预期而指责生气,我们都能皆大欢喜地完成一次次小任务,因为一次次的小收获她也有了自己完成任务的小动力。

二、放下执念,宽容去爱

在平日里我还是会忍不住对她吹毛求疵,但每当这种时候,我就不断警醒自己,我的小孩是独一无二的,她有她自己的成长进度,是需要我根据她的性格特点、个性采用适合她的养育方法,急不来、催不了,唯有引导她做更好的自己。现在的一次考试、一次失利,在她的人生经历中是何其小的一部分,以后回望时也都难免模糊当时的分数,而分数背后积极努力的拼搏、乐观面对结果的心态,才是最重要的。

她是个性格温和、懂得分享、待人友善的小孩,这是她本该有的样子。剩下的需要我们共同为之努力,而不是一味督促她、指挥她完成。很多时候,我自省或许对孩子太苛刻了,缺乏最起码的宽容。在孩子眼里,我是她最信任的、最亲爱的妈妈;但是,我总免不了用普世化的"完美"去要求她,忽略她的天性、她的独特性。当我正视我亲爱的小孩,和她一起成长时,渐渐发现她变得自信阳光、有自己的想法并且乐于表达。

陪孩子养成良好学习生活习惯,我自己也在培养良好的养育习惯。眼中善发现,嘴上勤鼓励,心里平常心;好好说话,积极倾听;定期自省,及时纠偏;换位思考,回归本心,在日常的点滴中让她真切地感受到爱与包容。

陪伴她成长中的每一次进步,陪她体会成长中的不完美,和她一起努力,让她能在逆境时从容面对,顺境时不骄不躁;遵从自己内心,知道自己想要什么,能勇敢地做出选择并为之付出努力;做一个正直、善良、勤劳、友善的人,这已然很好。

点睛之笔:一度的不淡定、迷茫,是盲从和缺乏节奏,唯有找到自己的养育节奏、自己孩子的成长节奏,牵手与亲爱的小孩同向而行,欣赏成长路上的风景,才能收获成长中的一步一欢喜。

尊重与底线

昆明理工大学附属小学　郑蓁宜妈妈　查文静

一、尊重是孩子幸福的基础

无数研究表明,被尊重是人的一种非常重要的需求。不被尊重的童年,会留下有阴影的回忆。孩子越小时候的成长经历,越能够影响他们的人生,就像心理学家阿德勒说的那样:"幸福的人用童年治愈一生,不幸的人用一生治愈童年。"所以,为孩子打下幸福的基础,我们要用平等的心态和言行来对待孩子。

二、小孩子也有大"面子"

父母都希望自己有个完美的小孩,性格好、成绩好、特长全,完全不需要大人操心……看到自己的孩子没么优秀的时候,有的家长会说"你看谁家的×××这么优秀,你怎么就比不上人家?""你怎么这么笨?""表现那么差,真给我丢脸!"……父母粗暴的批评和讽刺会使孩子丧失信心,也产生逆反心理。

我认为,应该尽量避免给孩子贴标签,要针对孩子具体的不足提出解决方案。比如说,孩子做事情效率不够高,做作业比较拖拉,我就给她计时,督促她按时完成。为了促进她更自主地学习,我们制作了一张"自律表",跟她商定了奖惩方式,这样她的学习劲头足了很多,一些小毛病也减少了。另外,我和孩子还约定好,平时不看电视,周末和寒暑假做完作业每天可以看半小时。这些约定孩子都遵守得很好,看完电视会自己关掉,不需要我们监督。父母尊重孩子,孩子也学会了管理自己。

三、二胎妈妈,做个"端水大师"

家里迎来第二个孩子之后,我们担心孩子会有被"冷落"的感觉,所以我们对两个孩子尽量做到一碗水端平。比如,爸爸妈妈陪姐姐和弟弟玩的时候,会一人抱着弟弟,另外一人陪着姐姐,尽量四人在一起玩儿。每天晚上哄弟弟睡觉之前,我会给孩子一个大大的拥抱,跟她说晚安。孩子心爱的书和玩具,我们会征得她的同意,才给弟弟玩。她会担心,如果弟弟不小心把她的书和玩具弄坏了怎么办?我告诉她,弟弟还小,不懂事,如果他把东西弄坏了,他并不是故意的,但是爸爸妈妈会用弟弟的压岁钱买同样的东西还给她,她对这个解决方案很满意。

总之,我们想让两个孩子都明白,他们需要互相分享和谅解,但不论是谁做得不对,都需要承担相应的责任,而不是姐姐就必须得让着弟弟。弟弟出生之后,在我们的努力下,姐姐觉得自己获得了更多的爱,和弟弟之间的关系很亲密、很和睦。

四、父母有权威,尊重有底线

由于孩子一直成长在被尊重呵护的氛围里,我也担心对她太宽松太尊重,会导致她放纵和散漫,所以在尊重她的同时,我时刻保有底线。比如,孩子不爱运动,为了锻炼她的身体,我们动员她上了好几年舞蹈班,但她自己并没有很喜欢跳舞。五一放假期间,舞蹈班要连上两天课,她难过得开始抹眼泪,我很坚决地跟她说,没有特殊原因不能请假。她气鼓鼓地质问我:"什么事情都是你们大人安排好了,还有没有人权啊?"我听到这句话感到好气又好笑,我耐着性子告诉她,这世界上除了我们喜欢做的事情,还有一些是不得不去做的事情,比如,医生护士们为了控制疫情每天都要穿着厚厚的防护服工作一整天,周末爸爸常常加班,妈妈白天上课,晚上回来经常继续工作到十二点……我们不能只挑自己喜欢的事情做,只要是有必要、有益处的事情,我们哪怕不喜欢,也应该坚持。在谈完话之后,她情绪好一点儿了,最后高高兴兴地去舞蹈班了。

总之,尊重的原则是抓大放小,也就是我们要把握好孩子发展的主要方向,在大的方面保证父母的权威,在一些小事情上多尊重孩子的权利与自由。父母的尊重与权威并用,张弛有度,共同促进孩子的成长。

点睛之笔:尊重孩子的人格、意愿,是有效家庭教育的第一步。因为只有孩子感受到足够的尊重后,才会学会理解、尊重父母和他人。他们会变得敢于表达自己的看法,努力做个小主人。

高质量陪伴从沟通开始

昆明理工大学附属小学　田也平妈妈　王艳秋

在孩子进入小学之前,我向很多有经验的朋友取经,希望能够让孩子顺利地适应小学的学习和生活。那么作为家长我们到底该怎么做？我认为可以先从以下三点入手：

(1)小学1~3年级是孩子学习习惯形成的关键期,家长的陪伴尤为重要,再忙,这个时期也要陪伴孩子。

(2)一年级的时候,不要给孩子太大的负担,一定要让她觉得学习是快乐的,否则孩子还没起步,就被碾压在起跑线上了。

(3)一定要培养孩子的阅读习惯,大语文时代,得阅读者得天下。

因此,我和孩子爸爸达成共识:在孩子小学低年段时期,做到高质量陪伴和互相补位。互相补位的意思是说,每晚必须有一个人陪伴孩子学习、运动、阅读。通过自我实践,我们总结了一些心得,分享给大家。

高质量的陪伴是从沟通开始的,它是互动的、双向的、有导向的,可以引导孩子向我们期望的方向发展。

一、用心沟通关注孩子

从孩子读幼儿园开始,每天回家,我们都会问她有什么开心和不开心的事情,认真和孩子分享、讨论她开心和不开心的事情,孩子开心,我们更开心。遇到不开心的事情,我们就和她一起讨论,遇到这样的问题该怎么解决。形成习惯后,孩子回家会主动分享,我们也能够了解孩子的校园生活,更好地关注她的状态。孩子也会觉得爸爸妈妈很爱我,他们愿意分享我的快乐,分担我的不快乐。这样我们和孩子就会建立沟通的信任基础。

二、平等沟通互相商量

在和孩子交流的过程中,我一直遵循平等的原则,把孩子当做朋友。进入小学后,孩子的阅读从绘本转变到整本书,文字量比绘本要多很多,阅读速度比读绘本就要慢很多。为了能够调动孩子的阅读兴趣,我和她商量使用阅读存折,每读完一本书,我们就会在存折里存入积分;积分的支取,由她自己建议,我们商量后核取。使用这种方式后,孩子就会自己规划读一本书要用多少时间,每天读多少页。这样不仅激发了她的阅读兴趣,也培养了她的阅读主动性。

三、有效沟通充分交流

孩子第一次和外教交流后,非常挫败,她完全听不懂外教在说什么。导致现在一听到要和外教交流,就抵触。通常情况下,有两种处理方式,一种是:"好的,不想交流就不交流吧。"这种方式看起来是尊重孩子,但实际是放任她逃避困难。难道真的要让她永远恐惧与外教交流吗?我们采取了第二种方式,和孩子充分沟通,告诉她,为什么会被安排交流?机构老师选择的是学习能力达到一定阶段的孩子。再把老师发的邀请函给她看。孩子也就从拒绝转变为欣然接受。第二次和外教交流后,她的恐惧消失了,因为她发现自己听懂外教说的一部分内容了。有些时候我们需要做的就是孩子想放弃的时候,推她一把,或许又是另外一片天地。

四、换位沟通解决问题

最近孩子回家后的第一件事情,就是玩平板,作业一定是等到吃完晚饭后才开动。她本身是个自觉且自尊心很强的小朋友,我想如果我直接和她说:"回家先做作业,这是个优秀的学习习惯,不要看平板了。"孩子一定会哭得稀里哗啦的。还是换种方式表达吧。我就跟孩子说:"宝贝,你看我们要不要重新规划一下放学后的安排啊,调整一下我们的计划。"她愉快地说:"好的啊!"接着拿出计划本,和我认真地讨论放学后可以做的事情,我们把时间分为两段,晚饭前和晚饭后。孩子做好计划后,也就按照计划认真执行。为了确保计划行之有效,我每天还会跟进和检查,配合孩子将计划落实。问题也就迎刃而解了。

点睛之笔:说话很容易,好好沟通很难。父母做到如下几点,就可以达到事半功倍的沟通效果:

(1)用心关注孩子,建立沟通的信任基础;

(2)平等对待孩子,愿意蹲下来和他交流;

(3)沟通不是安排,不是命令,是充分交流,是双向接受的过程;

(4)换位思考,了解并理解孩子,站在他的角度去解决问题。

家庭教育从有效的沟通开始

昆明理工大学附属小学　任梓元妈妈　张予荣

作为妈妈,怎么与孩子畅通无阻地沟通交流,是值得我们一直学习的课题。对于我家的孩子来说,他正处在迅速成长,心理却并不成熟的阶段,他渴望得到成人的尊重,希望我们能平等对待他。但对于父母,我们往往会因为自己繁忙的事情失去与孩子交流的机会,这时候的孩子特别需要知心朋友,需要心灵关怀。父母亲们,你们会怎么做呢?

一、以具体的内容要求孩子

家长有一种习惯就是容易语重心长,但是说出的话却又特别空洞。比如"你要好好学习啊!"这种语言表达在今天对孩子的教育是无效的,也是无益的。因为这些话缺乏明显的可操作性,反倒容易造成孩子心理上的紧张和焦虑。有时面对考试、测验等学业要求,很多妈妈会对孩子说:"要考试了,你可得下功夫,要抓紧。"孩子其实会很茫然,反过来问:"怎样是下功夫?"我们成年人对孩子提的要求往往让孩子无从下手。积极的方式是要提出具体的问题,通过鼓励的方式渐进式地与孩子沟通,这就比较容易调动孩子的积极性,而且能够把握住孩子思考、行动的方向,将孩子的行动目标分成许多的小台阶,每一步都具体而又相对容易,让他们每一步都体会到成功的乐趣。

二、以换位思考的方式对待孩子

孩子担心什么,最关心什么,最抵触什么,如果别人这样对自己说话,自己能不能接受,怎样的态度最容易接受与理解等,这些都是我们父母应该思考的,都是换位思考的内容。在现代社会的发展中,电子产品能扩大孩子的视野,但是不恰当的使用也会影响孩子的视力和专注力,相信作为家长的我们,担心和抵触的矛盾也立刻浮现出来,这个时候的换位思考尤为重要,我们就是要明确告诉孩子我们的担心,带他了解《中华人民共和国未成年人保护法》中对未成年人的约束条款,让他知道他的需求我们可以接受,但是必须建立在守法的基础上,孩子在学校的道法课上已经学习了很多法律知识,通过这一步的沟通,孩子的抵触和家长的担心都能得到有效的化解。沟通中要用平和的态度和语气。妈妈和孩子沟通时,千万不要激动,不要把恨铁不成钢的态度表现在脸上,事实上,你越是不委婉孩子越不喜欢,沟通越来越少,越来越觉得有代沟。娓娓道来比大呼小叫更有亲和力与说服力。

三、以平等的姿态对话孩子

这不仅指身体上的蹲下去,而是指心态上的蹲下去。有时候妈妈提的建议很好,孩子却不接受,这是为什么呢? 其实,应该考虑一下自己的建议对于小孩来说是否合适。父母总是以一种居高临下的姿态出现,不愿与他们做朋友。试想你整天摆出一副长者的脸孔,以一种教训的口气,不停地抱怨,不停地责备。他怎么会听你的话呢? 不要遇到问题就责备孩子,要帮他分析产生的原因,并讨论解决方法,时间长了,孩子就会乐意向我们讲一些他的趣事或苦恼,乐于和我们探讨一些他这个年龄不懂的问题。作为母亲,必须学会与孩子成为朋友。每天回到家,热情的孩子都会迎面跑来,我也一定会蹲下来给他一个大大的拥抱,等待孩子告诉我今天学校发生的"奇闻大事",即使听到了我不愿意接受的事情,我也会刻意地控制情绪,让孩子讲完他的故事。转过来再牵起他的小手,一路告诉他刚刚他需要注意的事情,帮他分析,让他自己判别对错,和他一起找到解决问题的方法,千万不要吝啬对孩子的拥抱,蹲下身子去感受一下孩子给你的这份拥抱。

点睛之笔:作为家长,家庭和社会都赋予了我们一个综合要求极高的标准,这门综合性很高的艺术学科,我们一直都在学习的路上,调整好自己的心态,做与孩子正确沟通的主动者,做孩子成长路上的陪伴者。

亲子平等,成为孩子成长路上的伙伴

昆明理工大学附属小学　温静娴妈妈　段淑芬

黎巴嫩诗人纪伯伦在《致孩子》中写道:"你的孩子,并不是你的孩子。"这首诗提醒我们孩子和成人一样,都是独立的个体,都有着独立的人格。但在现实生活中,孩子常常被视为父母的附属。鉴于此,2022年颁布实施的家庭教育促进法第十七条明确提出"平等交流,予以尊重、理解和鼓励"的家庭教育方式。

父母的爱是无私而伟大的,即便如此,父母也难免会以爱的名义凌驾于孩子之上。退一步说,即便父母没有刻意制造不平等,但在亲子关系中,父母是给予方,孩子是接受方,这种关系天然就让亲子关系存在一定程度上的不平等。因此,如何正确看待亲子关系,进而建立平等的亲子关系,是需要用心思考的。以下是我的几点思考,与大家交流。

一、亲子平等,主动与孩子商量

记忆中,静娴几乎没有出现过排斥学习的情况。这可能源于我们经常主动与她商量。就拿参加课外辅导来说,三年级下学期的时候,她的语文成绩不够稳定,字词、阅读、作文都有丢分。思量许久,我与孩子商量说:"宝贝,你觉得你的语文需要再提高吗?""需要的,妈妈。"孩子答道。"那我们补充一点儿阅读写作网课怎么样?""你先试听看看,觉得不错的话,我们再报名。"我接着说。经过试听,孩子告诉我:"妈妈,你赶快给我报名,我很喜欢主讲老师,她讲得很好!"就这样,很多孩子都抵触的辅导课被轻松接受了。

二、亲子平等，尊重孩子的决定

孩子毕竟只是孩子，也有率性的时候。二年级时取得"21 世纪·VIPKID 杯"云南赛区复赛一等奖、决赛二等奖的她，在三年级同一赛事发出通知时，报名积极性就不太高。我们鼓励她完成撰稿、背稿、视频录制后，她对我说："妈妈，我希望不要入围复赛，我不想再录制第二遍了。"作为家长，我们期盼孩子能在新的一年里取得更好的成绩，但是，孩子有不参赛的权利。家长不能把自己的期盼强加在孩子身上，或许孩子准备比赛期间学习任务繁重，或许她已经感受到比赛的压力，或许她害怕面对可能不如前一年的成绩。总而言之，不逼迫，让她率性参赛，尊重孩子的决定。

三、平等对话，走进孩子的内心世界

平等对话，孩子才不会伪装，才会愿意和你分享她内心的真实想法，家长才能走进孩子的内心世界，成为孩子成长路上的伙伴。有一天放学时，静娴手里攥着一大团太空泥。我问道："宝贝，哪来的太空泥？"孩子答："同学分给我的。"回家路上，她还一路把玩着太空泥，到家就迫不及待地去给太空泥加水……饭后，一家三口边吃着水果边聊天，孩子还沉浸在玩太空泥的兴奋中，很得意地说："今天语文期末模拟考，考试期间，我还跑了一趟卫生间，给我的太空泥加了一点儿水，太好玩了。"这时，他爸爸和我都很诧异，但还是保持着克制。我平静地问道："那你觉得你能考多少分呢？""95 分应该是有的。"孩子自信地回答。"妈妈觉得考试时一定要专注，要是分心了，那成绩一定不会太理想。"我接着说。第二天放学时，孩子主动对我说："妈妈，你说得对，考试时一定要专心。昨天只考了 80 多分。"我对孩子说："不管你考多少分，都是你努力的结果，考得高，妈妈祝贺你，考得低，我们一同查漏补缺，但一定要吸取教训，不止考试，上课时间也不能分心，要对自己负责任。"正是有了这样的平等对话，孩子才敢于承认错误，进而主动改正错误。

点睛之笔：孩子是独立的个体，他们具有独立思考、独立做事、自己管理自己的权利和能力。身为家长，以爱的名义给孩子过多的限制与束缚，是不合适

的。弯下腰,与孩子平等对话,走进孩子的内心世界,成为孩子成长路上的伙伴,是收获良好亲子关系的钥匙。

好妈妈从好好说话做起

昆明理工大学附属小学　孙建佑妈妈　程丽娟

我不是教育专家,只是身为母亲,对教育有许多问题,怎样把家变成世上最好的学校?这是我思考最多的一个问题。家庭,虽然是最小的教育空间,但是,只有家庭才能实现极具耐心、量体裁衣式的教育方法。

一、好的教育藏在日常沟通里

有一天,孩子放学回家跟我说,"妈妈,我又没考好,你不要生气,你生气我感觉自己都没自信心了。每次,我都是好好听你讲话,可是,你就不会认真听听我讲……"那一刻,在他眼睛里打转的眼泪,深深刺痛了我的内心。我把他搂在胸前,我说:"哭吧,儿子,哭出来就好了!"他哭,我也哭,哭完,我跟他说:"谢谢你指出妈妈做得差劲的地方,妈妈也需要好好反省一下。"的确,孩子是父母的一面镜子,很多时候,并不是我在教育孩子,而是从孩子身上得到反哺。

从那天起,我把"快点、快点!"改成"帮妈妈看着点时间,我们再过十分钟一起出门";我把"怎么讲过的东西又错"改成"喔,看来这里是雷区,需要我们认真排雷";我把"还不去做作业"改成"先休息下,吃点儿东西,放松放松";我把"好好写,别总是那么马虎"改成"这么认真,一定是听课非常专注";我把"你真棒"改成"你是怎么做到的呀?分享一下呗!"……在他出现畏难情绪时,我收起责备,抛出鼓励:"试一试吧,再说,还有我随时准备跟着你冲啊!"听到这些,他整个人会很放松,允满信心地去解决问题并享受解决问题之后的喜悦。在他因为某些芝麻粒大的主观原因不想去上兴趣班的时候,我会跟他说:"咦,你不是都念叨了一周说终于可以见到好朋友 Leo 了吗?又不想去见了?"随即他会非常开心地说:"是呀,差点儿忘了。"然后说:"走!"此时,我会偷偷设想要是我劈头盖脸说:"不去是吗?那就去跟老师说,以后都不上了,省得我心烦……"听到这样的话,他还会开心地去上课吗?答案是不会。孩子需要的是我们的帮助和鼓励,而不是指责和惩罚。

二、好的教育是朴素的、用心的

我们是幸运的,遇见幸福附小,遇见能看见孩子的老师。班主任李老师对我说:"在家里爸爸妈妈的肯定和鼓励更重要,要和他成为战友!"邢老师在评价手册里这样说:"老师希望你继续开心做自己学习上的小主人!"英语情景剧表演的机会帮他收获了一个乐于探索英语世界的自己。各科老师的小奖品,他都视若珍宝,放在自己的书架上。孩子正是因为被看见和肯定,才做得更好。

那天,乐呵呵的他跑过来跟我说:"妈妈,你有没有发现我最近做作业的效率高了?"我说:"嗯,发现了,还发现你的字写得越来越好看了!""妈妈,我感觉你不再像一只随时会爆炸的气球了,靠近你也很安全,继续保持哦!"的确,孩子的成长需要我们的用心、耐心,而不是"刀子嘴、豆腐心"。相比起做一个"尽善尽美"的妈妈,我认为自己能够承认并改正错误对孩子更有帮助,让孩子看到人都会犯错。

三、好好说话是深深的理解与接纳

好妈妈懂得表达情绪而不是情绪化表达。给孩子一个情绪稳定、理性表达、从容自信的妈妈,本身就是最好的教育和展示。未来的路,我将继续努力,做一个温柔坚定、会说话、能看见孩子的伯乐,和孩子站在一起,打败问题;而不是和问题站在一起,打败孩子。

点睛之笔:孩子和大人一样,都是独立的个体,都需要得到他人的理解和尊重。美好的语言是父母给孩子最有爱的"礼物"。爱需要表达,需要让孩子感知。孩子感受到爱,管教才能起作用。但父母的语言是需要技巧的。希望我们都能修炼出充满爱的语言,在陪伴孩子的过程中,不断赠送这些可以让他们内心阳光、爱意满满的"礼物"。

在校学得幸福　在家活得幸福——幸福沟通

昆明理工大学附属小学　纪欣好妈妈　戴　静

学校的幸福教育理念一直在潜移默化地影响着附小的孩子,也在影响着附小的家长。如何让孩子在家也过得幸福,是我经常思考的问题。是有吃不完的零食、数不尽的新玩具,还是……? 思来想去我觉得幸福生活要从有良好的沟通开始。

在欣好刚上小学的时候,我接她第一句话总爱问"今天吃得好不好?"一开始她可能也记不清楚,但是因为我每天都问这个,所以后来都不用我再多问,一见到我她就开心地告诉我当天吃了什么。显然她已经非常清楚我要问什么,所以她提前做了准备,花了心思。接着我又问今天上了什么课,她回答:"语文、数学、英语。"当我问学的具体内容时,她犹豫了,回答的速度远远赶不上回答今天吃了什么的速度。我当时心里一惊! 于是我决定以后少问吃了什么,而是多问课上老师讲了什么。终于,她不再背菜单了,取而代之的是能主动告诉我当天上课的内容,能主动背首古诗,或者反问我是否知道什么是最小的长度单位等等。

分享这个故事是想告诉大家,孩子越小,我们越容易通过和孩子沟通,引导孩子朝着正确的方向发展。

一、五种沟通模式,欢迎对号入座

(1)讨好型:比如父母说"只要你这次能考到95分,你想要什么就买什么。"这种模式时间长了会让孩子觉得学习不是自己的事情,而是可以讲条件的。

(2)指责型:父母张口就是"我一天到晚那么辛苦,就是为了你……"这种模式下的父母无论孩子发出怎样的信息,都用指责予以回应,会让孩子觉得很压抑。

(3)超理智型:当孩子产生某种情绪时,父母会迅速使用规范、逻辑教孩子解决。其实这时孩子需要的是"共情",有时孩子只是想表达一下自己的想法,寻求理解。

（4）打岔型:比如孩子说自己在运动会上获得第一名了,可家长却来一句"你看看你衣服脏的"。这种沟通表面上是互动了,但毫无质量可言,久而久之就会让孩子觉得自己在家里并不重要。

（5）一致型:一致型的亲子沟通能够同时顾及孩子和自我,给予孩子及时的回应和正确的共情。这是沟通的理想模式。

二、73855 定律,和孩子好好说话

有一个著名的"73855 定律",在沟通中,沟通内容占效果的7%,沟通语气占38%,剩下55%是沟通的态度。由此可见,沟通中的态度和语气对沟通效果起着决定性的作用。

在孩子上一年级的时候,"不写作业母慈子孝,一写作业鸡飞狗跳"就是我们家的真实写照。因为欣妤没有上过幼小衔接,所以一年级时学习比较吃力。焦虑的我那段时间已经看不到她的任何优点了,每天都在指责她,而且嗓门一次比一次大,面部表情也越来越狰狞。但回想一下那个时候的她,估计根本没听进去我说的话。因为她一直不停地哀求我:"妈妈别生气了! 妈妈别生气了!"其实这就是无效沟通。后来我尝试着让她坐在我腿上,双手抱着她,用和蔼的态度、坚定的语气说出她做得不对的地方。令我惊讶的是,她听完后会认真地给我回应,告诉我哪些她能迅速改正,哪些由于什么原因她一时可能改不了,但会慢慢改。更令我惊喜的是,别看她小,但她真能说到做到。渐渐地,我又变回了那个温柔的妈妈,而她也成了听话的孩子。

所以如果家长能控制情绪、放低音量、和缓地跟孩子讲话,那孩子肯定也会有所改变。

三、沟通小技巧,好好听孩子说话

（1）倾听。我很重视听孩子说话,哪怕其实已经知道后面她要说什么了,但我依然会选择继续倾听,而不是打断,更不会在每次她说完后总结、说教一番。

（2）反馈。我每次听孩子说话都会加上"哦,啊,是"等话语并及时点头给予回应。

（3）换位思考。我会站在她的角度理解她要表达的意思。

点睛之笔：真正的亲子沟通不需要苦口婆心,只需用心倾听孩子的心声,学会同理孩子的感受,及时疏解孩子的情绪,给孩子无条件的爱。

尊重——搭建亲子交流的桥梁

昆明理工大学附属小学　秦嘉咛妈妈　樊　舒

一、尊重孩子的学习——理解和引导

孩子成绩不理想、情绪有波动,首先要以平常心对待,要允许孩子出错,做有"容错率"的家长。学习的本质就是纠错的过程,解决孩子学习中的困难更为重要。

小学阶段的孩子其实不知道为什么学不好,更不会表达。一味批评指责,时间久了孩子就会形成"为了不挨骂而学习"的心理暗示,加重畏难情绪,甚至抵触学习,激化孩子的逆反心理。只有家长先关注解决问题,孩子才会把注意力集中于自己丢分的原因,而不是聚焦在应对父母的情绪。

对孩子的帮助其实需要"袖手旁观"。三年级时,勤勤总来问我数学题,在一句句"妈妈真厉害"的赞美声中我越讲越认真,直到数学老师反馈说她上课不听讲,而她一句"反正回家你会给我讲呀"让我意识到我用错了方法！直接、干预式的帮助并没有真正解决孩子学习中的问题,取而代之的是孩子对于我"帮助"的依赖,她丧失了自主学习意识。后来我改变方法和她说："都是你去学校学的,我都不知道老师怎么讲的,你先讲讲老师上课是怎么讲的,你是怎么想的,我懂了再教你。"偶尔我会故意肯定她的错误答案,以至于现在不管我给出什么意见,她都会说："不行,你这坑娃的妈,我还得去问老师。"之后她再没找过我,过了很久我问她怎么不来问问题了,她说："我都能把老师讲的给你讲懂了,我自己就会做了,还找你干吗?"听她这么说我知道她已经找到了学习方法,这样既没拒绝孩子的求助也让她把注意力集中到了课堂上,引导孩子自主思考,学会表达自己遇到的困难,才是最重要的。

"讲道理"要少而精。勤勤因为期中检测语文没有考好,忍不住哭了。我安慰她,以后还有很多很多考试,一次没考好没关系,只要找到问题解决了就是进步,在最重要的考试中不出错就行。她立马说:"比如小升初考试。"她的语气很坚定。当时我很欣慰,我的女孩长大了,她开始重视自己的学习了。当妈妈不再是"道理输出机",道理才能留在孩子心里。

二、尊重孩子的兴趣——自主和分离

疫情时期的线上办公,让我们的工作没了时间、地点的限制,"沉浸式、无边界感"的工作状态让我们喘不过气来,何况是孩子。学习很重要,是现阶段孩子最重要的任务,但孩子不是学习的机器,学会生活、学会感受生活的美好同样重要。

勤勤的兴趣班都是她自己选择的,每次有比赛、演出,我都会询问她的意愿,绝不强迫。兴趣教会她的第一件事就是坚持!她学习兴趣每个都超过了6年。三岁半学轮滑,一个站姿就整整站了一个月,哭过无数次却没有一次放弃!遇到困难就反复训练去克服,这不就是漫漫求学路上最宝贵的抗挫能力吗?

兴趣爱好除了提升沟通协作能力,还能引导孩子树立理想,了解更多课本外的领域。看冬奥,勤勤问哈尔滨哪个学校最好,要练短道速滑;画画7年,沙画6年,画到高兴时说要考中央美术学院;学机器人编程"走火入魔"时说要当航天员,考国防科技大学发明更先进的航天器;老君山攀岩回来说要当探险家,要登珠峰……虽然志愿跟着兴趣变,但能有理想,主动了解,真的是兴趣带来的"意外收获"。培养孩子最重要的不就是在他们心里埋下一颗梦想的种子吗?有梦想才会奋力奔跑!

很多妈妈听到孩子的"豪言壮语"第一反应是"你要好好学习,只有努力学习才能……"我也是这样,但她眼睛里的星星让我忍住了。这样的"念叨"就像一瓢冷水,不但浇灭了孩子美好的向往、奋斗的目标,也浇灭了他表达和交流的

意愿。或许正是我们用无孔不入的说教堵住了孩子的嘴,否定了他们的意识表达,最终关上了孩子的心门。

点睛之笔:尊重孩子的学习和兴趣,是亲子交流的桥梁,让孩子正确表达诉求,主动寻求帮助,才是面对学习、工作、生活、情感困难的钥匙。

爱在沟通中

昆明理工大学附属小学　汤宇岑妈妈　缪颖章

"听"和"说"看起来似乎是"最本能"的事情,但是在亲子沟通中,却一直被视为难题。我们经常觉得告诉孩子的都是金玉良言,孩子却都不听;而孩子觉得你来回说,却没听我说。家长在职场中应该有过这样的体验,同一件事,有人说出来让人心里舒服,但有人说了却令人厌烦。同样,在我们和孩子的相处过程中,同一件事,妈妈这样说让孩子很舒服,那样说就令孩子讨厌。这与爱和不爱无关,与大家脾气好坏也无关,但却反映出妈妈们是否掌握了和孩子沟通的技巧。

其实有很长一段时间,我和小汤就连评价电视节目的对话最终都能演变成为吵架。我想了很多,推己及人,其实当我在难过或是受到伤害时,最不想听的就是建议、心理分析或是别人的看法,那样只会让我感觉更糟糕。所以,作为成年人,我只能改变自己,站在孩子的立场去理解他。令人开心的是,当我试着这样做的时候,我说话的方式变了,在不知不觉中小汤也变了,更微妙的是我和孩子的关系改善了。其实很简单,我用的就是以下四个小方法。

一、全神贯注地倾听

有很多时候,小汤想和我分享,我都是表面在听,其实心不在焉。小汤说:"和你说话真没意思,以后我再也不和你聊天了。"这样的沟通结果是这一天的晚些时候,小汤一定会因某件微不足道的事情"借题发挥"。意识到这个问题,我做出了改变,先暂停自己手上的事,认真地听他的叙述,我发现这种时候他容易表达他面临的困境或是开心,我们会有完美的一天,我们的关系一下子就拉近了。

二、关心的态度,简单的回应

用"真的呀,后来发生了什么"这样简单的话来回应。这不是偷懒,我是希望他能在这样的过程中,整理自己的思路和感受,从而有可能自己找到解决办法。小汤是被我说教、责怪的时候,我发现他很难有清晰的思路和积极的态度去面对问题。家长们在职场中,如果上级能听我们说,很大程度上我们是可以积极去解决这个问题的。我想这也适用于孩子。

三、说出孩子的感受

很多时候越是想让小汤摆脱不好的感受,不管我的态度多好,他都只会更难过。我在想,可以说出孩子的感受,而不是否定孩子的感受。我以前不这样做是因为担心这样做会让孩子难受。但其实相反,当孩子听到这些话时,心里反而会感到安慰,他会感觉有人理解他的内心感受。小汤三年级的时候养过蚕,但是有一天放学回家他发现蚕宝宝死了,他很难过,我告诉他失去朋友是件挺难过的事情,他说:"妈妈,我还剩着好多只呢,我要好好照顾它们。"但是如果我说"别难过,不就是几只蚕吗? 你还有那么多,我再给你买"之类的话,结果肯定是大闹一场。所以,和谐的亲子关系,就要允许孩子表达不满。

四、不能满足的时候,和孩子一起做梦

当然在很多时候以上也不灵验,孩子的要求我也不能一一满足。有一次,小汤很想要一只新水弹枪,我不同意,眼看要发生争执了,我说:"你猜我怎么想? 我希望能给你买个锦明12代水弹枪。"接着小汤说:"我知道,你会给我买那种超级厉害的。妈妈,你看假期我自己挣了200元,那我再挣点儿,你补贴我点儿可以吗?"我们都笑了。用幻想的方式和孩子一起做梦,让自己放开一点儿,和孩子一起天马行空地去想象。尽管我们说的事情不可能实现,但是他能感觉到我很看重他想得到水弹枪的心情,他就会感到安慰。

这也是我们家在各种"排雷"斗争中获取的"对敌斗争"的经验,分享给大家,希望我们都能收获甜蜜的亲子关系。

点睛之笔:在亲子沟通中,我们不需要任何时候都产生共情,但是应该让他知道我理解他的感受,接纳他的情绪,但这不意味着他做的任何事情都是对的;对于大一点儿的孩子,当他不开心的时候,我们要表示我们陪在他身边,并且力争不过度帮助他。会说会听,让爱常驻家中。

尊重孩子,平等对话

昆明理工大学附属小学　李锦然妈妈　殷雪娇

无论是学校教育还是家庭教育,都不能缺失对孩子的尊重。没有尊重,便没有教育,更谈不上科学的教育。作为父母,我们都希望能给孩子最好的,不希望孩子走"弯路",因此往往会以自己的经验或习惯的方式来帮助孩子做决策,或者为孩子代劳,甚至并没有意识到在这些事情的处理过程中,需要尊重孩子,让他行使属于自己的权利。

有一次,我在孩子放学的路上遇到了一位朋友,我连忙催促孩子:"然然,快叫阿姨!"可孩子怯生生地看了一下我的朋友,并没有叫,我再次催促,孩子却越发显得不愿意了,拽着我的手说:"妈妈,我要回家!"我跟朋友寒暄几句后便带他回家了。跟朋友分开后,我又开始教育孩子说:"你刚才真没有礼貌,都不叫人。这样阿姨会觉得你很没有教养。"谁知孩子却反驳我说:"我又不认识她,你不是说要远离陌生人吗?再说,我也没有让你主动跟我的同学们问好啊!"我听了觉得孩子说的也是他心里的想法,而且还有他自己的一些见解,语句里透露出我"强迫"他做他不愿意做的事。我们都太在意孩子要跟大人问好显得乖巧,却忽视了孩子是有拒绝的权利的,比起礼貌,尊重是前提。尊重也是相互的,平等的,我们要求孩子尊重我们的"权威",但也要建立在我们尊重孩子的"意愿"之上。

后来我在与孩子沟通的过程中,有意识地提醒自己要学会尊重孩子的意见。他的杯子坏了,他主动要求我帮他买一个,我问他:"妈妈随便帮你买一个就可以了吗?"孩子说:"如果可以,你能带我去精品店自己选吗?"我答应了他,周末带他到精品店的时候,他一眼便看中了一款图案比较花哨的玻璃杯,拿住便不放了,我试探着说:"这个杯子很好看,但你要带到学校的话可能不太现实,因为它是玻璃的,一不小心的话容易摔坏,不太实用。"他犹豫了几秒,还是放下了这个一眼看中的杯子,去挑选旁边的另外一个杯子,这个杯子不是玻璃的,也非常漂亮,但是没有杯绳,我又补充道:"要是再有个杯绳就更好了,这样你不仅可以拿着它,手里不方便时还可以背着它。"他想了想,又放下了第二个看中的杯子,选择了一个没有那么花哨,但却非常实用的一个带背带的杯子。我接着问:"这个是你自己挑的,你喜欢吗?喜欢我们再买。"孩子回答我:"虽然它不是那么漂亮,但是我会把它变得特别,我回去在杯子上面贴上我喜欢的贴画,它一定很漂亮!"终于,他买到了我和他都心仪的杯子,在这个过程中我本来可以代替他选择的,但是我意识到要尊重孩子,选择一个属于他的物品也是他的权利,我们应该尊重孩子,平等对话,进行适当引导,方能达到"两全其美"的效果。

生活中的一些事件中,也让我慢慢领悟到:对孩子的尊重体现在每个方面而不是某些方面,这一理念适用于所有的教育过程。不过,可以找一些突破口,比如与孩子相关的事情一定要征求孩子的意见,让孩子在自己的事情上有发言权。

当然,有时孩子做出的决定未必正确,家长可以跟孩子讨论,把你的建议告诉他,而不是直接替他做决定。

点睛之笔:一个人的创造性需要建立在什么样的人格基础之上?缺乏独立思考、独立判断的成长训练,怎么可能具有创造力?正确的逻辑是:给予孩子尊重,他才能够独立,独立了才有独立思考的可能,独立思考了才有创造的可能。

规则篇

塑造"人格" 使其"为人"

昆明理工大学附属小学　王千尹妈妈　尹　婷

作为家长,我们都非常爱自己的孩子。那么,家长们的爱汇聚到一个班、一个学校,孩子们如何承受或者接受这么多的爱,我想最重要的就是孩子的"人格"如何。

现代心理学上的"人格"是指个体在对人、对事、对己等方面的社会适应中行为上的内部倾向性和心理特征,表现为能力、气质、性格、需要、动机、兴趣、理想、价值观和体质等方面的整合。简单说,孩子的"人格"就是所谓的"德性"。"人格"不是人生而有之的,而是通过实践和教育获得的。虽然"人格"的概念很大很全,但我们还是有意识地从日常生活中的点滴去引导、去教育孩子。

我们家一直认为,孩子存在一些人性方面的"原恶",比如"任性""懒惰""嫉妒"等,我们的家庭教育就是让孩子慢慢克服这些作为个体的自然属性,希望最终可以成为一个正直、向上、具有社会荣辱感、快乐的人!

一、通过"立规矩、讲原则",克制其"任性"

王千尹很喜欢乐高玩具,每次搭建好的乐高总是爱不释手,放学回到家就拿着摆弄,以至于会不专心写作业、读书。完成作业花费很长时间,而且字迹歪歪扭扭,质量较低。看到如此不整洁的作业,我就要求他重做,他便立即阴沉着脸说:"你知道我多辛苦吗?别的同学只做一遍作业,我却被你要求做两遍,我哪里还有时间玩玩具?"我想与其让他被动地重做,不如让他自己理解高效率的完成才是最省时省力的方式。我们得谈谈"规矩"了:"孩子,我们作为社会人,不是只做自己喜欢的事,自己不喜欢的事就不用完成。我和爸爸每天上班,也得把分配的工作高质量地完成才行,要是上班时间做不完,回到家后还得加班,我们也不想加班呀,但是如果该做的事都不做,时间长了也就失去做想做的事的机会。你作为一名学生,学习就是你的职责,以后我们都先做自己该做的事,再做自己想做的事,好吗?"最终和他达成共识,他学会了自律,慢慢克服了性格中的"任性"。

二、强化"责任心、价值观",克制其"懒惰"

"懒惰"是每个人都无法摒弃的特性之一,大人和孩子也一样。王千尹不担任语文课代表后,也会承担一些领读的任务。他有时候想偷懒,曾想过以晚到校来逃避领读。我们就借用电影里面的台词教育他,"能力越强,责任越大",老师安排他领读,是因为他发音标准、语言表达流利,既然具备了这样的能力,就必须承担起领读的责任,同时也是对老师工作的支持,绝对不能有丝毫的懈怠。

三、培育"仁爱心、包容心",克制其"嫉妒心"

"嫉妒"一词是借用黎鸣先生《中国人性分析报告》的说法,在此可能解释为"因对比产生痛苦"更恰当,也就是我们常说"没有对比就没有伤害"。我们从小就注重培育王千尹的"仁爱之心",引导他学会"感同身受",学会"共情"。记得在幼儿园时,发现班主任姚老师感冒了,王千尹就和几个小朋友去慰问,让老师多休息,按时吃药。姚老师很感动,专门打电话告诉我们,王千尹是个"小暖男"。在幼儿园王千尹很多时候都在"C位",老师们都很关注他,而到了附小,开始时王千尹非常不适应,情绪低落。和他交流后,发现原来他是把自己在幼儿园时候的状态和小学的时候进行对比,由此产生了痛苦。于是我们向他解释,不是老师不关注他,而是一个班级的同学变多了,小学老师除了生活上照顾学生,还承担了更多的教学任务,引导他站在老师的角度思考,把关注点慢慢转移到自己的学习上来。

点睛之笔:家庭教育的灵魂是人格教育,相对于取得高分而言,我们更应该关心孩子能成为什么样的人,虽然最终可能达不到理想的状态,但是只要家长足够重视,配合学校、社会,持之以恒地抓好子女的人格教育,那么孩子定能脱颖而出。

有原则的爱

昆明理工大学附属小学　杨洋妈妈　杨川仪

在我们的古代传说中,有一种叫獬豸的神兽,它长得和麒麟差不多,全身都是黑色的毛,眼睛明亮,头上还长着一个尖角。獬豸很有智慧,它能听懂人的话,能分辨是非曲直,能识善恶辨忠奸。传说中,獬豸发现坏人后,会用头上的角把他推倒并吃进肚子里,也是因为这样,獬豸成了我国古代司法的象征。我们来看看这个看起来就非常复杂的字,这个"灋"字,就是古人根据獬豸的传说造出来的,代表"法律"的"法"。"氵"象征着法律应当公平,"廌"代表的就是獬豸,"去"则表示遇到不公平的人或事,应该用法律坚决除去。

我们常说,没有规矩,不成方圆。不管是在学校还是在家里,师生之间、亲子之间和同学之间都要讲规矩,讲原则。所以,在学校,学生们要遵守校纪校规,服从学校和老师的管理。那家长和老师们也要讲原则,溺爱孩子的父母和不敢管教学生的老师,都是不合格的。

其实,随着教育理念的不断更新,我们都会时刻提醒自己不要做溺爱孩子的父母,不要做没有原则的老师,但有时候会发现,原则的度不太好把握,很容易"矫枉过正",所以我们要把握住讲原则的"度"。家庭教育促进法要求我们尊重未成年人的人格尊严,要和他们平等地交流,所以家校之间、师生之间、亲子之间和同学之间,应当是相互尊重且平等的,尊重的背后是理解,是了解。

这里我就要引入一个心理学概念——"权威型父母",来自于心理学家鲍姆林德。他根据父母"对孩子需求的响应程度"和"要求是否严格"把父母划分为四种类型。独裁型的父母对孩子要求非常高,强调服从,但从不回应孩子的需求;溺爱型的父母则刚好相反,他们对孩子的响应程度很高,却对孩子的要求很低;忽略型父母则是对孩子既无要求也没有响应,孩子在这类父母的眼中是透明的。那权威型父母是什么样的呢?他们对孩子严格要求,同时积极响应,是严格但温暖人心的父母,权威型父母培养出的孩子,思维活跃、自控能力强,做事有主见,学习灵活刻苦,善于和小朋友交流。

那怎么做一个权威型父母呢?

父母自己就要做一个讲原则、守规矩的人。比如最简单的过马路,严格遵守"红灯停、绿灯行"的规则,在人行横道的绿色信号灯没有亮的时候,就算路上没有车,我们也不能横穿马路,虽然有些路口绿灯亮的时间很短,跑起来显得比较狼狈,但用生活中的小事来培养孩子遵守规则的意识,大人也要以身作则,不然孩子会觉得,怎么学校教的规矩,我的爸爸妈妈却不遵守?

提合理要求,帮助孩子达成目标。根据孩子的实际情况,提出合理的目标和要求,并且协助孩子达成目标,这其实是让孩子对自己的生活有掌控感和参与感。我们一直给孩子灌输的思想是:每个人有每个人的责任和义务,学习是你自己的事情,我和爸爸不会陪你做作业,如果你有不会做的题自己先看课本想办法,实在做不出来了,再来问我们。当他真的来问的时候,我们也是采用引导的方式让他自己解决问题,而不是直接把答案告诉他。

以良好的心态和情绪面对孩子。善于倾听孩子的心声,对孩子的要求及时地给出反馈。这一点也正是权威型父母和独裁型父母之间的区别,权威型父母会积极响应孩子的需求,并且善于表达爱。所以爸爸妈妈们,请珍惜孩子乐于和你分享、喋喋不休的时候,多拥抱和夸奖他们,给他们温暖的笑脸和充满爱意的回应,给孩子有原则的爱,他们会成长得更好!

点睛之笔:家是孩子的归宿,父母是孩子的依靠,在真诚关怀和亲近的基础上,给孩子立规矩,讲原则,才是让孩子有纪律的最好教育模式。不溺爱,不纵容,立规矩但不过度,给孩子有原则的爱就是最好的教育。

陪伴篇

用心陪伴　静待花开

昆明理工大学附属小学三(2)班　董轩羽妈妈　沈若霞

人人都说教育孩子要静待花开，每个孩子都是一粒种子，都有自己的花期。不同的植物，有不同的生长习性，需要的光照、水分和养分都各不相同。静待不等同于"躺平"，并不是在耕耘过程中无为，而是放平心态，对结果不强求。若要花开，必定得去了解它，看护它，给予它成长必要的阳光和养分。

只有陪伴才能了解。 相信所有的家长都希望自己的孩子可以变得自信而阳光。但孩子们呱呱坠地时，其实就是一张白纸，最终会长成的模样也千差万别，不仅受先天因素的影响，同时也受各种外部因素的作用。作为家长，我们只有参与他们的成长，才有可能发现孩子的性格、兴趣，以及对事物反应的不同。也就是说，只有陪伴，孩子才能被看见，我们才有可能了解我们的孩子。而被看见本身，对于孩子就是一种稳定和安全感的来源。

只有了解才能理解。 大约在轩羽三四岁的时候，一天早晨，她起来就跑过来抱着我说："妈妈，我做噩梦了！"我连忙抱着安抚她，告诉她："没事，梦都是假的。那你告诉妈妈，你究竟是梦到什么了？"她立马坐直了身体，很严肃地说："我梦到小黄人变紫了！"看着她一脸严肃的样子，我不禁笑出声来，心想原来小黄人颜色的改变，也可以把我的孩子吓成这个样子。后来，我把这事当成一桩趣事告诉了我的好友，结果她很严肃地对我说："你肯定没陪孩子看过小黄人，因为小黄人变紫了，它就会四处咬人。"一语中的，我都不了解孩子经历了什么，又怎么能理解她在说些什么呢。理解孩子，才能更容易与孩子共情，让她切实地感受到自己不仅被看见，而且被懂得。或许这样我们才能更容易走进孩子的内心，获得孩子的信任。

陪孩子一起成长，做一名学习型的家长。 作为妈妈，我时常感慨，一不留神就赶不上孩子成长的速度了。记得一次，我带轩羽出门游玩，她和我坐后排，突然开口对我说:"妈妈,这车肯定是后轮驱动的,坐在车里感觉到后轮发力很明显,推背感也很明显。"那一刻,我有些诧异。我惊讶于孩子知识面的广泛,她已经不是一个我随意就可以糊弄过去的小孩了。我得不断地学习,拓宽自己的知识面,才可以在庞杂的知识信息中,精准地截取到她需要的内容,再将信息整合加工,回输给她。而那些新兴的教育理念,不仅解决了孩子成长中的问题,也改变了我从前的一些固有想法。比如:在陪孩子学习绘画的过程中,我才明白,肯定孩子的奇思妙想,但不对她的作品做评价的重要性。因为这样才可以更好地保护孩子的创造性,让她拥有可以放心去表达的勇气。作为家长,陪伴孩子成长的过程,对自己而言也是一次蜕变和重塑。我们会面临各种各样的新问题,但只要秉持不断学习的开放性思维,就一定可以陪着孩子找到解决问题的新方法。

点睛之笔:不论我们愿不愿意,孩子也终将独立地走上自己的人生道路。而我们所要做的,就是在他需要我们的时候,我们不曾缺席。给予他足够的滋养,让他扎实地成长,陪着他,等到他迎来属于自己绽放的花期。

陪伴,与孩子共同成长

昆明理工大学附属小学　褚芮伊妈妈　宣志欣

首先很感谢昆理工附小的老师们无私的帮助,让褚芮伊较好地适应了她的小学生活。也正是昆理工附小的育人理念,让我感受到孩子的成长离不开学校、家长和老师的三方协作,更离不开家长的陪伴。

从芮伊上二年级开始,我的工作就特别忙,芮伊爸爸也经常加班。特别是2020年,我到玉溪工作一年,没有办法陪在芮伊身边,芮伊的一些坏习惯就慢慢滋长:做事磨磨蹭蹭,贪玩,没有目标,控制不好自己的情绪,选择性阅读,只读不费脑的书籍。每天和芮伊打电话她都说在做作业,但是一个小时过去了,再打电话还是在做作业。那段时间我与芮伊的电话联系基本都是"你在干啥""我在做作业",我深知,芮伊如果不改变,成功和优秀都将离她越来越远。

为此，我与向老师、杨老师沟通，详细了解芮伊在学校的表现及学习情况，与老师具体分析芮伊的优点和缺点。还记得那晚我站在办公室外与各位老师打电话的情景，虽然蚊虫不断，但心是暖的。与老师们形成战略同盟之后，我主动请求老师们在学校里对芮伊做事磨蹭、片面阅读的行为进行批评，效果非常好，芮伊第二天晚上主动给我打电话说："妈妈，老师批评我了，我得改正。"

其实很多家长和我一样，很多教育理论和道理也清楚，可是总感觉做不到，一碰到问题就容易着急上火，从而爆发"战争"。而陪伴是最好的化解剂，无论是电话陪伴还是贴身陪伴，了解孩子身上的问题，进而改变和孩子的对话、行为模式，让孩子感受到我是爱她、关注她的。在工作之余我都会给芮伊打一个电话，晚上加班，我也会抽空问芮伊在学校的学习情况、有趣的事情，时间或长或短，电话陪伴让她感受到爸爸妈妈的爱。有时，我和她爸爸会直接回家加班，我们三人会围坐在一张桌子旁，她看书，我们加班，相互鼓励，时不时聊上两句，或分享阅读心得，或说个笑话。陪伴让我们彼此成长。

家长这个特殊的"职业"是唯一不需要上岗证，但又需要加强专业训练的"岗位"。家长一样有着来自工作和生活的压力，而且与过去的家长相比，现在的家长更面临着科技进步带来的巨大压力。作为家长，愿意陪伴孩子，愿意倾听孩子的感受，支持他们用自己的办法解决问题，那么，家长将与孩子共同成长。共同成长，是破茧成蝶的过程，一定会伴随着痛苦和冒险，一样会有煎熬、迷茫和焦虑。但如果家长做得不够好，请记得，学校是一个温暖的集体，有卓越的老师，优秀的学生。如果家长做得不够好，勇敢一些，把自己的烦恼告诉老师，去寻求帮助，相信学校可以帮助孩子们和家长共同成长。

点睛之笔：与孩子共同成长，需要父母去发掘、探究并采取正确的方式。陪伴、交流、关爱，是开启成长之门的一串钥匙。有了家长的陪伴，孩子就会有温暖；有了家长的关爱，孩子就不会焦虑，孩子就懂得与世界友好相处。家长是个"职业"，值得我们认真对待。

润泽陪伴　阳光成长
——青春期孩子良好生长环境的营造

昆明理工大学附属小学　周工博妈妈　冷崇燕

时光如白驹过隙,一转眼,孩子即将进入青春期,所思所想比之前更复杂多变。为了给孩子营造充满安全感、被尊重和欣赏的生长环境,在日常生活中我们主要做了以下四个方面的工作。

一、沟通和引导

一是提前整理好心情。在接送孩子前,提醒自己整理好心情,并注意观察孩子进出校门时的神态。当孩子面露沮丧时,我会换位思考,像好朋友一样积极、乐观地和孩子聊天,找出原因,达成处理共识,让他重拾尊严和自信。

二是珍惜讲、读故事时间。自孩子一岁左右我们就坚持每天给孩子讲睡前故事,鼓励他阅读。习惯养成后,他一直十分享受故事时光,并乐意按自己的想法对所读(听)故事进行解读,甚至会下意识联系起所遇到的问题并进行有针对性的自我化解。

三是坚持每周的家庭日。每周定期组织家庭日活动,提前备好喜欢的鲜花、书籍、甜点、水果和饮品等,在美味的陪伴下,家人的共处和沟通交流变得很有乐趣,这时的交流也让孩子十分期待。

二、投入的陪伴

家庭游乐活动的意义和价值远远超越我们的视野,既可快捷有效地建立、拉近亲子距离,加深和孩子的情感交流,又能让孩子减压释怀,培养孩子敏锐的感觉和创造性等。

我们工作再忙再累,也会抽出时间,怀着童心,身体力行,全家上阵,骑单车、打球、读书、看电影、游泳、旅游等。有时会在游乐活动中融入自己的创意,例如,在燥热的某一天来个家庭泼水节,打打水仗;在爬山时借路上的美景和所见所闻轮流即兴讲故事,既锻炼身体又培养孩子的洞察和表达能力;孩子双手护住头从长满青草的山坡往下滚,让孩子体味到青草清香和泥土芬芳的同时,更加热爱大自然和祖国每一寸土地,增强安全防护意识;在孩子的认真讲解和示范下偶尔重操旧业溜冰、蹦蹦床,孩子很有作为教练的自豪感和成就感,提高了面对各种挑战的信心和能力。

三、信任和尊重

青春期的孩子大多缺乏自信,父母的信任是送给孩子最好的礼物。适时把成长的权利还给孩子,给予孩子发展聪明才智的机会,相信他一定可以解决自己的问题。锻炼孩子的独立性、创造力和韧性,培养成自理能力强的学习者,顺利度过孩子青春期的敏感岁月,抵抗焦虑症、抑郁症等。孩子会努力不辜负父母的信任,同时也会变得更加自信。

比如,孩子从幼儿园中班开始,每周 50 元的零花钱归他自由支配,有了选择花钱的机会,孩子觉得自己很有力量。孩子在花冤枉钱的时候,我们基本不干涉,试着体谅和理解,让孩子选择和决定自己的行为,在犯错中学习,学会做出明智的选择,学会原谅和接受自己,体会到自由和责任,进而增强自信心和责任感,推及其他,对时间管理等也更有规划。

四、原则与自由

父母对原则始终如一容易获得孩子的尊重和信任,并给孩子带来安全感。首先应该明确哪些原则应该坚持,如何坚持,何时调整,哪些方面可以适当放手,给予自由。其次,该教导孩子的时候不迟疑,该让孩子探索的时候不插手。

例如手机的使用和管理。我们认为如果孩子对手机或网络世界产生依赖,可能会快速得到答案和知识,但更会冲淡像读一本书那样连贯思考的能力和体会,滋生惰性、丧失深入思考的能力。为此,我们规定孩子上中学前不能完全拥有自己的手机,合理需要时申请使用,用完后立即放回指定位置,腾出的时间进行阅读、交友及其他健康活动,鼓励周末邀请好朋友到家里一起写作业、玩和过夜,那种时而海阔天空地畅谈,时而静坐一起看书的氛围,很容易忘却周末特有的手机和电影时间,体会到没有被手机绑架的自由感。

点睛之笔:做一个有心、用心的家长,为青春期孩子营造一个良好的生长环境,站在孩子的角度,理解孩子,放开手脚陪伴孩子、欣赏孩子。

体验——和你一起仰望星空

昆明理工大学附属小学　李沈华夏妈妈　沈晓梅

以丰富的体验打开童年的窗口,是我育儿的初心。我认为体验式活动能够让我和孩子切身地感受到成长,可以从孩子的视角去体验不同育儿方式给孩子带来的冲击,更可以用体验去更深层地理解孩子的行为及其目的。

一、体验式阅读　带孩子一起

对于孩子来说,读一本好书既可以积累语言,丰富知识,又能陶冶情操,提升修养。和孩子一起阅读,能够让整个家庭受益;体验式阅读,让孩子乐在其中。从孩子半岁开始,全家就开始给孩子看色彩鲜艳的大图案硬纸书(纸板书),用来刺激大脑发育,通过让孩子一边看,一边说出事物的名称,为孩子说话打好基础。到孩子一岁以后,我们购买了很多大幅图画的图书,书本内容和日常生活相关,比如炊具、电器、家具、宠物、玩具,再到上洗手间、如何刷牙、怎样洗漱等,我想这更利于孩子成长。孩子两岁时,每天晚上睡觉前读一些简短、有趣的故事,力求用孩子听得懂的口语表达出来。遇到难读的内容,就解释给孩子听,如果有疑问,孩子也会和我进行沟通。孩子两岁九个月开始上幼儿园,我们每个周末都会抽时间带着孩子去书店看书,从选书、看书、讲解、放书等环节,慢慢去引导孩子自己选择喜欢读的书目,自己去观察图画,用自己的语言与我讲述,在这样的快乐氛围中引导孩子爱上阅读。我想只有与孩子一起阅读,才能体验其中的乐趣。

二、体验式玩耍 与孩子一起

一直以来我都让孩子在大自然中学习,用听觉、视觉、味觉去体验,用行动实践。周末或者假期带着孩子去旅行,我们在香格里拉看雪,在普达措国家公园找野生菌,到丽江去看夜景,在东风韵体验不一样的文化艺术,与亚洲最长的人工瀑布合影,在圣托里尼的童话世界中感知生活,到海埂大坝与红嘴鸥交朋友,到抚仙湖沙滩堆砌城堡,和小朋友们在湿地公园钓小龙虾……与孩子一起玩耍,可以引导她发现和思考,激发她的想象力。

让孩子在体验中收获成长,大自然是孩子最好的课堂,在自然的环境中,和孩子一起寻找春天草芽尖尖的美景,夏天荷叶圆圆的笑脸,秋天灿烂的表情,一起体验幸福的自然之旅,一起分享收获的喜悦。不管孩子年龄多大,体验式的旅行不要停息,相信孩子会从中得到快乐的体验,学到丰富的知识。

三、体验仪式感 全家一起

仪式感,是孩子成长历程中不能缺少的。因为在我的家里,我们都觉得仪式感能让孩子心中有爱,懂得去爱别人,重视别人的感受,使孩子勇于将平时难以言说的情感和心意传达出来。从孩子出生、一个月、半岁、一岁、两岁、三岁……我们都给孩子拍照纪念。很多时候,我们觉得生活平凡无趣,但是有了仪式感,会让平凡的日子发光。在新年、六一节、周岁纪念日、生日的时候,全家人提前准备,布置场景,都为孩子准备一份礼物,可以是一套新衣服,可以是一套故事书,也可以是孩子喜爱的一件玩具,并对孩子由衷地说一句节日快乐。

因为我们坚信充满仪式感的生活,能给孩子心灵富足的童年。

人生就是一场体验,我们每个人都是不断地通过自己的体验和经历去学习、去成长,体验的过程往往比结果更重要。让孩子去经历、去体验、去成长,而不是家长代替她经历,代替她体验,代替她成长。

点睛之笔:以体验式的育儿创造更多的可能性,体验和孩子一起看世界,让孩子在体验中成长,更可以带着孩子去"远方"!

品质篇

恰同学少年　洽生之灼灼

昆明理工大学附属小学　江一朗妈妈　镡　尹

某日露营,谈笑间,话题便来到"非合理需求:拒绝与被拒"。这大概是所有父母都会遇到的窘境,幼儿有太多欲望急需填充,公共场合,是动之以情晓之以理,还是铁面抽身拂袖而去,留下来的孩子又会作何反应呢? 不顾体面地坚守阵地哭闹抗议,抑或是找个台阶自我圆场? 其中一位爸爸讲:"我们家 Emily 四岁的时候呀,对那瓶喝不到的冰镇苏打水说,谁让你那么冰呢,谁喝谁生病! 好吧,我放你回货架!"众人哈哈大笑,似乎觉察这骨子里的"阿 Q 精神"真是万能良药。果然,在数理逻辑领域,便有"自洽"一词,证其存在即合理。

自洽(SELF-CONSISTENT),狭义是指某个理论体系内在逻辑一致,不含悖论。推广到情感层面,表现为基于理性的自我和谐。"自洽力"几乎是所有高情商个体的普遍共性。它与"自知""自律"合体,成了治愈人性的三把密钥。

在一朗的成长过程中,我们一再被这个关键词触动。现在,让我们一起来探索自洽力如何转化为其他正能量吧。

一、自洽转化为良好的人际关系

一朗两岁时迎来弟弟的诞生。很多二胎家庭会出现"相爱相杀"的常态景象,孩子们之间就是个小社会,从物品所有权到对爸妈爱的占有权再到选择先后权。为此,我在孕期就给孩子建立了全方位参与迎接新生命的心理预期与情感疏导。一朗每天听着弟弟胎音,怀着无限企盼的心情见证了弟弟诞生,在弟弟额头的深情一吻真让人动容! 我们留下了太多兄弟俩相依相偎的暖人画面。弟弟偶尔挑战哥哥,哥哥总是一个拥抱瞬间融化对方。

一朗的仁爱宽厚来自于全家遵循的公平原则,当孩子在爱的浸润中成长,他的自洽力是显性的,领导力亦是静水流深。

进入小学前夕,我们曾经讨论过校园霸凌的话题,那是一朗公开提出的唯一担忧。我们就霸凌者的性格缺陷和人格隐痛,被霸凌者存在的共性,身处霸凌环境应当如何面对,以及解决之道四个维度进行了深入探讨。幼升小之路的人际关系初建如预期顺遂。

二、自洽转化为可持续的自主学习力

中班伊始,我们为孩子拟定了可操作执行的学习计划。中文方面,着重古诗词韵律培养,外语启蒙以自然拼读、亲子共读为契机,运动由攀岩、高尔夫、轮滑、游泳四大项组成。疫情前,全家保持每年两次洲际旅行、每月一次国内行走的频率。语数外网课的作息习惯一直延续到小学阶段。乃至于一朗每天放学回到家,洗手更衣后无须任何督促,无缝衔接到网课学习中。同期,我们增设了书法、朗诵、编程、吉他和咏春拳等课程,一朗也能自主高效地穿梭其间。

三、自洽转化为可预期的人生目标

作为父母,我们有时也惊叹于孩子们强韧的执行力。一朗的回答是:"我长大要报考国防科技大学,参军,为祖国效力!"原来,在他小小的心灵中,好男儿志在戎装已然笃定。曾记否,国家广电和中影集团联手推出的系列主旋律影展,《中国机长》《烈火英雄》《长津湖》……在每周五晚的家庭电影日轮番熏染。

牛津大学东方研究所徐小虎女士说:"我现在 88 岁,还像一个 12 岁的调皮的学生。我一直在体会生命的乐趣,环境提供的各种不同的刺激和无声的机会。I'm proactive!"这真是自洽的经典展现。

终其一生,我们每个人都在追寻更完美的自己。与其说孩子是原生家庭的缩影,不如说是成长环境综合体的映射。境遇塑人,所以我们更要坚信教育的力量。人类在浩渺宇宙中不过沧海一粟,与世界温柔相伴,起舞每一个日子,灼灼其华,请自洽!

点睛之笔:自洽是正态积极自我和谐,自洽是处变不惊笃定前行,自洽是目标明确深耕不辍。在与漫长生命线并进齐驱的过程中,我们需要自洽力保驾护航,任风云际幻,自岿然不动。恰同学少年,洽灼灼其华。洽己,悦人。

勤劳做事，认真做人

昆明理工大学附属小学　沈墨涵妈妈　陆艳梅

一、教育理念

在陪伴孩子成长的过程中，家长们总想培养孩子很多方面的能力，把我们所懂的都教给孩子。对于孩子来说其中一项重要的能力就是做事的能力，我的教育理念是：会读书不如会做事，会做事不如会做人，会做人不如懂感恩。这段话有着自内而外、由浅而深、有形到无形的递进逻辑和境界。

教育孩子，教给他做事的能力，在家庭教育环境中，是比较容易的。在做事过程中，孩子会遇到各种挫折和烦恼，等把这些都处理好了，孩子的各项能力能够得到提高。做事能够帮助孩子关注事实，做事情的逻辑顺序和生活中的小事，能教会孩子脚踏实地，锻炼知行合一的能力。

二、教育实践方法

在家庭教育环节当中具体如何实现呢？实践起来一共是十六字：我做他看，我说他听，我带他做，他做我看。

举一个案例，比如说教小朋友洗袜子，第一步就是示范怎样洗袜子，让孩子在旁边看，我做一遍示范以后，详细讲解清洗的要点。接下来我会站在旁边带着孩子一起做一遍，带着孩子做完以后，站在旁边看他能不能洗干净。如果有洗的不干净的地方，就给他指导，告诉他哪些地方应该怎么样处理，直到最后小朋友可以轻松地处理。生活中每件事情都如此，比如说拖地、洗碗、叠衣服、收拾屋子都是一样的。践行这个十六字方针，孩子很快就能够学会处理家务。

等孩子学会做一部分家务，就要顺势把这些事情变成孩子的责任，比如洗袜子、短裤、叠衣服，可以和孩子制订规则，哪些事情属于孩子的事情，需要他本人自己完成，每天什么时候做。通过做事培养孩子为自己成长负责的能力，培养孩子勤劳的品质。

培养孩子做事情,还能够有效培养孩子的综合能力。比如学习做菜,我们需要规划炒菜的时候需要用到哪些材料,按照什么样的流程来准备,以及这些材料前期要做什么样的处理,炒菜的时候放多少油,放多少盐等这样的一些环节。在这个过程当中,既可以锻炼动手能力,也可以锻炼统筹规划能力和关注细节的能力。

除了家务劳动,也可以参与农业劳动。假期回老家,可以带小朋友去挖土豆,让孩子直接感受农业劳动的乐趣,直观感受土豆生长的环境,了解土豆如何从农田运送到交易市场,最后来到我们的餐桌上。回家顺势就可以学习炒土豆,也学习农民的工作,了解不同工种的差异。在带小朋友去感受大自然的同时,培养感恩之心,感谢周围的人对我们的付出,感恩大自然对我们的无私馈赠。

三、勤劳做事的教育价值

勤劳做事对小朋友有什么样的帮助呢?第一,可以锻炼很多能力,比如说孩子的观察能力、动手能力、专注力、思考能力、逻辑思维和团队协作能力。第二,放手让孩子尝试,也是给予孩子信任,给孩子一个突破自己、超越自己的机会,让他亲自体验突破自己是最快乐的。

关于勤劳和劳动,国家也越来越重视。2022年5月,国家出台了《义务教育阶段劳动课程标准(2022年版)》。这个新的标准从2022年的秋季学期开始执行,劳动课程正式纳入国家义务教育标准课程范畴,对于小朋友的劳动能力,从日常生活劳动、生产劳动、服务性劳动几个大的方面提出对应的教育要求,涵盖一年级到九年级,所有的小朋友们都需要学习。

点睛之笔:家庭教育没有高调的口号,做好身边的小事,从做事中去学习如何做人,把事情做好,把人做好,是一个人成长中非常重要的功课。家长们无非希望每个孩子都会做事,会做人,会感恩,拥有幸福生活的能力。

坚毅塑造成长,只为遇见更好的自己

昆明理工大学附属小学　孙奕馨妈妈　李　丹

我曾经看过一本书,是梅耶·马斯克的《人生由我》,主要讲述了一位妈妈培养三个孩子的故事。她鼓励女性成为坚毅的妈妈,让我看到了对孩子最好的教育,是让孩子看见妈妈在努力成为更好的自己。

一、坚毅——相信孩子,静待花开

在孩子成长过程中我们会产生很多疑问:教他们学走路,同龄的孩子都会走了,为什么我的孩子还不会?教他们学说话,别的孩子都会了,为什么我的孩子还是咿咿呀呀?教他们算算数,别的孩子都可以心算了,为什么我的孩子掰着手指头都会算错?

成长教育是一种慢的艺术,它需要平静、平和,更需要耐心和耐性。尊重和接纳孩子的个体差异,不比较,等待孩子的成长,并且把这一份坚定力量传给孩子,他一定能感受到父母的支持与信任。

二、坚毅——让孩子相信自己

有一种爱叫作放手!孩子在慢慢长大,探索着这个未知的世界,我们没有办法为他一路保驾护航。适时放手,忍住自己的焦虑,不要催促,不要计较后果,让孩子自己体会成功的喜悦,也去尝试失败的痛苦。有一句歌词唱过:"不经历风雨,怎么见彩虹。"这很好地说明了在孩子成长过程中,我们要陪伴并教会孩子什么是坚毅,如何阳光豁达地面对困难,解决困难,并且心怀希望。

记得小爱四岁的时候,我决定送她去学游泳,因为游泳不仅是一种求生本领,更能锻炼一个人的毅力。刚开始的时候状况百出,一会儿嫌水冷,每次出水后哇哇大哭,抱着泳池里的扶梯半个小时不动,怎么劝都没用。其实我很心疼,但是我明白这个时候我给她的应该是鼓励,而不是将就和退缩。所以我坚决不去看一眼,我必须坚定地放手,孩子才能成长,就这么坚持了三年。三年来,我坚持陪她训练,从不缺席。渐渐地,她学会了蛙泳、仰泳、自由泳,并且注册运动员参加达标赛,我对成绩从来没有要求,我只看重一件事,那就是参与、成长。

有一次小朋友在基地训练遇到奥运冠军李冰洁,小朋友很兴奋地跑去合影,还对我说:"妈妈,我一定要好好训练,长大了也去参加奥运会,为祖国争光。"我想,我的目的达到了,并不是真的必须要取得什么成绩,而是学会坚强、乐观地面对一切。

作为成年人,我也会累,也想偷懒,想躺在床上玩会儿手机,这个时候我会告诉自己:如果你对孩子有要求,首先你得坚持让自己对自己有要求,做一个坚持并有毅力的妈妈。

同事对我说过这样一句话,我仍记忆犹新:很多时候,不是孩子坚持不了,而是大人坚持不下去!

三、坚毅——相信彼此,做孩子最忠诚的战友

父母的敌人永远都不是孩子,在成长的道路上,我们应该是彼此最忠诚的战友。要和孩子并肩作战,信任彼此,遇到困难,互相扶持,互相鼓励,尝试着引导孩子自己找到解决问题的办法,坚信自己有能力解决;获得成功,也要一起分享成功的喜悦,不要吝啬对孩子的表扬,这样会让孩子更有前进的动力。长此以往,孩子会在一个正能量的环境中变得坚定且有毅力。

在孩子的成长道路上,我们需要和孩子一起成长。有一句话是这样说的:唯其艰难,方显勇毅;唯其磨砺,始得玉成。

在成长中塑造坚毅的品格,只为遇见更好的自己。孩子,加油!

点睛之笔:坚毅有很多种解读方式,在妈妈的人生字典里是做任何事情都应该积极阳光地去面对,并且坚定信心朝着目标出发,享受努力的过程。当然并不是所有的努力都一定会成功,那么我们就需要抗逆力、乐观精神、坚定的决心来克服重重障碍。这就是最棒的坚毅。

果敢相伴,共同成长

昆明理工大学附属小学　严嘉骐妈妈　王嘉嘉

在与孩子相伴的路上,果敢对我来说往往意味着独立、勇敢、自信、坚持、温暖、坚定。

儿子嘉骐今年不到 8 岁,正是三观形成的时候,我希望自己能够成为他最信任的朋友,也能给他做一个榜样。他可能不懂我具体在做什么,但他明白,妈妈在加班,在看书,在陪他练字,在做自己喜欢的运动……

在陪伴的过程中也对自我重新认识,是人生价值观的重塑。

一、热爱自然

真正的宠爱是让孩子学会独立。我在周末会经常带着孩子去亲近大自然,也适当让他独自参加山林徒步的活动,在老师的带领下和小伙伴爬山,离开父母的陪伴,跋山涉水,走向独立,慢慢拥有勇气,变得果敢。依然清晰地记得去年冬天山林里的孩子们,一年来家长第一次上山,见证他们的蜕变。那天风很大,但孩子们步伐坚定,他们从山脚捡垃圾开始,一路向前,相互鼓励,顺利登顶。在这个过程中,不仅锻炼他的协调力、运动能力和观察力,同时也提高孩子的对危险的判断力和处理能力。让他跟自然建立更多的联系,尊重自然、热爱自然。

二、树立自信

妈妈的鼓励是孩子自信的土壤。作为父母,我们要做好正向引导,尽量不要给孩子贴标签。嘉骐是个不太自信的孩子,之前很多活动都不想参加。我耐心鼓励和陪伴,练习的时候给他打拍子,陪他上毛笔春联课,日积月累,只要有一点儿进步我都会表示惊喜和鼓励,自己也通过练字得以养心。终于,在他当了护旗手和小主持人之后,他的自信增加了不少,参加活动也更积极了。

最近在认识人民币,我就把奖励变成零花钱,主动做作业、家务、运动,我都会给他零花钱,并带他去文具店买自己喜欢的文具,周末带他去超市,尝试让孩子做购物计划,并去买单。无形中也培养了他在生活中的数学思维和社交能力。

三、坚持运动

坚持运动对于大多数孩子来说其实很难,我会用实际行动告诉他妈妈多么享受运动,工作再忙我都会抽时间练瑜伽,也会陪他一起去楼下跳绳,陪伴和自我成长并不冲突。有时候他不想跳,自己在旁边玩闹,我就一个人跳,慢慢地他就加入了。我们在运动中相互陪伴,日积月累也就成了生活方式,坚持和毅力是运动路上最好的朋友。

四、学会尊重

认真对待孩子的要求。嘉骐有一段时间对拆东西很着迷,夸张的时候背着我把遥控器和鼠标拆了,让我哭笑不得。后来我用奖励法,我们约定如果这学期结束能拿到奖状就专门给他买个收音机来拆。果然,期末的时候他如愿以偿。这样的方式不仅能满足他的好奇心,也能激励他。我一直告诉自己不要想着把孩子做成桌子还是椅子,而是要如何浇水施肥让孩子自己成长。给他们提供一个充满爱且安全、稳定的空间,在坚持原则的基础上,用温暖坚定的方式尊重孩子的天性,接受他们多样性,而不是简单粗暴地否定他。

五、感恩生命

嘉骐一直想要个弟弟或妹妹,他喜欢照顾人,所以我利用这点,经常鼓励他帮助别人,培养他主人翁的意识,并乐于跟别人分享。我还会带他阅读红色书籍,他喜欢《地道战》《地雷战》《小兵张嘎》等,给他讲解那段历史故事,学习主人翁的坚强果敢、自信乐观,也让他知道珍惜我们现在的生活。我会带他看一些纪录片和很好的书籍,比如《影响世界的中国植物》《自然笔记》《万物运行的秘密》,他都很喜欢。在生活的点滴中学会感恩一切美好的事物,感受四季变化,发现有趣的科学知识,从爱自己到爱他人,从小爱到大爱。

点睛之笔:父母的成长和孩子一样,没有止境。成长的路上,我们是最亲密的朋友。我在努力成为孩子成长路上的园丁,悉心照顾这棵小树的同时,自己也经历风雨和反思,被孩子的点滴变化和成长治愈。用果敢做伴,成就彼此,我们共同成长!

自信与恒心——孩子成长道路上的助推剂

昆明理工大学附属小学 杨韩睿晨妈妈 杨世莹

面对家庭教育这一实践大课题,同样作为妈妈的我,在孩子成长的路上,有过迷茫,也有过措手不及。通过不断的学习、经验交流、分析与总结、实践,渐渐地,我也有了一些自己的心得与体会。面对刚刚步入小学校园的孩子,我希望我的孩子要有自信心和恒心。

自信是一种内在的精神力量,从心理学角度来讲,自信是心理健康的重要标志。居里夫人说:"我们必须要有恒心,尤其要有自信心。"自信是优势认定、信念、勇于挑战和坚持不懈,但是如何培养孩子的自信心?

一、支持孩子的兴趣爱好,建立自信源泉

睿晨两岁三个月的时候,指着小区旁的一家画室奶声奶气地说:"妈妈,我要画画!"我俯下身来问她:"你确定你能坚持吗?"小小的孩子坚定地点点头,很沉稳地回答我:"能!"于是,我俩击掌确认。由于孩子太小,老师担心不能坚持,没有一个画室肯收下她。看着孩子失望的眼神,我带着她第二次去,终于有一家画室勉强答应了,孩子好开心。"呀,不错,握笔很好!""今天有进步,能画出圆了!""这幅画的颜色很漂亮!"每次画完我们都能从中找到进步点,孩子越来越有信心,画得也大胆了。别看她小小年纪,目前已经有五年的画龄了。睿晨对画画的坚持,成为她自信的源泉,小小的她懂得了做事要有恒心,要有信心。事物都是相通的,不管是在学习上,还是在其他兴趣爱好的发展上,不管遇到什

么困难,她总能坚持。

二、用牵着蜗牛散步的心态,给孩子成长空间

工作中的我雷厉风行,然而面对孩子我完全换了一个人,孩子成长中遇到的各种问题使我内心焦虑、无助。但在孩子面前,我和孩子爸爸立下规矩,一是不吼孩子、骂孩子,而是和她交流,共同找到解决问题的办法;二是绝不当众批评孩子,而是事后跟她讲道理;三是不勉强孩子做她现在还做不到的事,让她做力所能及的事,给她一定的时间和空间,慢慢长大。

三、帮助孩子成功积累自信,教会孩子接受失败

在孩子成长的道路上,帮助她取得成功。当然这里的帮助不是包办,而是在她成长的路上给予一定的指导,帮孩子尝到成功的滋味,找到成功的感觉,这样有利于孩子积累自信,建立一种积极阳光的心态。失败乃成功之母,孩子成长的道路过于平顺,也不是一件好事。因此,当我们的意见不能与睿晨达成一致的时候,虽然知道她会失败,但仍然选择尊重她的意见。只有经历失败和挫折,孩子才能懂得如何成功。

四、让孩子有健康的身心,在运动中越来越自信

蔡元培在《中国人的修养》一书的第一章就论述了体育的重要性,书中写道:"且体育与智育之关系,尤为密切,西哲有言:康强之精神,必寓于康强之身体。"如果孩子经常生病,自然无法自信,有健康才有自信。日常生活中,爸爸的重要任务就是陪伴孩子运动,平时运动的项目也很多,如轮滑、跳绳、篮球、足球、自行车、攀岩、登山都是睿晨喜欢的,爸爸的陪伴使睿晨在运动中找到了快乐和信心。

家庭是孩子健康成长的第一场所,是孩子最重要的生活基地,家庭教育是任何教育都不能替代的,学校教育、社会教育都是在家庭教育基础上的延伸、扩展和提高。自信和恒心是孩子成长道路的助推剂,为了孩子的未来,作为父母,应该努力为孩子的成长营造良好的环境,为孩子撑起健康成长的蓝天。

点睛之笔:给孩子创造机会,在实践中培养孩子的自信心和恒心,肯定孩子的点滴进步,既能让孩子在成功的喜悦中建立自信心,也能让孩子坦然面对失败和挫折,找到成功的方法,身心健康,这也是父母给予孩子的一种爱。

强健体魄 快乐逐梦
——以体育运动促进身心健康成长

昆明理工大学附属小学 李嘉琪妈妈 马敏亚

体育运动能让孩子的身体变得更强健,让孩子的动作变得更灵敏。积极参加体育运动,不仅能强身健体,还可以促进智力的发展,同时,体育运动还能让孩子养成积极的处世心态,自信阳光,坚毅果敢,追求卓越。

接下来我将结合孩子的成长历程,谈谈体育运动的积极影响。

一、增强体质,促进身体发育

经常参加体育运动能让孩子的肢体得到很好的锻炼,增加肌肉力量。运动还能刺激骨骼生长,促使孩子的身高也随之增长。被誉为"中国近代力学之父"的钱伟长先生刚考入清华大学时,身体瘦弱,只有1.49米高,在清华浓郁的体育氛围的熏陶下,他坚持苦练,注重技巧,在1933年的大学生运动会中以13秒4的成绩获得100米栏项目季军,还曾入选国足参加远东奥运会。从清华毕业时,钱伟长身高已达1.66米。强健的体魄也成了他人生路上重要的本钱和财富。

体育运动能增强体质,促进身体发育。一个肌肉有力、关节灵活的孩子,不仅身体协调性较好,还能拥有良好的体态。更重要的是,一个好的身体能对学习和生活起到更有力的支持。

二、勇于尝试,在坚持中成长

嘉琪刚上幼儿园的时候,给很多人的感觉是胆小而内向。他常常喜欢一个人待着,静静地玩一些小玩具。五岁的一天,他跟着小表哥一起去了击剑馆,在大家的鼓励下,他走到了场上参加训练。但没多久就下来了,小小的身体紧紧地靠着我,我能感觉到他的紧张和不安。

那时,看着场上已有三年剑龄的小表哥帅气协调的动作,嘉琪的小眼神中有羡慕,也有怯懦。终于,他又鼓起勇气走上了训练场。一次,两次,三次……就这样,由十分钟到半小时,由一节课到两节课、三节课……慢慢地,他掌握了基本的动作技巧,也有了一群熟识的小队友,他开始慢慢爱上了这项运动。一次次的实战比赛,从不停的输到偶尔的赢,越挫越勇,在泪水与汗水中,嘉琪一天天成长起来。

体育之门一打开,随之而来的是一系列运动激情。从前那个内向胆小的小不点儿变得积极有魄力了,喜欢尝试新事物,热衷于参加各种比赛,不惧怕有难度的挑战。

三、向往荣誉,努力超越

孩子开始接触击剑后,他身体里的运动能力被唤醒了。他开始不断追求各种突破。

记得学习击剑没多久,五岁的嘉琪喜欢上了运动场,有时间就缠着我一起运动,还常常提出各种比试,跑步、跳远、跳绳等,最开始我总能赢他,他又是羡慕,又是不甘心,于是就有了更多的坚持。每天努力一点点,每天进步一点点。后来,他每分钟单摇跳超过了 220 个,双摇跳超过了 120 个,这样的成绩我已是望尘莫及。而他又去寻找新的对手,为自己树立新的目标。

超越为他带来了激情与动力,这一过程也让他更加坚强乐观,他明白,只要努力,就能有收获。他爱上了体育,对诸多体育明星很是崇拜、很是熟悉。每次看比赛,看到运动员们通过努力和拼搏最终站到了领奖台上,他就特别兴奋,大声地欢呼鼓掌。那一刻,我感知到他小小的心里也有了梦想。

四、携手共进,对手亦是朋友

在剑馆里,嘉琪结识了一些志同道合的小剑客。平日里,他们互相鼓劲加油,分享训练心得,切磋实战技巧。他们既是对手,也是朋友。怀抱共同的热爱,他们走到了一起,取长补短,共同进步。

在运动场上,孩子们学会了团结拼搏,去争取团队的胜利;他们还懂得了尊重对手,即使输了比赛也不能输掉体育精神。

点睛之笔:有运动就有比赛,有比赛就有成败。对所爱的坚持,对荣誉的渴望,这些都是孩子前进的信心与动力。不嫉妒,不自卑,不轻言放弃;自信阳光,坚强乐观,团结拼搏。体育运动成就的这些优良品质,对孩子而言,是比运动本身还有意义的收获。

深植勤奋品质　培育向阳之花

昆明理工大学附属小学　乔熙雅妈妈　何　媛

《中华人民共和国家庭教育促进法》明确规定了父母应承担对未成年人实施家庭教育的主体责任。从教育社会学的价值立场研读该法,可以看出父母在家庭教育中所扮演的角色应是规划者、指导者和引领者,家长要为孩子的健康成长提供积极向上的能量。每一位家长都希望自己的孩子勤奋努力,积极进取,热爱学习和生活,将来在工作和学习中乐观、自信并能有所作为。那对于小学低年级阶段的孩子们,作为孩子第一任老师的家长,该如何帮助他们?笔者认为,首先就是培养孩子勤奋的品质。

著名心理学家埃里克森指出,6~12岁学龄期孩子的人格冲突是勤奋和自卑,我们需要帮助孩子培养勤奋的品质,克服自卑感。如果这个阶段控制得好,孩子们在今后的学习中就会游刃有余,甚至在将来的工作和生活中也会更加的自信阳光。反之,自卑感会导致孩子性格内向,做事畏手畏脚,患得患失。

如何培养勤奋的孩子,笔者认为可以从以下三个方面尝试:

一、观察他人优点,发现榜样

在日常生活中,我经常会告诉孩子,你们班的××同学综合表现很优异,你想想自己哪些方面可以向他学习。榜样也可以是孩子的老师、公众名人或者身边优秀的人。有些榜样是孩子自己发现的,有些是需要人为引导的。例如老师对于孩子的影响是非常大的,我们的孩子一生中都会遇到很多老师,老师们各有所长,有的孩子可能不一定喜欢,但很多事情不是不喜欢就可以不去做,而是如果要活得更有意义就必须做,比如学习。我们应该尽可能帮助孩子发现老师身上的优点,让孩子树立对老师的尊敬感、认同感和崇拜感,灵活适应不同老师的教学风格。

二、以身作则,加强自我修养,做优秀父母

榜样也可以是家长自己。家长的言传身教会带给孩子潜移默化的影响。所以,我们家长应加强自我修养,以身作则,努力成为孩子的榜样。首先,应不断地提升自我,比如我希望孩子成为一个勤奋、全面发展的人,那在工作之余,我还坚持学习英语,练习书法、乐器,积极进行体育锻炼等。其次,从生活的细节中做好孩子的表率,比如外出游玩时,看到地上有垃圾,主动将垃圾捡起扔进垃圾桶比吩咐孩子去做更能达到教育的目的。正所谓"身教重于言传",你想孩子成为什么样的人,先把自己变成怎样的人。

三、增加成功体验,消除负面情绪

在平时生活中,为了让孩子体验成功的快乐,我尽可能地让她参与一些家务劳动,比如洗碗、擦桌子、扫地等。这些力所能及的活动可以让她获得成就感。当她不断尝试后最终按要求完成了任务,我就会告诉她:"很感谢你的合作,你通过努力完成了任务,你应该为自己感到骄傲!"作为家长,我们应该学会接受孩子的"不完美",并且及时地疏导孩子的心理障碍。我会利用周末给我的孩子自测最近语文、数学的学习内容,以考查她的学习成效。当表现不佳时,我会和她一同分析失分的原因。对完成好的结果进行适当的激励评价,当结果不尽如人意时,我会引导其进行自我评价,例如:"妈妈看出你已经很努力了!"孩子出现问题时,我们应尽可能地做温和而坚定的家长,打造和谐家庭。一旦出现问题,我们不应急于责骂,而应冷静聚焦于"解决问题"。只有真诚地尊重、理解孩子,才能赢得孩子的合作,使孩子关注"解决问题"。

总而言之,作为家长,在引导孩子朝目标努力时,应给予其锻炼的机会,适度指导,授之以渔,加强孩子的积极情绪的体验,消除其负面影响,使之成为勤奋努力、自信阳光的孩子。

点睛之笔:勤奋是获得成功的前提和基础,丰硕的成果从不会光顾懒惰的人,唯有脚踏实地、不畏艰难、勇于攀登的人才能成功。勤奋是小学生重要的心理发展任务,有利于孩子自信心和坚韧品格的形成。

仁爱与家庭教育

昆明理工大学附属小学　张泽一妈妈　郭淑珍

作为一位与孩子共同成长九年的职场妈妈,我今天从仁爱与家庭教育的角度浅谈个人观点。

一、什么是仁爱

我和张泽一爸爸都出生在孔孟之乡山东,我们从小受到儒家文化的耳濡目染,大家熟知的"己所不欲,勿施于人""己欲立而立人,己欲达而达人"都体现了儒家的仁爱思想。

仁爱是儒家的核心价值观。儒家仁爱思想核心有二:一为孝悌,《论语》载:"孝弟(悌)也者,其为仁之本与?"二为博爱,《论语》载:"樊迟问仁,子曰:'爱人。'"孟子说:"亲亲而仁民,仁民而爱物。"将"亲亲"推至"仁民",又将"仁民"推至"爱物",即爱万物,爱草木鸟兽,爱瓦石山水。

二、仁爱思想与家庭教育的融合

(一)建立有序的合理的家庭关系

给孩子无条件的爱,是给孩子内心足够的安全感,但孩子并不是家庭的核心。要让孩子守规矩、明事理。随着孩子的成长,在每个年龄阶段必须要去让他练习他应该去做的事情,掌握生活本领和遵守规矩。

(二)家长以身作则,孝敬父母,关爱家庭

孩子是父母的镜子,父母对待长辈的态度会直接影响孩子。每年假期我们都会安排回老家探亲,孩子也很喜欢回老家,探望年长的老人,帮亲人种菜、摘菜、喂养小动物等。老人生病时,孩子会每天主动视频问候恢复情况。在节日的时候,孩子也会对奶奶给家人准备的美食和对家庭的付出表示感谢。

(三)感恩老师的付出、家长的付出

家长要配合好学校、老师做好各项工作,同时怀有感恩之心,感激老师在孩子成长路上的帮助、关心和支持。

张泽一是零基础入学,数字、拼音甚至名字都不会写。近三年孩子的成长和进步与老师们的教育和关爱是密不可分的。特别感恩能遇见附小这么有爱心、负责任的老师和有爱的班集体。

让孩子适当了解父母工作的情况,了解父母工作的辛苦,从心里产生对父母的感激和敬重。张泽一爸爸因为工作需要经常出差,我们试着让孩子理解爸爸出差很辛苦,只要有时间,爸爸就会给孩子更多的陪伴。

(四)仁爱的延伸

我本人牵头成立了一项爱心基金。近三年参加的爱心活动有:2020 年初给援鄂的 1 000 余名医护人员家属捐赠生活物资;2021 年参与了团委的"爱心助你上大学"、工会的"关爱环卫工人——点亮微心愿活动";2022 年初在盘龙区疫情期间捐赠矿泉水等。张泽一看到我接受采访的新闻报道,他很自豪。他主动拿出自己的书参加班级捐赠,拿压岁钱给贫困小学生买学习用品等。

感知生命的美好,多带孩子感受大自然的美好,感知动物、植物蓬勃的生命力。

点睛之笔:仁爱要在日常生活中锻炼,在孩子成长中浸润。从生活小事做起,由易到难,由远及近,管好小事,守好小节,把仁爱精神落实、落细,增加价值自信,滋养社会主义核心价值观,向世界展示中国智慧!

在努力中坚持　成为更好的自己

昆明理工大学附属小学　李林泽、李林沣妈妈　熊　彬

人生就是一场马拉松比赛，拼的不是跑多快，而是坚持和耐力。当今世界正经历着百年未有之大变局，疫情改变了人们的生活方式和出行方式。随着科技的进步和知识的更新，我们无法预测孩子们将要面对怎样多变的世界，能做的就是让孩子拥有健康的体魄、坚强的意志力和乐观的心态。坚持是达成这一目标的有效途径。一路走来，我和双胞胎哥俩一直在做坚持还是放弃的选择题，有感悟，有收获，更有启发。

一、坚持有助于拥有健康体魄

两个孩子小时候体质弱，经常生病，那时候跑得最多的路就是去儿童医院的路。于是，我在哥俩4岁的时候把他们送去学跆拳道，这项运动比较枯燥，孩子们开始并不喜欢。没办法，我只能和教练说好，进去带着孩子们一起学。孩子年龄小，记住所有动作有困难，我只有下载好视频，回来自己先学会，再帮助孩子们纠正动作。期间我说过最多的一句话就是：坚持，坚持一下就好啦！4岁零11个月，哥俩顺利拿到了第一条黄带绶带，我记得他们在绶带仪式上骄傲的小眼神，更重要的是孩子们学会了在一件事情上持续的投入和坚持。

二、坚持有利于养成良好学习和生活习惯

记得孩子刚入学的时候，学习比较吃力，学习和生活习惯都需要改进。我希望孩子们养成假期预习的习惯，刚开始的时候他们肯定是不愿意的。正好学校要在假期制订生活和学习计划，我和孩子们一边商量，一边把假期预习任务放入计划当中。几个假期下来，他们已经把假期预习作为一种习惯，开学后的学习也没有那么吃力了。生活中也是如此，进门后把鞋子放在鞋柜里；看完书尽量放回原位，为他人带来方便；吃完饭要打招呼。这些对大大咧咧的男孩子

来说,刚开始的时候都不容易。这就需要有技巧的提醒和适当的惩罚,帮助孩子养成良好习惯。

三、化整为零是坚持的重要途径

对于坚持这件事来说,投入足够的时间固然重要,更重要的是练习的方式。有一次弟弟接到国旗下的英文演讲任务,这对他来说是非常不容易的。于是我帮助他把长长的英文稿子分解为句子组合,每个组合先挑选自己不熟悉的词组反复练习。这样两周下来他把生词量较大的演讲稿背熟了,最后圆满地完成了演讲任务。更重要的是,孩子从这次成功中获得了自信和成就感。

四、团队协作是坚持的有效动力

陪伴孩子成长的过程中有平坦的大路,也有布满荆棘的小路,我们需要持续学习,更要学会与老师和家人团结协作。首先要相信和支持学校老师们的工作。作为高校教师的我更习惯和心智成熟的青年学生沟通,在孩子入学初期做不到俯下身来倾听孩子的声音,也不太了解男孩子在成长过程中的一些特征,是班主任老师一直在鼓励和提醒着我。其次爸爸和妈妈要形成统一战线。其实,男孩独有的思维、行动及情感表达方式,爸爸比妈妈理解得更透彻深入,也更容易对儿子有同理心,建立和孩子独有的沟通模式。再有就是从专业的心理学、教育学等书籍中学习知识,掌握科学的家庭教育方法。

五、对孩子的爱是坚持的底线

有时候放弃是为了更好的拥有,对孩子无条件的爱是父母做任何事情的底线。最了解孩子的人就是孩子的父母,我们需要蹲下来,倾听孩子的意见,共同讨论是否放弃,帮助孩子分析放弃会面临什么,然后让孩子做最后的决定。我们就是用这样的方式让孩子们做出了自己的决定,选择了自己的小提琴老师,也选择了继续学琴并且每天都开开心心地练琴。可见,这样一个不断思考、调整、坚持的过程比结果更重要。

点睛之笔: 不积跬步,无以至千里;不积小流,无以成江海。良好习惯的培养是小学阶段的孩子们最重要的一门功课,是需要家庭、学校、社会紧密结合,共同开设的一门课程。学会有目标、有路径、有方法的坚持,和孩子们共同成长!

培养具有优秀人格魅力的孩子

昆明理工大学附属小学　顾馨予妈妈　李林涛

优秀的人格魅力往往比优秀的外貌更加重要。一个极具人格魅力的人会让人不由自主地想靠近,让人感觉沐浴春风。

理工大附属小学坚持培养"六好"学生,其实也是在培养具有优秀人格魅力的孩子。那么如何培养一个具有人格魅力的孩子呢?

一、培养广泛阅读的兴趣

要培养孩子广泛阅读的兴趣,历史、人文、地理、科学尤其古诗词和名人原著作品。阅读不仅能增加文化底蕴,还能训练孩子的多维思考能力,提升格局。

二、选择优质的观影内容

观影,能让孩子开阔眼界,增长知识,还能培养世界观和大局观。这里推荐以下类型的影片:

第一类:纪录片。一定要看英文原版,比如《蓝色星球》《地球脉动》《国家宝藏》《航拍中国》之类的纪录片,这样不仅可以练习英语听力,还能训练孩子的理解力和思考力。

第二类:有知识的综艺。比如《中国诗词大会》,这类综艺可以在吸收知识的同时激发孩子的兴趣和求知欲。

第三类:电影。像皮克斯出品的动画、一些优质国产动画以及一些能够触动孩子内心积极向上的影片都是很好的选择。

三、参加文艺类课外辅导

文艺类的课外辅导不仅能培养孩子的耐心,增加孩子的内涵修养,还能帮助他们克服挫折,在面对挫折时学会如何调整自己的心态,战胜困难,激发他们的成就感,增加信心和审美能力。当然,这几类课外辅导是考级的,这样可以让孩子明白:想要实现目标就一定要付出努力。

四、坚持至少一项体育运动

体育运动除了强身健体外还可以培养孩子积极乐观的生活态度,帮助他们宣泄一些负面情绪。

五、树立正确的价值观

我经常跟我的女儿说:"不要去怨恨那些不帮助你的人。"别人帮你是情谊,不帮你也是理所应当。不要学着习惯别人对你的好,而要学会感恩别人对你的好。作为家长,有义务引导他们树立正确的价值观。

六、建立正确的人生观

我经常告诉我女儿:"当你比别人厉害一点点的时候,换来的是嫉妒;当你比别人厉害一些时,换来的是羡慕;当你比别人厉害很多时,换来的就是无尽的仰慕和钦佩。"谷爱凌的成功离不开她的坚持和努力,更离不开她一次次的失败,失败是为了更好的成功,人生可以允许自己失败,但是不能知错不改。

七、多鼓励孩子增强自信

在教育孩子的时候,我们最喜欢比较。其实,咱们自己也不一定比得过其他孩子的父母!还是谷爱凌的例子,她母亲是北大高才生,父亲是哈佛高才生……她的家庭背景又有多少人比得上?每个孩子都是独一无二的,就像我女儿,她就属于典型文科思维的孩子,尽管如此,在数学上我仍然还是在鼓励她、表扬她,帮她分析原因,改正错误,这样的效果远比骂她一顿更好。多鼓励孩子能让他们正确地面对自己的不足,能帮助其建立自信,让其对生活充满希望。

八、尊重孩子,平等交流

在与孩子的沟通中,更多的应该是尊重与平等。我们应该以引导为主,让他们自己做决策,这样能让他们学会承担这个决策所带来的后果,也能帮助他们平稳度过叛逆期。在我女儿不想做作业的时候,我一般会让她选择先做哪一种,这样无论她如何选择都是做作业,我要的结果达到了,而她也会认为是自己做主了,所以跟孩子沟通是一门艺术。

我和女儿也是很好的朋友,她会大胆地指出我做得不对不好的地方,并且说出她希望我改正的方向,我也会虚心地接受并且跟她道歉,对于我不认同的地方我会引导着让她自己去思考去判断。尊重孩子,平等沟通可以让孩子有责任感,还能让其快速成长。

点睛之笔:好的学校教育会让孩子积极上进,好的家庭教育会让孩子乐观谦虚。作为父母,我们应该看到孩子的特点和优点,做一个智慧的父母,才能培养出具有优秀人格魅力的孩子!愿每一个孩子都能成为他们期望的样子,知世故而不世故,坚强有内涵,温柔有分寸!

你的坚持　终将美好

昆明理工大学附属小学　陈雨彤妈妈　黄　咏

"不积跬步,无以至千里;不积小流,无以成江海。""锲而舍之,朽木不折;锲而不舍,金石可镂。"这些名言名句都阐述了一个清晰的道理——坚持,是我们迈向成功的基石。人生犹如白纸,需要通过自己的坚持和努力去描绘属于自己的画卷。

坚持是一种品质,需要家长的培养、引导和尊重。从孩子小的时候,我就会有意培养孩子坚持的品质和坚韧的性格。每次带她出去旅行,我们都会陪伴并鼓励她独立完成旅行中艰辛的一段。上幼儿园时的假期,她手脚并用地爬上了八达岭长城;一年级时在泰国甲米,她坚持登上了有1 260级台阶的虎穴寺山顶,连一旁登山的外国友人也对她竖起了大拇指。而对于孩子的兴趣爱好,除了引导外,更重要的是让孩子自己选择,因为有了这份尊重,雨彤从2岁在泳池玩水嬉戏到现在能和我坚持每周一次的一千米游泳锻炼;从五岁开始学习绘画坚持至今并为自己树立了通过美术十级考试的目标;从在学校乐团认识长笛到坚持每天自己安排时间练习并为自己制订长期规划……坚持的同时也养成了良好的学习和生活习惯。

陪伴和鼓励是孩子坚持道路上的力量倍增器。在孩子的成长过程中,不论是学习还是生活,除了严格要求,我更多的是陪伴并鼓励她坚持走下去。因为我深知,最初的学习和兴趣都会随着知识的深入而变得枯燥乏味,学习的过程是马拉松而不是百米冲刺,唯有不懈的努力和长期的坚持才能有水滴石穿、绳锯木断的收获。我常常对雨彤说:"妈妈不要求你在成长的过程中每一步或者每一件事都出类拔萃,但是只要你决定做的事情都尽自己最大的努力并坚持做下去,就一定能够成为最好的自己。"孩子也在我们的陪伴和鼓励下体会到了坚持的意义。

最让我难忘的一件事,是雨彤在二年级的时候,接到了在开学典礼升旗仪式上担任英文演讲的任务,内容是抗击新冠肺炎。演讲稿较长,并且有许多专业性很强的词汇,这对于一个二年级的小学生来说有很大的难度,况且雨彤从小就不是一个特别具有表现力的孩子。当我告诉她这项任务时,她很胆怯,非常害怕在全校老师同学面前出错,甚至希望我请求老师换一个小朋友。当时全国人民正在经历着艰苦的抗疫斗争,学校停课在家里上网课,这也给了我们较多的准备时间。于是我鼓励雨彤克服畏难情绪坚持下去,珍惜这个难得的锻炼机会,同时也给吴老师的信任交一份满意的答卷。为了帮助雨彤完成好这项任务,我们先请英语发音标准的姐姐朗读文稿并分段录了音频,然后让她反复收听,熟读较难的单词并记住句子对应的中文意思。开始时真是不顺利,有时今天记住了明天就忘了;有时这里丢个单词,那个单词发音又不对了。但我坚持每天都陪伴她反复练习,纠正错误,有时候就是以每天背诵一句话的速度在艰难地推进。经过不懈的努力,雨彤终于可以流畅地把文稿背完。

在开学典礼结束后,班主任吴老师把演讲的视频发给了我们,当我们看着她自信地站在国旗下流利完成了演讲时,心里由衷地为她高兴。更让我欣慰的是,回来后她兴奋地对我说:"妈妈,我再也不怕在人多的地方讲话了!"这件事也让孩子收获了成长,让她懂得了任何事情只要努力并坚持下去就一定可以达到目标。

点睛之笔:坚持不仅仅是通往成功的途径,同时也能培养出坚韧的性格和战胜困难的信心,坚持收获的不是 1 + 1 = 2,而是 1 + 1 > 2。在孩子未来的道路上,让我们和孩子们一起坚持,共同成长。相信"你的坚持,终将美好"!

自信——孩子强大的力量源泉

昆明理工大学附属小学　　唐子洋妈妈　　孔　静

一、自信到底是打压出来的还是夸赞出来的

育儿圈里常常流行一个词:别人家的孩子,比喻的就是自家没有,其他家有,让自己既羡慕又嫉妒又意难平的优秀娃娃。有的家长用这个词来鞭策自己的孩子,可是这样对孩子真的是一种鼓励吗?关于这个问题,我的亲身经历至今让我记忆犹新。

和大多数的家长一样,我们邻居家就有这么一个"别人家的孩子"。大概是遗传了老师妈妈和律师爸爸的聪明基因,明明小朋友不仅学什么都快,而且儿歌古诗也是信手拈来。记得子洋上一年级时,一天,上幼儿园大班的明明到家里来做客,刚好看到我们给孩子买的用来认识钱币的样币,就一张接一张地把两套纸币用口算加起来,整个过程条理清晰,计算准确。我惊呆了,称赞他:"明明,你好厉害啊,这么复杂的计算都对了!"当时的我惊叹于别人家孩子的优秀,却忽略了默默在一旁围观的自己的孩子。之后的某一天,当子洋因一点儿小事被我唠唠叨叨批评时,以往一直很乖巧的孩子突然间向我大声喊道:"你去给明明当妈妈吧,我不要你当我妈妈了!"在震惊和难过之余,我忽然意识到孩子对

于上次的事耿耿于怀。在他心里,被拿来和别人比较,并且被我无视让他无比难受。而我后知后觉地明白,这种行为在无形中刺伤了孩子的自尊,也打击了他的自信,更影响了我们之间的亲子关系。

常有人说:"每个孩子都是独一无二的存在,都是会发出耀眼光芒的星星。"自那之后,我再不会轻易地拿他和别人家的孩子相比,而是尽量去发现他的闪光点,加以称赞。渐渐地,在学习上他稳步前进,成绩有了很大的提升;在生活中快乐健康,充满了自信与阳光。

二、找到目标,树立信心

曾有人说:"想要孩子活成所期望的样子,就要给他一个明确样子。"子洋在上了一年级之后,学习成绩看似没有大的问题,但是总是忽上忽下。究其原因就是粗心大意,有时不认真学习。反复和他强调要端正态度,他总是不以为意。有一天在餐桌上,我收到一个学生发来的喜讯,说他顺利通过心仪学校的面试,即将办理出国手续。无意间,我和孩子爸爸谈起这个学生,说他是个大学霸,每天半夜还会发作业给我批改,他取得的优异成绩配得上他辛苦付出。这时,在一旁听得认真的孩子突然问了一句:"妈妈,什么是学霸?"于是我做了一番解释,就将话题就这么放过去。

过了段时间,某天到学校接孩子,吴老师告诉我说今天让孩子们讲一讲长大以后要当什么人,子洋骄傲地告诉大家他要当学霸!吴老师顺势对"新晋学霸"提出了具体的标准和要求,譬如学习态度要认真,成绩要名列前茅,等等。于是乎,在吴老师的鼓励和引导下,一心要向学霸靠拢的子洋,真的用这个目标来要求自己,学霸就是要这样做的,那样做的……每次考试和测试,都信心满满地告诉我们:"我是学霸,一定考第一名!"学霸的头衔不仅鞭策着他,更给了他面对一切挑战的自信。

点睛之笔: 成长的路上磕磕绊绊。作为家长,要凭借着一颗自信强大的心,教会孩子面对困难不退缩,面对挑战不回避,勇敢拥抱精彩的未来!

自　立

昆明理工大学附属小学　郭浩潼妈妈　王熙凤

有这样一则故事：有一只美丽的鹦鹉，在主人的精心喂养下长大，过着快乐的生活。一天，这只鹦鹉被主人放回到了山林，可它在属于自己的天空中仅仅生活了几天就死去了。这是为什么呢？原因很简单，这些年都是过着饭来张口的寄生生活，久而久之，它已丧失了捕食的本领、生存的能力。

悲痛的教训还有很多很多，而目前，大多数家庭中的"小皇帝""小公主"仍被父母呵护着，含在嘴里怕化了，捧在手里怕掉了，使他们丧失了自立的能力。为了让自己的孩子将来能适应社会，成为自立自强的人，我从以下几个方面教育孩子。

一、思想上自立

有人曾羡慕身为老师的我们，既可以带孩子，又可以上班，一举两得，听起来真的让人羡慕。可事实上，身为老师的我们却很惭愧，很多时候是在关心着学生，却顾不上自家孩子。为了让孩子能自立，作为父母的我，也只能先给他灌输思想，让他明白不是爸妈不关心他，而是在培养他的自立能力。从孩子2岁半开始，我就尝试着让孩子做一些力所能及的事情，比如穿衣、拖地。尽管做得不太好，但每做一件事我都要表扬孩子，并告诉孩子，你做的过程中有什么困难，都可以告诉爸妈和老师，相信你下次一定会做得更好。渐渐地，孩子自立能力在老师和家长的表扬和帮助中逐渐养成。曾几何时，朋友问我，我的孩子几点睡觉，几点起床？我告诉他们，我不清楚。因为孩子都是自己上学，放学后，在校园里玩够了，就回宿舍睡觉，等到我下晚自习后孩子早睡得很香了。时间长了，孩子对父母的忙碌习以为常，孩子自己也在日常中养成自立的品质。让我欣喜的是我的孩子没报兴趣班自己就学会轮滑、乒乓球、羽毛球了，更重要的是还学会了如何与小伙伴们相处。

二、行动上自立

常言道:自信、自立与自强,是人生中的三盏明灯。自立让我们学会独立,自力更生,带领我们走向成熟的人生。因为我逼着孩子从小自立,要求孩子每天做力所能及的事,比如洗袜子、洗碗、打扫、拖地等。到了上学的年龄,孩子自立能力比同龄人相对好一些,也因此经常帮助老师做事,锻炼的机会多,所以得到老师的表扬和指导后积极性更高了,即使遇到不会做的事情,孩子也要想办法请教他人努力做好,这大大提高了孩子的自立能力,时间久了,孩子的自信逐渐增强。很多老师常对我说:"你家娃特别自立,你这个当妈的在不在学校都没事,反正吃饭时间到了,潼潼知道排队打饭,从来不用担心潼潼饿着。上课了,潼潼能带着其他孩子一起学习,哪位同学不配合老师学习还被潼潼批评,真是老师的得力助手,父母的放心宝宝。"话说回来,孩子的自立让我有点儿庆幸,庆幸自己放养后却歪打正着培养了孩子的自立能力。现在孩子已经四年级了,不管是适应能力还是学习能力都还是很不错的。

三、持之以恒育自立

自立的培养不是一蹴而就的,还需要长期训练。虽然我的孩子在自立方面取得了一点点进步,但在成长过程也会有依赖的时候,当孩子出现依赖情绪时,我就想办法收集一些关于自立的故事、案例、短视频等教育孩子,同时借助同事、家长的力量给孩子注入自立的精神营养液,就在这一收一放的教育模式中让孩子回到自立的频道,又进入了吃自己的饭,流自己的汗,自己的事情自己干的勤劳状态。

总之,自立自强是每个人成功的基石,是我们安身立命的根本。在苦难的深渊里,要做自己的救世主,不要妄想别人成为我们的救命稻草!

点睛之笔:成长在温室里的花朵,注定无法抵御狂风暴雨。从这点来看,父母应该适当放手,适当让孩子吃点儿苦,让他们多去探索和尝试新事物,让孩子明白唯有学会自立自强,才能在社会中茁壮成长。

让孩子学会用语言搭一座和世界沟通的桥

昆明理工大学附属小学　李玟萱、李玟蓓妈妈　穆颖琦

我不仅是一对双胞胎女孩的妈妈,也是一个天天和语言打交道的媒体人。常常有人问我,该如何训练孩子的表达能力?我个人觉得,在了解训练方法之前其实更应该明确语言的作用究竟是什么。

一、语言的作用究竟是什么

记得我们家孩子刚上一年级时的一次公开课,老师的问题刚一提出,下面的孩子就纷纷举起小手抢着回答,唯独她们俩坐在座位上一动不动。回到家,我有些着急地责备她们为什么不积极争取发言的机会,孩子却不紧不慢地说:"妈妈,没有想好就举手,答不出来才是丢脸的事情呀。"这件事让我开始反思:为什么孩子的这个行为会引发我的焦虑?或许是因为内向的、不善言辞的孩子总是让父母担心不能够被老师看到,不能够争取到更多的资源,所以我们着急地想要孩子表现得更好。

带着对这个问题的思考,我也在不断地调整自己的方法。当她们告诉我,对我的工作既不陌生也不好奇,并不想和我有一样的职业选择时,我却感到很高兴,不仅是因为她们清楚地表达了自己的观点,同时也让我思考很久的问题似乎找到了一些答案。

父母常常希望通过语言的训练让孩子更大胆,获得更多的关注。但是假如遇到的是一个并不热衷于此的孩子,该怎么样告诉他语言的作用呢?我们家的做法就是一边不断鼓励孩子积极参与学校活动,一边坦然接受孩子自己的选择。语言的作用不在于一定要成为超级演说家,而在于能够帮助我们成为完整的自己。比如,当你遇到危险的时候,是否能够清晰地讲清楚自己的处境,然后寻求到帮助?当你心中充满了感谢和爱的时候,你是否能够让你想感谢的人或是你爱的人完全明白?当你有一件事情或一项工作需要完成时,是否能够清楚地表达自己的观点或是获得需要的帮助？这些既是语言的功能,也是语言的魅力。它能让我们和这个世界连接在一起,从而成为一个有温度的、活生生的人。

二、我们家的语言训练

尽管不是每个人最终都要成为一个语言工作者,但保持对这个世界表达的热情是重要的,在表达中找到自信也是重要的,而我们家的方法由两个关键词组成。

(一)逻辑

对小学阶段特别是低年级的孩子来说,让众多的信息排好队有秩序地讲出来比会多少漂亮的词语更重要。对此我们采用了动手不动口的办法。因为她们喜欢画画,所以我们干脆就投其所好,在阅读长篇幅文章之后或是表达复杂观点之前都会让她们先画思维导图,在这个过程中训练如何厘清逻辑关系,找到其中的重点。

(二)紧张

记得我们家孩子在一次大队委的竞选演讲时非常紧张。她回来告诉我,自己的表现糟糕极了,整个过程非常令人沮丧。我告诉她:"当一个人离开人群独自发言的时候都会紧张,包括大人在内。但是,适当的紧张其实不是坏事,相反是好事,它能够帮助我们全神贯注地去完成接下来的任务。我相信武侠小说里的剑客即将拔剑的时候,一定也是这样的状态。"小朋友追问道:"紧张到脑子里一片空白也是适当的紧张吗？"我说:"是的。只要在出现空白的时候想办法撑过去就可以。"她又问我:"什么是不适当的紧张呢？"我说:"大概是紧张到晕过去吧,不过这应该算很小概率的突发情况。你在发言的时候,只要没有晕过去,你就成功了一半了。"孩子那一次竞选没有成功,但是对如何克服发言时的紧张却有了一些小小的收获。这对于我们来说也是很开心的一件事。

点睛之笔:我们要用我们擅长的方式去感受这个世界,用听、用看、用写、用画的方式保持与外界交流的热情,然后用我们自己的声音说出我们的感受,用语言搭一座和世界沟通的桥,在这个过程里加上对自己的信心和耐心,哪怕开始的时候,这个声音很小,会用的词汇不多,但是总有一天你会被听见,会被看到。

乐观——你的样子，本该如此

昆明理工大学附属小学　高若泖妈妈　韩成春

"道而弗牵,强而弗抑,开而弗达。"鼓励式教育一直是我和孩子共同成长的方式。多给孩子一些鼓励、一些认可,少一些急躁、少一些否定。帮助孩子塑造乐观、积极向上的性格,无论遇到什么困难,都能自信、乐观地迎难而上。乐观是一种心态,一种积极向上的人生态度。在困难时,我们应该引导孩子正确对待,以乐观的心态从容面对。

一、以身作则

父母是孩子的第一任老师,什么样的父母成就什么样的孩子。父母的影响在孩子性格的形成过程中占据主导作用。所以在家庭中,父母要以自身为模范给孩子树立乐观的榜样,以乐观和谐的家庭氛围感染孩子,和孩子共同成长的过程也是我们自己不断学习的过程,父母乐观处事的态度是孩子最好的教科书。

经常抱怨、争吵的父母,孩子能感受到的也就只有消极,感受不到家庭的温暖,容易缺乏安全感,易形成敏感自卑的性格。而在有爱、温馨的家庭氛围中,孩子才能感受到爱,才能乐观开朗。

我们家一直都很民主的,只要孩子按时按质按量地完成了学习任务,剩下的时间就让她自由安排,她可以玩会儿游戏,看会儿电视,有时我也会跟她一起玩。我们家也从不限制她玩手机之类的电子产品,在这个信息时代,还是应该让她与时俱进。

二、培养孩子的兴趣

培养孩子的兴趣,有了兴趣就有了特长和优势,就有了自信的资本,让孩子在成就感中感受快乐,养成乐观的心态。

我们家孩子从3岁开始学习中国舞,到现在已经考到了10级。学习中国舞很辛苦,特别是练功压腿,太疼了,哭了无数次,但还是坚持下来了。学习舞蹈给她带来了很多自信,很多机会,有此特长也有幸参加了学校的很多活动。

三、勇于面对挫折

在遇到困难时,我们要正确引导孩子面对问题,适当给出意见,多给孩子些肯定、认可和支持。把每一次"问题"都当成一次"挑战",你会发现,办法总比困难多。

我们家孩子一年级第一次当升旗英语主持的时候,高兴坏了,可接下来的就是要背英语主持词,对于刚入学且之前没有接触过英语的孩子来说,太难了,怎么背都背不下来,怎么办呢?最后还是只能咬紧牙关迎难而上,每天背一段,这样一点儿一点儿地背下来了。有了这次经验和表现之后,以后遇到这种情况就游刃有余了。幸运的是,此后她参加了学校很多主持活动。

四、陪伴和沟通

陪伴是父母爱孩子最好的方式,在父母爱的渲染下孩子才会有幸福感,才能学会乐观,学会爱自己,爱别人!

多和孩子沟通。把孩子放在和自己平等的位置,不要以居高临下的姿态去沟通。每天放学回家,我都会问孩子,今天有没有开心的事啊?无论是开心的事情还是不开心的事情,都鼓励她和我分享。我自己也会经常和她分享我在工作和生活中的趣事和困惑,还经常会问她的意见。在互相分享的过程中,我了解了她最近的学习和身心状态,她也觉得我是她生活中的伙伴,一起成长的好朋友。

一筐苹果,有人每次都找差的吃,吃到最后一直吃到的都是差的;有人每天找好的吃,吃到最后一直吃到的都是好的。不同的选择,不同的结果;不同的心态,铸就了不同的人生。

点睛之笔:在我们和孩子一起成长的路上,我们学会如何当父母,孩子学会如何成长。培养孩子乐观处事的态度,让孩子保持对生活的热情和对世界的渴望,让孩子的人生有追求、有探索、有幸福,让孩子的乐观自信和持之以恒的努力像不落的太阳一样,点燃自己,照亮别人。

快乐的源泉——乐观

昆明理工大学附属小学　陈思涵妈妈　郭　杰

有人会说,"乐观"不就是开心吗,这也需要深入探讨? 是,也不全是。"乐观"在汉语词典中的解释是——世上的人、事、物,皆觉快然而自足的持久性心境,是一种向阳的人生态度。这里有三个关键词分享给大家,一是自足,二是持久,三是态度。

一、自我的满足和肯定

思涵是全年级最高的女孩子,很有辨识度。其实,她真正的辨识度是"爱笑"。都说爱笑的女孩运气不会差,事实也证明如此。作为家长,都希望孩子能成为人中龙凤,但是不切实际的目标反而会给孩子增加负担,可以根据实际情况,给她设定可以达到的目标。实现自我的需要后,她才能体会到满足和快乐。特别是在小学高年级容易出现分水岭的时候,千万不要拿孩子和别人比较,只和昨天的自己比较就好。

在有次期末复习中,因为漏题、不读题导致成绩下滑严重,估计她自己心里也知道了问题的根源,在我随口一句"小明怎么样"的时候,她瞬间爆发了。事后,在聊天的过程中我发现,孩子其实对没有达到目标已经很懊恼了,我还拿她和别人做比较。如果我换种肯定的说法呢?"这个知识点掌握得不错,但是出题老师故意给你们挖了个坑,看看哪位学生会掉入猎人的陷阱,原来是只陈兔子。"轻松的语言肯定了孩子所付出的努力,也指出了问题,孩子更容易接受。

二、和谐的家庭氛围

家庭氛围很大程度上决定了孩子的性格和心态,当家庭中的氛围是积极、欢乐,充满正能量的时候,最容易激发孩子内心的情绪和感受,从而也为孩子的成长提供了天然的土壤和保障。

三、拥有阳光的人生态度

很多家长认为"严厉的家教培养出优秀的孩子""棍棒下面出孝子"。但实际上,适度地表扬孩子,鼓励孩子更好地去尝试和发展,这样才能培养出优秀的孩子。这个时候,孩子得到正向的、积极的鼓励,他会感受到父母的支持和信任,这种感觉会支撑他勇敢地探索和发现。但是,如果家长一味地斥责和谩骂孩子,觉得孩子总是不够优秀,给孩子贴上负面的标签,那么,孩子也将会变得叛逆和平庸。所以,我更愿意去抱抱她,无论什么时候。

节假日的时候思涵给全家做饭,我竖了竖大拇指说"好吃"。她却问我,哪里好吃,要讲出每道菜好吃的不同点。孩子需要对每个细节的赞美,而不是敷衍了事。对于孩子的夸奖,我们最好"具体到细节",让孩子知道自己哪些方面做得很不错,从而鼓励孩子保持下去,有助于孩子乐观地面对接下来的事情和生活。

四、快乐的源泉是乐观

没有一个孩子是天生的悲观主义者或乐观主义者,孩子们的性格和思想都深受他们的第一任老师影响。一般情况下,笑语相伴的家庭,父母的性格是乐观向上的,家庭里的各个角落充满了朝气和欢声笑语。在这样的家庭氛围里长大的孩子,也必然是一个积极乐观向上的孩子,是一个内心强大,积极面对挫折,对未来充满生活信心的人。爸爸妈妈们要以身作则,树立良好的榜样,从不同的角度用不同的眼光去欣赏不同的风景,积极影响孩子的思维和心态。给孩子多些鼓励,告诉他们,生活是美好的,只要我们积极努力不放弃,未来有无限可能。

点睛之笔:孩子的成长,是一个漫长的过程,当孩子失败或者犯错的时候,家长不要一味地打击,也不要放任不管,及时帮助孩子找到解决的方法,让孩子明白并不是所有的事情都是完美的,形成乐观向上的性格。

纵有疾风起，人生不言弃

昆明理工大学附属小学　向秀宇妈妈　何　苗

比起我们班有名的"六边形女孩"品欣，秀宇只是一个默默无闻的小男生。从小我和孩子爸爸都对他说，你不是最聪明的那个孩子，所以你必须不停努力，才能追赶上小伙伴们前进的脚步。他也明白只要肯努力，就会有收获的道理。因此，成为一名小学生后，他一直都很踏实认真、乖巧懂事。

四年级上学期时，孩子得了一种罕见病，需要去上海做手术。当时是十二月初，离一月中旬的期末考已经不远了。收拾行李时，孩子一再提醒我别忘了带书包。之后，在飞机上、酒店里、病房里、排队检查等候时……只要一有时间，孩子都会抓紧时间写作业、看书，到十二月中旬排到手术时，终于完成了大部分该完成的作业。病房里，大部分小病友要么在休息，要么在用电子产品打发时间。医生护士病友们看到孩子认真学习的样子，都会忍不住夸奖一番。

手术顺利做完第二天，孩子就着急问我："妈妈，我什么时候可以出院？期末考我还能赶上吗？"看到孩子对学习的坚持和不放弃，作为母亲，我心里既宽慰又心疼。因为之前和主治医生沟通过，孩子的这个病手术确诊后，还需要进行为期一年的化疗。当知道这个治疗方案时，我们一家人曾开家庭会讨论过，我和他爸的意见是：不行就让他休学一年好好治疗吧！而孩子有自己的看法，他说不想离开六班，不想离开老师和同学们。最后我们一致觉得，在不影响正常治疗的情况下，如果学习还能跟得上，就正常上学。

一、不能还没努力，就向生活妥协

出院第二天，我们就赶回了昆明。返昆次日，孩子就像只快乐的小鸟，高高兴兴地去上学了。送他进校时，看到孩子因为手术有些蹒跚但很快乐的背影，我心里暗暗决定：儿子，只要你愿意坚持，妈妈一定陪你一起克服所有困难，决不放弃。

一周后治疗正式开始了,在治疗空隙,送他进校参加了期末考试,考前还曾宽慰他:我们缺了快一个半月的课,考多少分不重要,尽力就行。没想到,成绩下来后居然非常不错,还得到了张老师的蛋糕奖励。

二、生活变得再糟糕,也不妨碍你变得更好

之后的一年里,回到当地治疗,每隔二十一天一次的化疗,我们都尽量选到了周五下午,这样,周末休息两天后,不会耽误学习,又可以正常上学。

就这样,一年里我们都奔波在学校和医院中,一次次克服了化疗带来的脱发、恶心、肝功紊乱的重重困难,从没因为治疗请过一次假。

值得庆幸的是五年级上学期结束时,孩子的治疗终于顺利结束了,并且在我们一起坚持不放弃的努力下,他取得了各科都是 A^+ 的好成绩,最近还有幸加入了学校的蓝花楹文学社。

看着孩子渐渐恢复的身体和脚踏实地的坚持,我们都更加相信:不要轻易放弃,因为惊喜总是悄无声息地到来。

三、坚持不放弃 Tips

我在育儿道路上鼓励孩子坚持不放弃的三个小方法,仅供大家参考。

第一,想方设法夸奖孩子。

每个人都希望被别人肯定,孩子也不例外。优秀的孩子都是夸出来的,父母对孩子真诚的夸奖、及时的表扬,可以给孩子内心足够的力量,激发孩子坚持不放弃的动力。

第二,给孩子制定一个个性化目标。

根据孩子情况,实事求是地制定目标,适合孩子的就是最好的。这个目标要明确具体,比如数学期末考争取 A^+,或者每月读两本书……激发孩子学习的兴趣、学习的主动性,要从一个好的目标开始。

第三,持之以恒地关心孩子。

用持续的平和的态度去关心孩子,精诚所至,金石为开。关心要注意方式,态度要平和,关心的话要直接真诚地说出来,让孩子从内心深处觉得你是关心

他的,时间长了效果就出来了。

点睛之笔:纵有疾风起,人生不言弃。陪孩子长大,本身就是一场破茧成蝶的修行。不管结局怎样,不管遇到了怎样的挫折与磨难,都要努力。只要孩子和我们一起,鼓起勇气,坚持不放弃,就可以用爱的力量,拓展生命的宽度,就可以看到风雨过后那道绚烂的彩虹。

点燃孩子勇敢精神的火花

昆明理工大学附属小学　屠嘉艺妈妈　段春燕

勇敢是一个恒远的话题,勇敢是儿童一种重要的道德品质。古有智勇双全的说法。可见,勇敢与智慧一样是人们希求的一种品质,离开了勇敢,智慧就无法发挥,无法彰显。儿童期是人成长的重要时期,儿童需要在这一时期培养出各种优秀的品质。其中勇敢就是儿童应该具有的一种重要的品质。作为小屠的妈妈,我一直很注重孩子勇敢品质的培养。

一、保护孩子的自尊心

孩子的性格是大人塑造的,我和家人约定:不当着孩子的面指责、嘲笑孩子胆小。孩子还小,可塑性大,你说她胆小,她就会认为自己确实胆小,就什么都害怕。虽然刚开始时,家人仍在不知不觉中当着孩子的面说出"胆小鬼,没出息"之类的话,但渐渐地,我们都做到了在孩子面前不提孩子胆小的事。

二、给孩子足够的实践机会

多给孩子实践和练习的机会,要解放孩子的双手双脚,让其动起来。我们常带孩子到户外,到公园玩耍。刚开始时,她既害怕又想滑滑梯,我们就让她先躺着滑,这样孩子既感到安全又不会受伤。后来,我们说:"宝宝,你看哥哥姐姐都坐着滑,现在你长大了,也坐着滑,行吗?"渐渐地,她能坐着滑了,嘴里还不住地说:"我长大了,坐着滑。"由于我们不无故约束孩子的行为,常放她自由玩耍,所以她是最"脏"的孩子。不过没关系,只要孩子练习的机会多了,对许多事物了解、熟悉之后自然就不会害怕了。乒乓球是小屠拿手的项目之一,起初她只敢和同龄的孩子玩耍,拒绝和年龄大一点儿的孩子切磋乒乓球。我们引导她不要害怕,鼓励她和年龄更大的孩子切磋乒乓球,于是她渐渐地和不同年龄段的人切磋起乒乓球,去年更是获得省乒乓球比赛的亚军。正是在生活中引导孩子实践,她的胆怯逐渐被勇敢替代。

三、家庭教育中关注勇敢精神的培养

父母是孩子的第一任老师,与孩子朝夕相处,是最了解自己的孩子的。在日常生活中,恐惧、胆小、害怕是很多孩子都有的心理,作为家长应能首先察觉。发现孩子怯懦就要着手解决,例如,和孩子一起阅读有勇敢内容的书籍,让孩子体会英雄人物的勇敢,成为拥有勇敢品质的人。家长陪伴孩子的时间较多,在家长陪孩子一同玩耍时,可以加入有关勇敢的内容,在寓教于乐中培养孩子的勇敢品质。家长可以拓展孩子的生活圈子,鼓励孩子与勇敢的人交朋友,在与朋友的交流中,培养孩子的勇敢品质。当孩子在家长的引领下培养出勇敢品质时,家长也不能因此就止步不前,忽略孩子勇敢品质的继续养成教育,否则孩子已经培养好的勇敢品质可能会消失。因此,即使培养出了孩子的勇敢品质,家长也应一如既往地引领,保持养成教育的持续性,让这种良好的行为习惯持续终身。

一次,我因患感冒需打几天针,于是每次打针我都带着孩子去,让孩子在旁边看着,还说:"妈妈打针不哭,真勇敢。"从那以后,我发现孩子打针时哭的时间就不那么长了。

总之,培养孩子勇敢品质的方法还有很多,也不是一朝一夕的事,作为孩子的家长,我们要做个有心人,随时随地从点点滴滴的生活小事入手,晓之以理,动之以情,导之以行。

点睛之笔:勇敢的品质不是一朝一夕就能塑造而成的,作为孩子的父母,要从孩子的日常行为生活入手,全方位地给孩子塑造一个勇敢的氛围,让孩子从小就做一个勇敢的人。

唤醒阅读力　书香润童年

昆明理工大学附属小学　龚宸妈妈　向　娟

培养孩子的阅读兴趣、阅读习惯是父母送给孩子最好的礼物。父母作为孩子的第一任老师，是唤醒孩子阅读力的第一人。首先，我们需要为孩子营造良好的阅读环境。其次，激发孩子的阅读动机，激发他们的阅读兴趣。最后，可以让孩子体验阅读的乐趣，感受阅读带来的"甜蜜"。这样坚持阅读，时间一长，自然可以开花结果。

一、营造良好的阅读环境

当孩子有懵懂的自主看书的意识时，我们应该给孩子营造一个良好的阅读环境，给孩子布置一片阅读小天地。这个小天地包括房间、书柜和书籍。我们在可可三岁的时候发现，他要在成人的书柜里取书很困难，于是我们专门买了一组落地开放式儿童书柜，书柜不带门，我们只用把书柜里的书摆放整齐，然后和孩子一起采买书籍，孩子自然而然地就会主动翻看书架上的书籍。年幼的孩子自己翻书，慢慢他就发现图书是宝藏。作为父母，我们要相信故事的力量。

此外，我们家基本不看电视，当孩子在家的时候，作为父母，我们从不会用手机或者用电脑玩游戏、刷微博和短视频等，都是大人和小孩各拿一本书去阅读，时间一长自然形成良好的读书习惯。这样的亲子时光很温馨，会成为孩子一生的美好回忆。

二、激发孩子的阅读兴趣

阅读力的唤醒，重点在于激发孩子的阅读兴趣。在孩子幼儿时期我们便将绘本融入日常的阅读，同步还在游戏中提升孩子的词汇量和识字水平。每一学期初,我会带领着孩子提前规划阅读目标。每读完一本就把封面复印下来,装进阅读成长集中,并配上孩子阅读时的图片。每天睡觉前,我会耐心、细致地给孩子读故事,陪他一起看书。而每天早晨我也会用故事唤醒孩子,在精彩的地方戛然而止,孩子的阅读兴趣被巧妙地激起。

三、感受阅读带来的"甜蜜"

都说书本是甜的。爱阅读的孩子总能体验到阅读本身带来的甜蜜滋味。我也尽可能地鼓励孩子将自己的感受和想法通过文字表达出来,以增强孩子思考能力和文字表达能力。我想父母的以身作则更为重要,我会和孩子一起做绘本,一起写童话,一起创作,并鼓励孩子多写文章。上小学后,可可多篇文章都在报纸上发表,这也提高了孩子的写作信心和观察事物的能力,时间久了,他的思路打开了,词汇量也变得很大。当孩子在阅读的过程中体会到了成就感,自己主动阅读和创作的欲望也越强烈,涉猎范围越来越广。

当然,作为父母,在培养阅读兴趣的过程中,我们不必焦虑,不要不停地督促孩子阅读,甚至是布置每天的阅读量,或强行推荐自己认为有价值的书,更不要强迫孩子必须把某本书看完。我想小孩也拥有读书的权利,比如:不读的权利、跳读的权利、不读完的权利、重读的权利、翻读的权利、大声朗读的权利、沉默的权利,如果我们希望孩子有一天能自愿阅读,就永远不要在意他们现在不想读一些书。父母最重要的是让孩子体验阅读的乐趣,唤醒孩子的阅读力,用书香润泽美好童年。

点睛之笔:阅读力包括阅读习惯、阅读兴趣和阅读能力,阅读力的唤醒需要动口、动手、动心。我们在培养阅读习惯时要营造合适的环境,激发阅读兴趣时要结合孩子发展,通过巧妙的方法提高孩子阅读能力和阅读体验。

品德至上　全面发展

昆明理工大学附属小学　尹邓宏彬妈妈　尹自香

2017年8月31日,于我而言,是一个很特殊的日子,一是因为我儿子小学开学报到注册,正式成为一名小学生;二是我的女儿顺利出生。如何培养两个孩子?如何陪伴他健康快乐地成长?立即成了我们家头等的大事。为了解决这两个问题,我们没少请教"高人",没少到处取经。不久,我们终于找到了最佳方案——努力把他们培养成"德智体美劳全面发展的人"。由于我们对"品德"格外重视,我们家的育儿理念又可概括为"品德至上,全面发展"八个字。下面便是我对这一理念的简单阐释。

一、品德至上

从古至今,"德才兼备"都是人才选用的最高标准。古人云:"德为才之帅。"主要就是强调"德"的重要性,"德"是"智体美劳"等"才"的统帅,而"智体美劳"等是"才"的具体呈现。为了提升尹邓思想品德方面的修养,我们下了非常多的功夫。

大的方面,让爱国主义精神在他的心中牢牢扎根,从小便引导他热爱祖国,争取长大了成为一个对社会和国家有用的人。同时,培养他的"奋斗精神",引导他学会迎难而上、乐观开朗,并树立高远志向。

小的方面,积极培育和引导他践行社会主义核心价值观。在家做一个尊敬长辈、体谅父母、关爱妹妹、积极分担家务的好孩子;在学校做一个尊敬师长、热爱集体、努力学习、不断提升自己的好学生;在公共场所做一个尊老爱幼、注重仪表、乐于助人、自觉遵守公共秩序的好公民。

目前,无论是在大的方面,还是在小的方面,尹邓虽然距离理想的标准都有很大差距,但也取得了显著进步。在家中,他是一个好孩子;在学校中,他是一个好学生；长大了，他肯定能成为一个好公民。

二、全面发展

关于"德"，前面已经说了，这里主要说说"智体美劳"。

关于"智"，主要要求尹邓在学校认真上课、努力学习、增长见识，同时要珍惜时光，利用闲暇时间尽可能多地阅读课外书，沿着"求真理、悟道理、明事理"的方向前进。我们不仅给他买了很多课外书，还给他办了书店会员卡，可随时借阅他喜欢的图书。

关于"体"，主要是发展体力，增强体质。他对许多运动项目感兴趣，每年都参加学校举办的运动会，而且成绩优异，也因此年年被评为"体育小达人"。"身体是革命的本钱""健康第一"的道理逐渐为他所理解。

关于"美"，主要是培养审美观，发展鉴赏和创造美的能力。我们给他报过画画、演讲、钢琴等培训班，并鼓励他积极参加校内外举办的各类比赛。周末和寒暑假，也经常带他看电影、逛公园、爬山、旅游等。日积月累，他的审美素养和人文素养都有明显的提升。

关于"劳"，主要是培养劳动观念和基本劳动技能。比如要求他分担家务，在老家积极参加劳动，同时教他掌握一些基本的劳动技能。为了提高他的劳动积极性，适当的物质奖励和精神鼓励肯定是少不了的。我们希望引导他崇尚劳动、尊重劳动，懂得劳动最光荣这一基本道理，同时希望他长大后能够通过辛勤劳动、诚实劳动、创造性劳动，开创并拥有属于他自己的美好人生。

这便是我们家的育儿理念——"品德至上，全面发展"！

点睛之笔："德为才之帅，才为德之资。"这是古人对"德""才"关系的经典概括和高度总结。"望子成龙，盼女成凤"，其实就是想把孩子们培养成"德才兼备"的人，对社会和国家有用的人。努力培养提升孩子的品德修养，引导发展"智体美劳"等方面的才能，这条道路肯定是对的，一定要坚持下去，千万不要怕路远！因为星光不问赶路人，岁月不负有心人！

学识篇

丰富孩子的学识

昆明理工大学附属小学　刘城铭妈妈　张星围

孩子的教育成长空间很大,我们不应该把学习狭隘地定义为计算、认字和要考试的科目。丰富孩子的学识,其实就是要把狭义的学习(指通过阅读、听讲、实验等手段获得知识或技能)和广义的学习(指我们日常生活中自然获得的经验)结合起来。

一、保护好奇心——利用孩子的好奇和热爱,丰富他们对世界的认知

现阶段的孩子,每天都是"十万个为什么",而他们的问题得到答复以后,又会立刻产生下一个新的问题。我想大家可能会发现,家长耐心解答,孩子们的提问就会多,而家长敷衍了事,孩子们的提问慢慢就减少了。

比如冬奥会期间,我们除了一起观看比赛和谈论新闻外,还听了"十万个为什么——冬奥特辑":《冬季运动会不下雪怎么办》《水立方怎么变冰立方》……这些知识奇妙又有趣,既满足了他的好奇心,又增加了他的知识储备量和对世界的理解。

所以丰富孩子的学识,我们首先要尊重孩子的好奇,尊重他的热爱,尊重他的选择,给他的兴趣和好奇提供足够丰富的探索活动和相关知识。

二、让孩子自己尝试——保护孩子的专注力,提供一个试错的环境

我在和其他家长聊天时,都会谈到孩子专注力的问题。在我看来,专注力最好的培养方式是保护,而不是训练。

就在今年 4 月初的一天,我们发现刘城铭的书桌上很多东西都搬空了,他

把文具、椅子、台灯、书本等搬到了高低床下面的一个小小的储物隔间里,他改变了原来插线板的走向,接通了台灯,决定在里面学习。当我们看到这一切的时候,他用很小心怯懦的目光看向我们,试探我们是否生气了。我们没有批评,没有横加干涉,爸爸甚至还表扬他很有想法,设计布置了一个独立安静的学习空间。他很兴奋,之后就一直在里面学习看书写作业,直到整整过了一周,他自己得出结论:桌面太小,东西不够放;自然采光不够,对眼睛不好;空气流通不够,大脑缺氧容易变笨……他把房间恢复了原样。

这件事似乎就这样平静地过去了,但是真的没有改变吗?不!他的空间设计布局,他对保护眼睛的认知,开窗通风换气的常识……是不是有了不一样的认识?我们当然知道在小柜子里学习是不对的,但这比我们强行阻止他尝试,或者唠唠叨叨提醒他注意用眼卫生和收拾整齐桌面,效果好太多了。

任何的试探,甚至试错都不会是无用的,日常生活中经验的获得,很多不是靠大人的说教,而是靠自由空间里的活动自然形成的,所以给孩子自主活动的空间,不要居高临下的命令,不要试图打断孩子,让他们能够拥有独立思考判断的能力和解决问题的能力。

三、读万卷书,行万里路——理论结合实际,把抽象的知识具象化

在刘城铭的学习方面,我们没有把重点放在"提前学""跟风学"上面,我们尽量不用他的成绩,来满足我们的虚荣心或者激发我们的焦虑心。"我们讲过"和"他学明白"是两个完全不同的概念,要重视孩子自己实践的重要性。

所以,当他对花鸟鱼虫、山川河流感兴趣的时候,我们会带他走进大自然,从他2岁开始,我们每年都会进行2次户外露营,也会带他登山、赶海、看沙漠和雪原;当他对历史文化感兴趣的时候,我们去各式各样的博物馆和名胜古迹;当他对机械感兴趣,爸爸带他拆开老旧的电器;当他对体育运动感兴趣,我们就去运动;当他对童话寓言感兴趣,我们就一起阅读……

丰富的实践探索,可以帮助我们把抽象的知识具象化。如果孩子日常经验

积累得足够多,那他的知识迁移能力和举一反三能力也就会强大且快速。这其实也是一个狭义学习和广义学习结合的过程。

点睛之笔:丰富孩子的学识,我们应该利用孩子的好奇心,丰富他们对世界的认知;提供一个试错的环境,让孩子自己尝试;读万卷书,行万里路——理论结合实际,把抽象的知识具象化。

在生活中学习——生活处处皆学问,人生无处不学习

昆明理工大学附属小学　柏亦卓妈妈　冯晓丽

今天,我想谈谈"学识",有一句话我们大家都很熟悉,那就是"生活处处皆学问",在这里,我把"学识"等同于"学问"来理解。在孩子成长的过程中,我发现,生活观念和学习状态是密不可分的,我认为,生活中的观念,也可以理解为思维方式,在某种程度上决定着学习表现力。接下来,我会举两个例子具体说明。一个例子和全局性思维方式培养有关,另一个和渐进性思维方式培养有关。

一、全局性思维方式的培养——从家庭生活到学习

我的孩子做数学题时,按照老师的要求是先画线,然后把算式列在线上。最开始,我发现孩子画线位置很随机,有时两条线之间会特别挤,有时线和线不平行,最后一步答题的线,有时画得比较靠上,有时又太靠下。这说明他对于整体的排版没有要求,笔尖放到哪里他就把线画到哪里。

再回头反思他生活中的小习惯,回家脱下来的外套也会随手乱放。事实上我们家里物品的放置都有固定的地方,穿过的衣服挂在进门的衣架上,玩具分类摆放在专门的区域,文具、字典、工具等,都分区域放置。

我思考了以后,认为这可能是因为我们家长对家里的整体空间规划非常熟悉,所以自然而然地会把物品放回它本该在的地方。于是,我就把家里物品摆

放的规划画出来,让孩子一眼看到整体布局,平时让他多参与分类整理。渐渐地,孩子随手乱放的次数就越来越少了。再回到答题的排版,我给他类比了生活中物品的布局规划以后,孩子的排版意识也开始建立,在哪里画线,线与线之间的距离应该一样宽,答题线固定画在右下方,整体的页面也比之前整齐很多了。这个是在生活中树立全局性思维方式,从而提升学习水平的一个例子。

二、渐进性思维方式的培养——从家庭生活到学习

前段时间我发现,孩子有个问题日益凸显,那就是专注力有所下降,比如吃饭中途会起来做件别的事。书写的时候也是龙飞凤舞,前一笔还没写扎实,就想着开始后一笔。甚至,老师多次在作业本上写评语:请注意页面整洁。数学学习也存在类似的问题,比如解决一个问题至少需要三步,他可能中间就会跳过一步,这样,思路显然就不够完善。

所以,他下次写字之前,我会告诉他每一笔都要扎实,找几个字具体分析什么叫真正的一笔一画。爸爸也教他,数学问题的解决也是要按照程序一步一步地走,找几个题刻意训练,根据问题,第一步要做什么,接着第二步、第三步,在草稿纸上一步一步地分析解答。生活中,吃饭时提醒他,有别的事等先吃完饭再说,不要急躁。这样进行反复强化。当然,我们以后仍需要不断努力,帮助孩子建立稳固的渐进式思维,做到真正的踏踏实实,一步一个脚印。

三、除了家庭生活,学校生活对学习的反哺同样关键

其实,现在科学的教育理念强调的是在生活中学习,在游戏中学习,在实践中学习。到这里,我们前面提到的"生活处处皆学问"中的生活,内涵已经被拓展了,除了家庭生活,也涉及学校生活。

例如,孩子在上英语课的时候,口语表达和做思维导图的实践中就掌握了单词和句型,这是在实践中学习。孩子在学习《赵州桥》的时候,在课堂上当小导游,给大家介绍桥的特点,在理解课文的基础上还潜移默化地建立了民族自信,这是在游戏中学习。

所以,把生活看作真正的学习,是非常科学、合理和专业的。对于学校老师提的建议和要求,如果家长予以重视,那么也就能够更加科学、专业地指导自己的孩子。所以,如果要总结我今天分享的内容,那就是在"生活处处皆学问"的后面加上一句:人生何处不学习!

点睛之笔:孩子思维方式的培养贯穿于生活点滴,扎根于生活实践。同时,不论何种思维方式的培养,都离不开父母用心的陪伴、敏锐的观察和不懈的强化。

相机而教 寓教于生活

昆明理工大学附属小学 周睿骐妈妈 陈新春

历史上,唐太宗李世民不但治国有略,而且教子有方。唐太宗曾对臣下说,教育孩子要想取得良好的效果,就要善于"遇物而诲,择机而教"。教育家陶行知大力提倡生活化教育,他认为教育脱离生活不是真正的教育,不是好的教育。孩子们除了学校生活,还有家庭生活,家庭生活中处处有教育的机会与资源,父母要善于在生活中发现教育的契机,做到相机而教,寓教于生活。

一、生活中应该融入家庭教育

作为一名中学教师,在执教过程中我总遇到类似这样的困惑:课堂中当我提问"南方人的主食"或问"米饭来自什么粮食作物"的时候,竟然有初中学生无法正确作答。这样的知识并非只能依赖学校教育来获得,难道不是日常生活中便能习得的吗?作为一位母亲,结合工作中的启示,我不断深思家庭教育的方法。《家庭教育促进法》以法律的形式告诉我们家庭教育的重要性,且提出了家庭教育的九大方法,其中之一便是"相机而教,寓教于日常生活之中"。因此在日常生活中,父母应该要有教育孩子的意识,要将家庭教育融入生活中,应该在生活中潜移默化地培养孩子良好的行为习惯,教给孩子生活技能,引导孩子树立正确的价值观……

二、父母要善于择机而教

深刻地记得我家孩子刚入小学的一份作业答案,题目:你将来的理想是什么?他的答案是"当一名工人"。我追问原因,孩子回答"因为工人可以开挖掘机,另外工人两个字比较容易写"。回忆我们小的时候,要是谁写这样普通的理想,估计会有家长"炸毛"。转头一想,这是一次多好的教育机会呀!首先,我表扬了孩子认真的书写,同时提出期望,希望他能认真识字,认识更多的职业,挑战笔画复杂的汉字书写。其次,尊重孩子的发展规律,肯定孩子所表达的真实的、童真的想法,小男孩对大型工程车的好奇与热爱,是那么的可爱。最后,引导孩子树立正确的价值观,职业有多种多样,但每一种职业都不分高低贵贱,并且每一种职业理想都需要人们付出努力才能实现。我在那份作业评语中写下了一句话:"那要不断努力学习,才能实现理想哦!"

三、教育浸润生活的气息

相机而教要遵循灵活性与情境性,除了在生活中要灵活地择机而教,还可以创设情境来达成某个家庭教育的目标。因为任教地理的缘故,我总想介绍一些地理相关的知识给自己的孩子,但如果生硬地让孩子学习,难免会让孩子失去兴趣。我会利用周末或假期带孩子进行户外活动,在沿途中我会带孩子认识地名,教孩子如何利用参照物识别方向,一起探究为什么有的山地表形成草地,而有的山地表森林密布。虽是有意为之进行教育,但又将教育的内容巧妙地放在惬意的旅行之中,既让教育结合实际,具有生活的气息,又让家庭教育过程轻松、高效。

点睛之笔:教育家陶行知说过,好的生活就是好的教育。父母要让家庭教育回归到生活中去,与孩子一起做做家务或是到户外走走,寻找生活中教育的时机,在轻松的环境中对孩子进行教育,让家庭教育更加有温度、有效果。

鼓励独立思考　学会高效学习
——做好孩子成长航行中的领航人

昆明理工大学附属小学　吴朴言妈妈　吴雅莹

一、启发孩子，潜移默化引导孩子构建独立思考模式

独立思考是一种卓越的品质，学会独立思考和独立判断比获得知识更为重要和可贵。作为家长千万不能忽视孩子独立思考能力的培养。

孩子一次偶然的提问，让我意识到成年人思维方式会影响孩子的思考深度。"妈妈，为什么动画片里、书本里的狼和狐狸都是坏的、狡猾的？"孩子的提问引发我的思考：为什么我们不论在课文和动画片里的拟人化的形象里，总是狡猾凶狠的狐狸和老狼、好吃懒做的猪、胆小的兔子等？这些拟人化动物形象是不是已经被大人们约定俗成地贴上了固有的标签？以小见大，对某一固有的事物和某一类人认知，孩子是不是会受到成人和周围环境的影响，顺从归类，贴各种标签，不再主动思考探究，不再质疑，从而不去验证真伪？所以这时候引导培养孩子批判性思维就显得格外重要了。

有一次我和孩子一起看《草原动物》的绘本，文中写道："斑马就像一匹穿着条纹睡衣的马，科学家们普遍认为斑马受到攻击时，身上的斑纹可以蒙骗过狮子的眼睛，在狮子看来斑马群像是一堵布满条纹的墙。"这时候孩子问我："斑马在草原上的天敌是狮子，狮子不是色盲吧？黑白条纹在黄色或绿色的大草原上不是更显眼，更容易被发现吗？"孩子提出了疑问，然后，我们一起上网查找资料，发现有的说法比较牵强，因为在肯尼亚的大草原上，为了自我保护是应该长成黄或绿色条纹，而不是黑白条纹。在查阅资料的过程中，孩子得出了狮子不是色盲，而斑马的黑白条纹并不是保护色的结论。我们通过阅读，对事物提出了自己的看法和见解，提出假设并找出证据，最终得出结论。这就是批判性思

维,简单理解为进行反思和独立思考的能力。它涵盖了创造能力、类比假设、解决问题等,更多的是一种思考习惯。

二、和孩子一起探讨高效学习方法,引导并培养终生学习能力

学习能力包括注意力、记忆力、理解能力、思维能力、分析能力、计算能力、视觉能力、听觉能力等。从孩子上学起,我会带她到文具店里挑选三到四支她喜欢的记号笔,用多色批注法做笔记。我会告诉她,如果在你预习和上课过程中,你觉得是重要的同一类知识点,你可以用同一颜色进行勾画和标记。比如:课文中有几个生字的前鼻音和后鼻音是你会经常出错的,这时候就应该用同一颜色标注;文中有几处拟人手法,也可以用同一颜色勾画句子,并在旁边写上注解等。在这个过程中可以教会她,用不同颜色来区分知识点的重要性和紧迫性。例如,红色是自己的高频错误点,高度重视。

同时,阅读的重要性不言而喻,我想讲的是阅读的方法。孩子很喜欢看书,家里书架上不同类型的适合孩子看的书都有,她可以自由选择。但我让她在泛读时找到自己喜欢类型的书,再进行精读。在泛读的过程中,可以引导孩子迅速捕捉到文章的关键词,知晓文章的大概意思,逐步培养孩子的速读能力。在精读的过程中,可以让孩子尝试用5W2H分析方法去阅读去思考,也就是老师经常提到的写作几要素,这样不仅书读得深入,还可以学以致用为将来的写作打好基础。

点睛之笔:学会批判性思考不是对所有事物和人抱以负面或者批评的态度,而是鼓励尊重一个人作为独立个体去思考与分析,教会孩子在探知过程中获得分析能力、判断能力,从而成为独立思考能力的个体。掌握高效学习方法能让孩子学得轻松,学得快乐,并将学习持之以恒!而作为家长的我们,应该做的更多则是引导和启发。

习惯篇

态度决定一切

昆明理工大学附属小学　王麒鸣妈妈　郭　帧

曾经读过美国作家罗曼·W.皮尔的著作《积极思考的力量》，书中影响我最深刻的一句人生指南：态度决定一切。这句话也是人们经常挂在嘴边的名言，然而真正能将它很好地运用到生活中却是一件困难的事情。

当我的孩子开始进入到小学阶段学习时，我真正感受到了一个事实：我的孩子是一个再普通不过的小孩，他必须通过自己的努力来成就自我。幼儿园时期表现出来的某些"惊喜"，是因为"你学了，他没学"而产生的，这并不代表自己的孩子就有过人之处，不要幻想他是"天才"，他将面临大多数孩子都将面临的种种问题和困难。

孩子开始学习知识时，必然要面对对所学内容的复习。在家做一些巩固练习，可以看到孩子在学校里的学习状态。从一年级到现在，每次与孩子一起分析回顾所学知识时，总会找到他存在的诸多问题。其中令我非常头疼的毛病——粗心，这也是一直困扰我的难题。为什么他总是不认真，总是粗心？后来通过翻阅一些关于教育的书籍，以及对孩子的观察，我找到了这个问题的答案："粗心"和"不认真"不是原因，而是结果，造成这一结果的原因是对待学习的态度——"懒"的态度。这种"态度"还会蔓延到孩子的方方面面，比如生活中、玩乐中……

懒得反复练习和巩固。孩子的瞬间记忆非常厉害，但随着时间的拉长，某些知识点在大脑中会变得模糊，甚至遗忘。这就需要在获得某一知识后，反复练习、巩固。"熟能生巧"是我对孩子经常说的话。看似简单的计算，在一次走神中便会出现差错。"＋"看成"－"，"＞"看成"＜"，等等，此类的错误，往往都是因为懒得多练习,想当然觉得自己已经掌握,用自己贫乏的经验麻痹自己的后果。所以,必须在反复的练习中形成长时记忆,才有可能避免这类疏漏。

懒得养成好习惯。众所周知,习惯的养成是孩子成长过程中重要的环节,从各个细节便可以看出一个孩子是否有好的习惯。在我们家,非常看重孩子的书写。"字如其人",提笔就能看出他今天的状态,是认真对待还是敷衍了事。一次他带回来的练习上有一个醒目的红叉,因为把"0"写得太随意,看着像"6",老师的红叉是对他的提醒。之后我非常严厉地批评了他,敷衍比不会更严重,这就是不认真对待书写的典型例子。"一屋不扫何以扫天下",从认真对待书写这些小细节,可以培养孩子把小事做好、做精的习惯,从而延伸到孩子在对待生活中一些看似微小事物的态度。比如对待小动物我们需要有爱心、有耐心,对待朋友需要真心等。

懒得动脑思考。和孩子一起玩一些思维拓展游戏,当他顺利通过时,他会激动、兴奋,但当他遇到困难过不去时,便马上出现沮丧、逃避的情绪。我们通常鼓励他通过自己的思考来获得答案,然而有些时候他会撒娇,希望父母直接把结果告知他。这便是懒得动脑、逃避困难的表现,这也是阻碍孩子进步的一大绊脚石。我经常将他在生活中、学习中所遇到的困难比作他喜欢玩的闯关游戏,把他在游戏中通过自己的智慧一关一关解锁、升级后的满足感和成就感带入到其他困难和难题中,鼓励他锻炼自己独立思考、独立解决、独立判断问题的能力。

懒得检查。从孩子身上我发现有个问题:过于自信。在他的眼里,完成即全对。每次让他再检查一遍,他的回答都是:肯定没问题了。然而,往往造成"阴沟里翻船"的结果。只有及时自我审视,才能最大程度提升自己的认知。认清自己的问题所在,在之后的生活、学习中避免错误的重复出现。

点睛之笔:态度其实就是人们在处理事情时所持有的心态。对于成功来说,正确的态度犹如行进的垫脚石,所走的每一步都须步伐坚定,落地沉稳。可以说,若想取得成功,首先要做的便是拥有正确的态度。

碎片化时间，以量的积累形成质的变化

昆明理工大学附属小学　刘浅浅妈妈　李芳媛

美国时间管理之父阿兰·拉金提出过"瑞士奶酪法"，意思是在一个比较大的任务中使用"见缝插针"的方法，充分利用零碎时间，而不消极等待整块时间的出现。学习"瑞士奶酪法"，利用零散时间，可以更高效地帮助我们学习。

一、时间面前人人平等

家庭教育本身就没有绝对的公平。家庭环境的不同、教育方式的不同、孩子之间天资的不同等，导致每个孩子从出生开始便拥有不同的赛道，他们的起点本就不相同，孩子们本就有差距。作为家长，不要气馁。因为时间面前，人人平等。再说，人生是一场马拉松，起点赢不一定全程赢，开头输不一定最终输。珍惜时间，把握住生活中碎片化的时间，让量的积累形成质的变化，无声无息变优秀。

二、碎片时间，以少聚多

如何帮助孩子合理使用好碎片的时间？家长要教会孩子对时间进行管理，把一些零散的时间充分利用起来，这样孩子的娱乐时间没有变化，社交时间没有变化，更懂得时间的宝贵了。碎片时间的有效利用，可以让孩子在有限的时间里比其他人做更多的事情，让我们的孩子回归快乐的童年。

三、时间管理从整理碎片时间开始

以女儿刘浅浅为例：

(1) 早晨洗漱与早餐：30 分钟。

(2) 上学路上：15 分钟。

（3）放学路上：15分钟。

（4）等地铁：7分钟。

（5）坐地铁上兴趣班的路程：20分钟。

（6）自驾上舞蹈课、英语课等单程：20分钟。

（7）各种在路上步行的时间、各种等待的时间，如等一个红绿灯、一顿饭等。

四、合理利用碎片时间

（一）起床及时磨耳朵

如果你喜欢历史，不妨听听历史；如果你想练习英语，不妨听听短语或者绘本。久而久之的磨耳朵你会发现有的东西自然而然就会了。

（二）上学路途来背诵

上学路上真是个好时间，背单词背古诗，需要背诵与记忆的东西，反反复复几句话在上学路上就能记住。

（三）放学路上会梳理

聊聊当天学了什么，用沟通的方式锻炼孩子的学习总结能力和检验孩子当日的课堂吸收情况，再进行查缺补漏也是一个科学复习的方法。

（四）巧用等待来学习

我的包里永远背着不同的学习资料，有的是打印成册的知识点，有的是小笔记本记录的易错点，有的是手机拍照的需要记忆的内容。当有等待时间时，我会根据时间的长短和场合选择合适的学习内容让她学习。

（五）走路时间听英语

一切语言类的学习在走路时都很适合，浅浅在学习英语的两年时间里，几乎没有占用过她的大块时间，都是在走路时进行口语训练和复习，只要在走路，我们就会开口学习。

（六）边练舞蹈边背诵

练舞蹈的基本功有时候一个动作可以持续十多分钟，边阅读边练习也是我们的一个好习惯。

利用好碎片时间学习,慢慢就会形成一种习惯。当养成习惯坚持下去,大块的时间能自由支配,能体会到掌控时间的快乐。做时间的强者,必定要管理好时间,支配好时间,在有限的时间内做更多的事情。

点睛之笔:时间的价值就是:一寸光阴不可轻。时间让世间万物没有高低贵贱之分,珍惜流逝的每一分每一秒。当时间短的时候我们尽力而为,时间一长很多事自然水到渠成。

拨准一分一秒,静待一树花开
——如何让小学生学会管理时间

昆明理工大学附属小学　邓安淇妈妈　王惠惠

"该起床了,快来吃饭,该睡觉了……"

您是不是也曾为追在孩子身后反复催促而感到苦恼?随着女儿一天天长大,我也遇到了类似的问题。我开始苦思冥想如何帮孩子改掉磨蹭的问题。通过学习,我知道了孩子磨蹭的主要原因是他们年纪尚小,缺乏对时间的感知能力。而家长要做的就是主动带领孩子了解时间,利用时间,并最终学会管理时间。

一、时间管理从小做起

华罗庚曾经说过:"所有取得伟大成就的人无一例外都是利用时间的高手。"好的时间管理技能不仅不会消磨孩子对学习的热情和兴趣,还会因为有效地掌控自己的时间,平衡了学习和娱乐,让孩子能够享受掌控自己生活带来的自信。当然时间管理绝不只是帮孩子做计划,而是要让孩子理解每个人的时间是有限的,认识到自己做的事情需要多长时间,意识到有限的时间做好事情是需要合理分配的,并最终教会孩子做时间的朋友,做自己生活的主人!

二、时间管理：规划—监督—观察

人对规律的时间安排会形成生物钟，所以孩子的时间管理概念越早建立越容易养成良好的习惯。但要注意的是针对不同年龄阶段的管理方法会有所差别。低年级期间，家长可以做孩子的时间规划师，帮助孩子建立时间和计划的意识，明白有计划和无计划的差别。低龄孩子无法自主按任务计划时间来完成，需要家长帮助孩子制订计划并督促完成。计划最好精确到什么时间点完成什么事，还要尽量有规律，利用好人的生物钟。计划内容要较容易执行，避免需要长时间集中精力完成的任务。邓安淇的第一份时间管理规划表是在她上幼儿园期间的"早起和睡前清单"，因为收效很好，我在安淇上小学后又同她一起制订了"放学后清单""好习惯打卡表"和"寒假生活打卡记录"。这个过程中，我的角色也从时间管理的规划者慢慢过渡到了时间管理的监督者，帮助安淇执行自己制订的计划，并改进不合理或很难完成的计划。这一阶段以目标管理和任务管理为主，不需要精确到什么时间点做什么事情，孩子只要按计划完成任务即可。家长在这个时候要做的就是给出正向积极的反馈。随着孩子年龄的增长，认知能力的提高，家长就要转变为孩子时间管理的观察者，效率是解决时间问题的终极方案，专注是提高效率的万能钥匙。最终目标就是帮助孩子形成高效而专注的学习习惯。

三、五岁成习，六十亦然

通过时间管理，一方面可以让孩子学会安排好自己的时间，同时更能让其掌控好自己的生活。还记得安淇有一次小测验没有取得令自己满意的成绩，但令我欣慰的是，她在告诉我成绩的同时，并没有只表现出沮丧或者悲观情绪，而是表明她通过向高分同学取经，分析了自己没有考好的原因，并希望我也能主动联系老师咨询相关学科的学习方法。虽然没有获得好成绩，但是她关注的焦点已经从结果导向转化为过程导向。我想之所以她能有这样的成长，还要得益于早期时间管理养成的好习惯。因为时间管理,孩子学会了主动掌控自己的生活,这对于培养孩子的成长型思维,提高学习内驱力都具有潜移默化的积极影响。

教育子女是大工程,没有捷径,不能速成,只有耐心和坚持。孩子的优点、缺点,最初和最终的来源都在父母。所以既然选择了为人父母,就是选择了一种生活方式。没有轰轰烈烈,唯有默默守候,心守一抹暖阳,静待一树花开。教育的等待就是一种慢的艺术,需要坚持,在守候中静待花开。

点睛之笔:播种一种观念就收获一种行为,播种一种行为就收获一种习惯,播种一种习惯就收获一种命运。所以时间管理的作用不仅仅是让孩子高效地完成任务,还可以培养良好的习惯,并最终养成孩子可以掌控人生的自信。

坚持孩子的习惯养成

昆明理工大学附属小学　丁艺谋妈妈　屠　申

我是两个孩子的妈妈,同时我很庆幸自己也是一名小学教师,因为可以在孩子上学以后,把孩子带在身边上学,这样就可以比其他的父母多出更多陪伴孩子的时间,了解孩子成长过程中的点点滴滴,有利于及时给予肯定、鼓励和教育。当然,角色的转换很重要,千万不能把家庭与学校混为一谈。很庆幸,我刚进附小成为一名教师的时候就听了王校长的育儿讲座,学习了她如何培养女儿成为中央民族大学高才生的宝贵经验,同时借鉴了我们附小很多优秀的教师成功育儿的经验,让我在育儿道路上少走了很多弯路。

一、习惯是一种顽强而巨大的力量

刚进附小的时候,孩子4岁,正处于一个特别调皮的阶段,之前养成的一些习惯,渐渐地被他的调皮破坏。我忙于工作,对于孩子的管教开始松懈,"大一点儿就好了,不着急"这样一个不好的观念在心里萌芽。直到石梦媛校长育儿讲座才让我醍醐灌顶。她说,习惯是一种顽强而巨大的力量,可以主宰人生!一个行为坚持一周便成为习惯。习惯,就是我们每天不用思考,也不用别人的督促和要求,自然而然想要做的事情。7天的不断叠加就是几年、几十年,甚至一辈子。好的行为如此,坏的毛病亦是,相信我们都选择前者。积极向上的,能给人带来正能量的好的行为习惯能让我们受益终身,当这些习惯根植于我们内心,贯穿我们整个人生,最终会影响我们的命运。我把这段话抄写在笔记本上,那晚久久不能入眠,不停地反思!

二、习惯养成需要时间与耐心

于是,第二天我开始给孩子重新设立规则,并让他严格遵守。例如,玩具可以玩,但是每次玩完要放到原来的位置。刚开始他很不适应,但每次能做到都会有小贴画的奖励机制让他慢慢养成了东西要归原处的好习惯。一个月的坚持下,4岁的他可以自己刷牙、洗脸、穿脱衣服,简单叠自己的衣服并放到收纳盒的相应位置,自理能力有了很大的提高,我在"艰辛伴着幸福"的带娃路上也轻松了不少。他的每一次进步我都会用语言和肢体动作鼓励激励他,让他努力做更好的自己。每天早上起床只需要一个美好的闹铃声音,让他逐渐养成早起早睡的规律作息,培养他做事不拖延的好习惯,确立正确的时间观念,今日事今日毕,我想对他以后学习效率的提高也有所帮助吧,毕竟有时间概念的人都会赢得别人的尊重。每天晚上的睡前故事也日渐成为了必修课,慢慢养成了听故事入睡的习惯。

三、好习惯能形成自律坚韧的品格

时光匆匆,让我感觉他不再是那个整天黏在妈妈身边的小可爱,而是独立、俏皮灵动的小伙子。7岁的他已经成为昆理工附小的学子,在这个大家庭里,有石校长这样优秀大家长的引领,我感到非常的荣幸,希望我的孩子在昆理工附小这六年,可以养成更多好习惯,以便拥抱他的美好人生,享受好习惯带给他的自律坚韧的品格,塑造出强大坚定的内心,在面对困难和挫折时能够更加从容淡定,不畏惧,不急躁,让优秀成为一种习惯,拥抱自由、畅快、恣意的生活。毕竟在未来的日子里,他会面临很多诱惑,必须擦亮双眼,有所选择和取舍,克制约束住自己的欲望,方能知道自己真正想要的东西是什么,找到人生正确的方向并努力奋斗,朝着期待的远方前行,成就自我。

点睛之笔:习惯是一种顽强而巨大的力量,可以主宰人生!一个行为坚持一周便成为习惯。习惯,就是我们每天不用思考,也不用别人的督促和要求,自然而然想要做的事情。7天的不断叠加就是几年、几十年,甚至一辈子。好的行为如此,坏的毛病亦是,相信我们都选择前者,积极向上的,能给人带来正能量的好的行为习惯能让我们受益终身,当这些习惯根植于我们内心,贯穿着我们整个人生,最终会影响我们的命运。

必要的"狠"正是对孩子无限的"爱"

昆明理工大学附属小学　罗乐乐、罗筱筱妈妈　高闻霞

孩子们就要上小学了,看着一对熟睡的宝贝,他们的脸上还挂着甜蜜的笑容,我倍感欣慰。今日医院加班,又回来得很晚,一进门一双宝贝欢快地迎上来,争着帮我提包、提鞋,问我累不累,顿时觉得一天的辛苦都消散了。回想这一路上有他们陪伴的日子,我应该算一个"狠"妈妈。

一、好习惯要从生存能力抓起

我的从业生涯告诉我一个真理:生存能力是生活的基石。我必须要像狼妈妈那样,从小教会小狼们生存的本领。在疫情之下,作为一名医务工作者,我面对了种种考验。在白衣天使的战场上,病情如军令。马上隔离,马上阻断感染源!而很多小朋友还不知道如何尿尿,如何吃饭,如何穿衣服。可是,在病毒面前没有商量,没有等待。当我面对这些场景时,心想要是自己和孩子遇到这样

的问题时该如何是好。

每一个做母亲的人都有深切的体会:只要孩子离开自己的视线时,就六神无主,魂不守舍,担心他不会吃饭,担心他不会尿尿,担心他不知冷暖。这种时刻,我就为我一直当一个"狠"妈的角色而骄傲,尽管对我的孩子们来说,会有点儿小小的"残忍",但我相信我的宝贝们在离开妈妈时,也能很好地照顾自己。

二、好习惯要从生活能力抓起

我的"狠"妈妈角色,得到了全家人的认可,看着孩子们健康成长,大家都很开心。转眼就到了学走路的时间,我心想同时教会两个孩子走路是个很大的工程。其实,在他们身上,这也只是自然规律。两个宝贝学走路,爬着爬着,一瞬间自己站起来就会走路了。接下来就是自己吃饭。记得他们才一岁半,开始吃辅食,我就鼓励他们自己吃。爷爷奶奶总是觉得他们还小,应该要照顾,担心他们吃不饱,担心他们把衣服弄脏。其实,这些担心都是多余的,在"狠"妈的指导下,两个孩子两岁半学会了自主进食。

快上幼儿园时,自己如厕的事情也顺理成章解决了。我记得孩子三岁以前,就学会晚上起来自己上厕所,我只用给他把灯打开。有一次,阿婆和我们住一个房间,夜晚,她听到了宝贝女儿轻声说,妈妈我要尿尿。阿婆准备马上起床带她到卫生间,被我制止了。我打开灯,她自己咪溜下床,小跑着去了卫生间。阿婆以心底生出来了佩服,她说:"孩子的习惯培养得真好,这下妈妈放心了。"

三、好习惯要从点滴养成抓起

在他们上幼儿园时,我已经让他们学会了自我生存的本领。从第一天入园开始,从未有过一次迟到,从未有过一次闹脾气不愿意上幼儿园,从未有过一次无故请假。我们坚持早睡早起,养成良好的生活习惯,自己洗漱,做事不拖拉。我时刻告诉他们,不能依靠别人,一定要学会自立,学会生存。并且我尝试以各种各样的方式让他们参与到做家务中,尝试带他们到菜市场选购自己喜欢吃的菜,自己询价,自己付钱,自己清洗、备菜、切菜、炒菜等。我不停地在生活中让他们学习生存的本领,这样的教育方式让他们在学校里也成了很多孩子的榜样。同时,我也教育他们在学会自理的同时,更要学会帮助别人。他们到中班以后,就帮助老师拿教具,协助老师做力所能及的事,生活上不需要老师多花心思。

他们四岁学会自己整理床铺,自己洗小内裤和袜子,五岁在妈妈的协助下,学会了自己洗澡。这一切准备,都让我相信我的孩子能愉快地开始小学生活。尽管我平时的工作很忙,常常会有这样的焦虑:两台电脑,两个鼠标,两部电话,他们同时需要我,而我太想有两个脑袋了。还好,我有两个宝贝,于是,我就成了无敌的"狠"妈妈。

点睛之笔:好习惯的养成,从生存能力抓起,从生活能力抓起,从小事做起,从点滴做起。必要的"狠"正是对孩子无限的"爱"。无数的生活经验告诉我们,一个优质的人一定是先生存下来,才有机会去努力实现自己所追求的幸福生活。我希望我的孩子们,希望所有的孩子们,在未来的路上能具备强大的生存能力,不断拓宽脚下的路。

以"礼"而立 "礼"向未来

昆明理工大学附属小学　张奕妈妈　臧　一

中华民族素有"礼仪之邦"的美誉,一代代华夏儿女赓续礼仪之文脉,五千年矣!古语云:"人无礼则不生,事无礼则不成,国家无礼则不宁。"礼不仅是治国安邦的规则,也是个人行为规范的根本遵循。《论语》云:"不学礼,无以立。""礼者,敬也",礼仪的核心就是尊重,尊重他人是礼,尊重自己亦是礼。礼与我们工作生活息息相关,作为家长,我深知习礼仪、懂礼貌对孩子的重要性,更明白文明礼貌的养成是需要从小培养并长期坚持。对处于启蒙阶段的小学生而言,良好的环境是小学生习礼、懂礼、行礼的成长沃土,需要家校协力,共同营造良好的成长环境。

结合我们家张奕小朋友一年来的积极表现,就如何培养孩子的文明礼貌行为,从三个方面谈谈我的体会。

一、从守时做起,在校学会尊重

小学教育重在启蒙,重在培养良好的行为和学习习惯,礼貌之养成,身教胜于言传。引导孩子做个守时的人,入学的第一天,我告诉孩子老师早已在校园迎接小朋友们,我们要早点儿到学校,一定不能迟到!这天,我和孩子很早就到了学校,并主动向老师同学问好。日复一日,一学年来,她从未迟到,守时就是对老师和同学最好的尊重。

一个学期,两个学期,在学校"幸福教育"的熏陶和家长、老师们言传身教影响下,张奕小朋友学会了更加积极主动向老师、同学们问好、说再见,与同学相处互相礼让不争吵,懂得了尊敬老师、团结同学。一天,班上同学给了她一个水果,随后她找到班主任老师说,要和老师一起分享水果,分享才更快乐,老师被她的小小举动给感动到了。古有孔融四岁能让梨,主动分享的行为与孔融让梨之懂得尊敬和友爱的道理是一样的。一举一动,一言一行,我的孩子逐渐成为老师和父母所期待的知礼仪、懂礼貌、会感恩的"美德少年",也间接隐射了学校育人为本的成效。不积跬步,无以至千里;不积小流,无以成江海。短短的一学年,让小朋友从不知如何与老师、同学打交道成长为尊重老师、团结同学、热爱班集体的小主人翁,我想,这就是亲师友,习礼仪的生动体现。

二、做好自己的事,成为生活的小主人

学校教育之外更多的是家庭教育,扮演好孩子的家庭老师是每个父母的光荣义务。家庭生活中,孩子的姥姥、姥爷和爸爸妈妈都非常重视家庭建设,彼此之间互敬互爱,互相尊重,营造了温馨的家庭氛围,同时注重培养孩子的独立能

力,自己的事情自己做,长辈的事情帮着做。自上小学以来,每天放学回家,她都第一时间把该做的作业做好,把自己的东西收拾得整整齐齐,主动帮姥姥、姥爷干家务,自己洗衣服、拖地。有一次感冒,好几天了状态还是不太好,她和我说,妈妈,以后我要多锻炼身体,少生病的话妈妈就不用这么操心劳累了。一年级的小朋友,就懂得了体谅父母,让我想起了《三字经》中"香九龄,能温席"之黄香温席的典故,懂事得让父母心疼。和上小学前相比,通过一年的校园劳动教育熏陶,张奕小朋友懂得了劳动的意义,学会了体谅照顾别人,更加热爱劳动、热爱生活,成了勤劳的"小蜜蜂",生活中的小主人。

三、做个文明小公民

学校和家庭之外,小学生也是小小公民,在外活动就应该遵守社会公德,礼貌待人讲文明,作为父母更要做好孩子的表率。每次陪孩子外出活动,我们都严格要求自己,做好表率,严守规则,不闯红灯,不乱穿马路,讲文明爱卫生,不乱扔垃圾,爱护环境。在老师、家长的指引和熏陶下,张奕小朋友已能主动遵守规则,公共场所不吵不闹,学会讲文明懂礼貌,懂得爱护公共环境,知道主动让座、主动帮助弱者。她告诉妈妈,她要做一枝对社会有用的漂亮小花朵,做个新时代的文明小公民。

点睛之笔:知礼仪,讲文明,是每个公民应具备的素养。人无礼不足以立,一个人只有讲文明懂礼貌才能更好地走向未来。从小事做起,尊重老师和同学;从做好自己的事做起,学会尊敬和体谅长辈,做生活的小主人;遵纪守法,做个文明小公民,这是我对培养孩子文明礼貌行为的理解。今天的积淀,只为明天走得更稳更远,父母、老师应同心协力,引导好守护好孩子们向礼而生的旗帜。

内驱力篇

和孩子一起"做梦"
——如何激发孩子学习的内驱力

昆明理工大学附属小学　李玥轩妈妈　徐小平

我对自己女儿的未来是翘首以待的,过高的期望值也充分体现在了自己的教育中:一上小学,我就"马力开足""摩拳擦掌""激情澎湃",准备把自己认为合适的都安排她去学习:舞蹈课、画画课、网球课、播音主持……每天几乎都是安排满满的。

两件偶然其实也是必然会发生的事,让我开始思考自己的教育想法是否是对的。第一件事是有一次上网球课时她就不怎么动,课后我教训她,她抱着我大哭,说太累了,每天跑那么远,不喜欢到这里上网球课,打球时间很短,教练都是带着他们玩游戏。第二件事就是一年级的假期开始我就天天盯她做作业,稍微不注意,她就跑去玩玩具。快开学了,作业还差一大截,我陪她熬了整整一个通宵把作业做完,真的是做到第二天早上直接去学校注册的,注册完才回来睡觉,真是心累和身累!

回想自己,是什么时候开始爱上学习了呢?应该是自从心里面播下要做一家很好的公司这颗种子,才开始积极主动地想要学习新知识,为了这个目标不断地学习新知识和新技能,面对新的学习内容也没有懈怠和恐惧,更愿意去勇敢地尝试陌生的事物,不惧困难和失败,同时在遇到困难的时候能够自我调节。

再回头来看我的玥轩,天天盯,随时问,还是动不起来!因为她内心不愿意,不想去做假期作业,不想去打网球,不想画画,不想跳舞……这些都是我想让她去做的,她究竟想做什么呢?我从来没有问过她!她的人生是她自己的,她想做什么应该是她自己决定的,有了她内心想做的,她才会自己决定怎么分配她的时间和精力。我找了一个晚上,带着玥轩去滇池大坝散步,散步的时候我跟她说:"妈妈之前没有考虑过你的想法,报了那么多兴趣班,之后妈妈会把所有班都停了,让你自己花一段时间好好思考一下,哪些是自己最喜欢和最想去做的,不喜欢的就再也不去了,只是必须要坚持一项体育活动,因为那能保证身体健壮,少生病。你想好你想要做的事情,多尝试,决定下来了,妈妈陪你坚持下去。"玥轩很开心:"妈妈,我不喜欢跳舞,从小我就不喜欢;我也不喜欢去播音主持那里,因为很严肃,老师只是让我们练,不停地练;现在打网球那里我不想去了,老师大部分时间带我们玩游戏,我不喜欢这种模式;画画我很喜欢,我想坚持下来;我以后想做一名博学的语文老师,像岳老师那样的,我就特别喜欢听她的课,每次她讲课我好像就钻进那个世界里面去了……"玥轩像个开心的喜鹊,滔滔不绝地给我讲了起来,从来没有听她讲过那么多她内心的想法。

这是一次特别成功的交流,之后发生了以下几个变化:

(1)在学习上,我变成了玥轩学习的好朋友,而不是之前颐指气使的"霸道妈妈"。

(2)玥轩心里面有了那颗小种子:想当一名优秀语文老师。她开始自己回家认真练字,从来没有上过专业练字课,现在写的还不错;一有时间就会自己听成语故事,增加词汇量;作业都是在学校就做完了,回家有时间就自己看书,通过自学扩大自己的知识面。

(3)关于网球,她还是喜欢,换了一个地方,换了一对一的教练,她很期待每周的网球课,现在球打得比我还好了。

(4)暑假作业:今年的暑假,她回了玉溪老家和爷爷奶奶住,我计划开学前提前15天接她回家补作业。当我接到她时,让我大跌眼镜:她制订了作业完成计划,每天早上起来把当天的作业都做好了,爷爷奶奶也不管她,她都把作业做完了才出去玩,开学当天心情相当愉悦。

(5)新技能的开启:周末玥轩特别喜欢和外婆一起做菜,经常能吃到她的美味料理。

点睛之笔： 一个孩子想要飞得高，内驱力非常重要！我坚信，只要她想做的，她喜欢做的，她就能把她的时间都放在她自己喜欢的事情上面，而我的责任更多的是做好自己，慢慢陪着她不停尝试，不断试错，陪她坚持，尽快找到她内心最想去做的事情，她一定可以做最好的自己。

激发孩子的内驱力

昆明理工大学附属小学　段羽陶妈妈　陶静梅

每次和别的家长聊起孩子的时候，常常会听到家长们说："羽陶太自觉了，学习上完全不用操心，要是我家的娃也这样，就省心了。"每当听到这样的话时，我内心不免回应："哪里有生来就省心的娃啊！"说到底，"自觉"是指孩子具有比较强的内驱力。但要孩子能够"自觉"，先要厘清内驱力的底层逻辑。经常有人说要培养孩子的内驱力，但内驱力并不是培养出来的，因为想让自己变得更好，是每个孩子的本能。我们家长要做的仅仅是更好地激发出这种内驱力。从对羽陶的教育出发，我总结的激发孩子内驱力的方法主要有以下三点。

一、多给孩子"正面反馈"，如果已经形成了"负面反馈"，就积极改变

当孩子做一件事情得到家长的正面反馈时，他们的大脑会产生开心、自豪和愉悦的情绪。如果多次积累这种正向的感受，大脑就会主动积极地回应这件事情，而且在不断的重复中，做得越来越好。学习乐器是很多孩子课外班的必修课，羽陶也在学习钢琴。相信很多孩子学习乐器都是源于兴趣，但终止于枯燥乏味的练习。羽陶学习钢琴的过程也不是一帆风顺，曾经也经历了一个"不练琴，母慈子孝；一练琴，鸡飞狗跳"的阶段。那个时候，每当羽陶反复练不好时，我就认为她不够用心而开始说教和指责，可越这样羽陶就越紧张，当然练琴的效果就越差。久而久之，练琴在羽陶的大脑里完全形成了"负面反馈"。可"负面反馈"已经形成了，还能改变吗？不管怎样，作为家长我得积极地做出改

变。我对练琴开启了夸奖模式,陪练时我经常说:"你这一段弹得不错。"通常还会追加一句:"你识谱很厉害,看来你在认真努力地练习啊!"虽然想要重新建立"正面反馈"会比较难,也要花上更长的时间,但能让孩子重拾学习的兴趣,保持"我做得挺好,我还想坚持下去"的心态,一定比痛苦地做到"完美和正确"更重要。

二、在和孩子交流的过程中,多强调感受,把握住孩子的兴趣点

羽陶刚刚上一年级的时候,她的字写得七扭八歪。每当看她的字写得实在太丑了,我都会煞有介事地跟她说:"我觉得这个字一定会很不开心。"羽陶就会问:"为什么?"我接着说:"你作为创造这个字的小主人,可是却让它长得这么难看,它怎么会开心呢?"羽陶听了若有所思地点点头。我会接着启发她:"汉字起源于象形文字,你每次写字的时候都可以当成是在画一幅小小的画。"画画是羽陶很感兴趣的事情,因此她会更加认真地观察每个字的结构。虽然羽陶的字到现在还是很"写意",但她还是非常愿意把字写得尽量好看些。

三、让孩子对自己的事情负起责任,给予他们充分的信任和自由

大人们总会担心,如果孩子不推不催,他们就会开始偷懒。可如果孩子总喜欢偷懒,那大人就得反思了。不陪孩子做作业是从羽陶上学以来我们一直坚持的原则,我们对羽陶说:"爸爸妈妈相信你一定能自己独立地完成作业。"并且告诉她,作业是她自己的事情,爸爸妈妈不会催促,但如果需要帮助,爸爸妈妈会及时出现。因此,羽陶也养成了独立思考和完成作业的习惯。此外,羽陶做作业的速度很快,很少会磨磨蹭蹭,因为她知道只要完成了作业,她就可以自由支配自己的时间。为了赢得更多的自由时间,她当然会尽快完成作业。试想一下,如果做父母的每天给孩子安排很多任务,让他们即使在完成作业后仍然不能掌控自己的时间,他怎么会有动力快速完成作业呢?偷懒也就成了必然。其实很多时候,给孩子的自由度越大,他们会完成的越好。

点睛之笔：一个人一旦有了清晰的自我认知,即使没有外界的推力,来自内心的声音也会让他自发地变得越来越好。成功的教育从来不是让孩子不断超越别人,而是让孩子先成为自己喜欢的人,然后愿意不断超越自己。

提升内驱力　遇见更好的自己

昆明理工学附属小学　李白嵩妈妈　白　玫

李白嵩能自觉早睡早起、自觉做作业、自觉阅读……主要是作为家长的我们一直以来十分注重培养孩子的内驱力。而对于内驱力的培养,我有以下几点看法：

一、以启发代替命令,打破越催越慢的魔咒

初为人母,才懂得原来我和很多人一样,并不比当年的父母更懂教育孩子；在和孩子相处时,不知不觉地延续父母当年教育自己的方式方法——甚至有些是被自己痛恨的做法。比如,会因孩子犯错而大吼大叫；过分期待孩子考第一名；给孩子报各种各样的培训班,生怕他落于人后……付出很多,还是常常感到茫然,被裹挟在发号施令的洪流中,不知如何停下。

就在我迷惘的时候,接触了《家庭里的正面管教》,受益匪浅。这本书的核心观点是：保持和善而坚定。在与孩子相处中我不断改变方式方法,发现"启发式提问"远远比命令式(告诉式)话语来得有效。我把说了很多次的"快点去做作业了"改成了"关于作业,你的计划是什么呢"；相比起"马上去睡觉",孩子听到"为了明天精神饱满,你现在应该做什么了?"时候的反应更令我惊喜。

从命令式的祈使句到启发式的疑问句的简单转变,不仅仅是改善了我和孩子的关系,更是改变了孩子被动接受的习惯,这样做的结果不仅事半功倍,也利于培养孩子内驱力。

二、以鼓励代替纠错，培养不怕犯错的成长型思维

孩子做事不主动，可能是害怕犯错，因为家长的呵斥，变得畏手畏尾、唯唯诺诺的。在生活中我们可能怕孩子受伤，又或者是怕孩子把事情搞砸了，给我们添麻烦，因此不知不觉会帮孩子包揽很多事情，这会让孩子陷入一个"我真的不行"的怪圈中。想想看，在我们和孩子相处的短暂的时间里，我们能教给孩子多少，又能代替他们做多少事？既然不能全包全揽，那我们不如换一种方式。

有段时间孩子连续犯错，我及时和他谈，并把我们达成的几个约定张贴在他房间，以便对照改正。

李白嵩一日三省

1. 诚实

（1）欢乐世界——冰激凌事件：不能随便要别人给的东西，陌生人给的东西坚决不能要，熟悉的人给的要征得父母的同意。

（2）牙套事件：做错事情敢于承认，并及时改正，不能抱有侥幸心理。

2. 守信

卢老师小礼品事件：承诺别人的事，要言必信，行必果。

3. 自律——执行力

（1）牙套。

（2）假期奥数作业。

三、以约定代替规定，让孩子自己管理自己——给孩子制订日常惯例表、学习计划表

选一个平静且彼此都空闲的时间，和孩子一起做一个计划表，让孩子把一整天必须做的、喜欢做的事情全部列出来，然后让他去排序，先做什么再做什么。在此期间不要过度干涉，协助孩子把每个时间点定下来，先不管科学与否，让孩子自己去调控、去支配自己的时间。当计划完成的这一刻，孩子心里一定

是愿意去做的,因为是他自己定的计划呀!当然了,我们也可以跟孩子说,其实计划不一定完美,我们先试行三天,如果有什么问题再做调整。这三天我们一定要按捺住我们想要唠叨催促的心,如果他没有及时去做,我们只需要指一下计划表提示或者反问他,看看那个计划表,现在该做什么啦。如果他能很好地执行计划,记得给他鼓励:"你自己做的计划很好地完成了,相信你一定会为自己感到自豪。"假如他做不到,那也是再正常不过的事了,我们可以谈谈是哪个环节出现了问题,他遇到了什么困难,再把计划做一下调整,重新尝试。让孩子在完成的事项后面先自评,再让爸爸妈妈评价,每天总结。如果是父母定的计划让孩子去执行,那多半是失败的。大家可以试试把时间还给孩子。

要记住,父母只是一个协助者,孩子们一定能够做得比我们想象中更好。

	生活常规			学习常规				兴趣爱好			
	作息	着装	携带物品	语文	数学	英语	携带物品	钢琴	绘画	武术	舞蹈
星期一	1. 早上:7:00 起床 2. 晚上: 20:40 洗漱 20:50 上床睡觉	1. 正装外套、裤子 2. polo 衫 3. 黑色鞋子 4. 红领巾	水杯纸巾	1. 复习 2. 预习 3. 小打卡 4. 改错 5. 练字	1. 口算 2. 改错	1. 预习 2. 复习	1.6 支铅笔 2. 橡皮 3. 套尺 4. 红笔 5. 字典 6. 马克笔	19:00—20:00			练习舞蹈
星期二	1. 早上:7:00 起床 2. 晚上: 20:40 洗漱 20:50 上床睡觉	1. 运动装 2. polo 衫 3. 运动鞋 4. 红领巾	水杯纸巾	1. 复习 2. 预习 3. 小打卡 4. 改错 5. 练字	1. 口算 2. 改错	1. 预习 2. 复习	1.6 支铅笔 2. 橡皮 3. 套尺 4. 红笔 5. 字典	19:00—20:00			练习舞蹈
星期三	1. 早上:7:00 起床 2. 晚上: 20:40 洗漱 20:50 上床睡觉	1. 运动装 2. polo 衫 3. 运动鞋 4. 红领巾	水杯纸巾	1. 复习 2. 预习 3. 小打卡 4. 改错 5. 练字	1. 口算 2. 改错	1. 预习 2. 复习	1.6 支铅笔 2. 橡皮 3. 套尺 4. 红笔 5. 字典	19:00—20:00			练习舞蹈

续表

	生活常规			学习常规				兴趣爱好			
	作息	着装	携带物品	语文	数学	英语	携带物品	钢琴	绘画	武术	舞蹈
星期四	1. 早上：7:00 起床 2. 晚上：20:40 洗漱 20:50 上床睡觉	1. 自由装 2. 红领巾	水杯 纸巾	1. 复习 2. 预习 3. 小打卡 4. 改错 5. 练字	1. 口算 2. 改错	1. 预习 2. 复习	1.6 支铅笔 2. 橡皮 3. 套尺 4. 红笔 5. 字典	20:00—20:40	18:00—19:30		
星期五	1. 早上：7:00 起床 2. 晚上：21:40 洗漱 21:50 上床睡觉	1. 正装外套、裤子 2. polo衫 3. 黑色鞋子 4. 红领巾	水杯 纸巾	1. 复习 2. 预习 3. 小打卡 4. 改错 5. 练字	1. 口算 2. 改错	1. 预习 2. 复习		19:00—20:00		15:30—16:00	练习舞蹈
星期六	1. 早上：自由安排 2. 晚上：21:40 洗漱 21:50 上床睡觉			1. 复习 2. 预习 3. 小打卡 4. 改错 5. 练字 6. 写话	1. 口算 2. 改错	1. 预习 2. 复习	1.6 支铅笔 2. 橡皮 3. 套尺 4. 红笔 5. 字典	20:00—21:00			练习舞蹈
星期日	1. 早上：自由安排 2. 晚上：20:40 洗漱 20:50 上床睡觉							19:00—20:00			

注意事项：
(1) 每天晚上对照课表自己整理书包。
(2) 每天晚上自己准备第二天的着装。
(3) 做安全小卫士，不在楼道、教室内奔跑，不和同学追逐打闹。
(4) 做礼貌之星：遇到老师、同学等主动热情打招呼，分别时礼貌道别。

点睛之笔：启发、鼓励和约定能让孩子有把握自己生活的主动感和自信感，提升内驱力，遇见更好的自己。

激发内驱力 提高自觉性

昆明理工大学附属小学 杨坤极妈妈 孟丽芳

心理学研究表明：内驱力是指一个人之所以出现某一行为，其直接原因是自己需求的动机，如口渴会驱使一个人找水喝，寂寞会驱动人找朋友，而这些过程不需要别人的启发都会自发完成。促使其完成的力量是内在的需求，心理学称这种能力为内驱力。同样的研究也表明：每个人都有与生俱来认知和探究未知世界的内在力量，我们称之为学习内驱力。

作为小学生家长，我们在陪伴孩子的过程中，最重要的是培养孩子良好的行为习惯和学习习惯。而孩子们在成长过程中总是容易出现一些缺乏主动性的情况，如随着年龄的增长，外界吸引力的增加，越来越不爱学习了，回家不想做作业，即使是做作业也是粗心大意、应付了事，有的甚至上课也不爱听课，注意力不能集中，爱做小动作，不爱动脑筋，只要谈学习就烦躁不安，静不下心来，非得家长监督、看管才行。这些现象不仅仅是缺乏主动性，更是缺乏学习内驱力的表现。

"不谈学习，母慈子孝；一谈学习，鸡飞狗跳"，这几乎成了每个家庭的真实写照。怎样去改变这样的家庭困境呢？我在陪伴孩子成长与学习的过程中不停地探索着，我发现不停地吼叫与打骂治标不治本，甚至还会引发孩子的叛逆和反抗；相反，学会尊重孩子，激发他的内驱力，更能让孩子提高自觉性，增强兴趣与自信心。培养孩子的内驱力，首先要满足三个心理需求，即自主感、胜任感和归宿感。一般情况下，孩子的内驱力表现为：认知内驱力和自我提高内驱力。

一、强化自主感，增强认知内驱力

认知内驱力是学生渴望认知、理解和掌握知识，以及陈述和解决问题的倾向,即一种求知的需要。"我不是不想学习,我只是希望学习感兴趣的知识,这个太难了!"这是我儿子坤坤在被我强迫做阅读理解练习时对我的反抗。听到孩子的话,我顿时冷静了下来,看着书本上密密麻麻的文字,我也有些感同身受,对于二年级的学生,这样长篇目的阅读理解确实有难度,密密麻麻的文字确实枯燥。但是要想提高孩子的理解能力不还是靠阅读吗?虽然被难住了,但也不能就此放弃呀!放眼望向孩子的书架,也有许多他平时喜欢读的故事书和科普书,他不是不喜欢阅读。何不从他喜欢的故事书入手,由我出题让他来解决问题呢?想到这里,我随手拿出一本《爱的教育》,邀孩子一起找个故事,我们共读一遍,找出文中的几个生词进行理解,再说说段落中作者描写时运用了什么修辞手法,用自己的话说说文章讲述了什么道理……换了个文本,自己出题,孩子来了兴趣,和我一起解决了所有问题,还乐此不疲地找出了文章中出现的一组反义词和两个多音字记录在书本空白的地方。看着孩子兴致勃勃的样子,我也看到了孩子被激起的自信心。

二、设立荣誉榜,激发自我提高内驱力

坤坤是个自尊心强,但遇到困难会躲避的男孩子。我时常因为孩子遇到困难而躲闪感到头疼。为此,我主动向班主任王老师求教,老师经过对孩子的分析,建议我在家里专门设立荣誉榜,表现好就往上面贴笑脸,满十个笑脸可以实现一个合理的愿望,以此激励孩子的自我提高内驱力。果然,有了荣誉榜,孩子每天都积极表现,生活和学习都变得主动了,当他遇到困难时,我也会鼓励他要通过努力去克服,去战胜困难,去争取那份荣誉。坤坤也因为一次又一次的自我挑战,越挫越勇,越来越自信了,现在的荣誉榜上已经贴上了一个个令人欣喜的"小笑脸"。

方法一变,家庭氛围也变了。家里的小男子汉嘴里经常挂着那句话:"我就不信,我打不败你!"我的唠叨与责骂也渐渐消失了,更多的是在一旁观望和鼓励。

点睛之笔:兴趣发端于动机,伴随着行动过程,落实在行动结果的满足上。有了内驱力,孩子改变了行为方式,也有了旺盛的热情,性格也朝着健康、乐观、向上的方向积极发展。

后 记

　　家庭、学校和社会应携手培养学生德智体美劳的全面发展,要探索以家庭教育为阵地,学校教育为主线,社会教育为屏障的新型育人模式,形成全面育人的格局!

　　2022年4月,我校开展了"力量爸爸　魅力妈妈"之"力量爸爸"线上沙龙活动。各年级爸爸的分享,精彩且接地气,让家长们受益匪浅,再次深深地感受到"父亲的言传身教才是家庭教育的基础,家庭教育才是孩子成长的第一课堂,家长才是孩子的第一责任人"。父爱如山的力量影响淋漓尽致地展现了出来,给家长们提供了很多可借鉴的育儿方法。5月开展的"魅力妈妈"线上沙龙活动,各年级妈妈分享的经验、育儿智慧的碰撞和领导的精彩点评把"魅力妈妈"沙龙活动一次次推向高潮。母爱与父爱互补,为孩子的健康成长保驾护航,充分发挥了妈妈在家庭教育中的作用,彰显其独特的魅力,同时带动更多的妈妈参与到科学的家庭教育中来,多了解孩子的身心健康,多和孩子沟通交流,多陪伴孩子快乐成长。

　　家庭教育是孩子的第一课堂,也是终生的学堂。家庭作为社会最基本的单元,营造良好的家风,弘扬家庭美德,培养健康孩子是家长们义不容辞的责任。本次沙龙活动既是对家庭教育知识、理念的一次宣传和普及,也是对实施科学家教、传承优良家风、建设文明家庭具体实践的探讨和指导,家长们在思想的碰撞中学到了更多的育儿智慧,从而引导家长在今后的家庭教育中自觉为孩子树立榜样,营造良好的家庭教育氛围,切实增强家庭教育的品质,让我校"六好"家长的育儿理念更加深入人心。

　　　　　　　　"六好"家长

　　　　榜样示范好:以身作则,言传身教。

自身修养好：勤于学习，严以律己。

育儿耐心好：目标明确，持之以恒。

教育尺度好：宽爱有度，赏罚分明。

家教氛围好：尊重个性，营造和谐。

家校沟通好：互相理解，积极配合。

最后，要感谢石梦媛校长为我们搭台，感谢这么多位"力量爸爸"和"魅力妈妈"的热情参与，感谢各位班主任幕后的辛苦付出。《家庭教育的力量与魅力》是所有人员一起奋斗出来的成果，书中告诉我们最好的学区房是家里的书房，最好的教育是父母爱孩子，是用智慧的方法、正确的方法去爱孩子，最好的成长就是父母和孩子一起成长。在《中华人民共和国家庭教育促进法》实施背景下，年轻的父母们更应该与时俱进地学习。因此，我们不妨重新去厘清"双减"背后的意义，家长真正应该怎样去做？用心学习家庭教育，了解孩子的成长规律，学习优秀的教育方法，学习智慧的教育方法。家校携手，一起用爱用心浇灌，静待花开。

家事亦国事，

带娃需依法。

家校同守护，

携手育未来。

吴慎华

昆明理工大学附属小学